白帝社アジア史選書
HAKUTEISHA's
Asian History Series
010

広開土王碑との対話

武田幸男

白帝社

はじめに

高句麗の「広開土王碑」は、よく知られているとおり、広開土王の勲績をたたえた古碑である。その王碑の主人公がもつ名前は、じつは一つに限られたものではない。概括していえば、王碑が発見されてしばらくは「永楽太王」と書かれ、ややあって「好太王」が主流になって、いま現在に至っている。あるいは「広開土王」「広開土境好太王」「広開土境平安好太王」ともいわれ、「広開王」「開土王」とか「好台王」とも書かれたことがある。多様な名前は、同王の多様な性格に通じていて、また同王に対する多様な評価にかかわっている。

朝鮮古代史の正史『三国史記』によると、同王の本名は「談徳《だんとく》」であった。功なり名をあげた後の「広開土王碑」には、高句麗の王統は始祖の鄒牟王に始まり、くだって「十七世孫の国《こく》罡上《こうじょう》広開土境平安好太王に至るに遝《およ》ぶ。……号して永楽太王と為《い》ふ」とある。正式な名前を二つほどもっていたのである。一つは生前にとなえた尊号《そんごう》の「永楽太王」であり、もう一つは死後におくられた諡号《しごう》の「国罡上広開土境平安好太王」である。

長い諡号は四つの要素からなっていて、冒頭の「国罡上」は葬られた王陵の所在する地名、「広開土境（広く土境を開く）」は同王が生前実現した独自的個性的な勲績の総体を象徴し、「平安」は国際関係にかかわる外交上の名前、「好太王」は偉大な君王を称賛する美称である。とすると、これまで用いられてきた名前は、尊号の「永楽太王」のほかは、みな諡号の略称か、それに係わるものである。

「永楽太王」の名前も悪くはない。だが、東アジア史上の歴史叙述法では、君王の一般的な呼称は諡号で書くのが普通である。それでは諡号のフルネームが一番いい、といえば一番いいのは確かである。しかし、いかにも長すぎる。また、諡号を略した「好太王」は単なる美称であり、なにより没個性的な呼称である。してみると、通常の場合は、『三国史記』高句麗王紀に記された「広開土王」と呼ぶのが適当だ。これが本書の立場である。

身近でいえば、末松保和《すえまつやすかず》先生は終生「好太王」派。それに対して、わたしは「広開土王」派の一人である。しかし、わたしの王碑研究は末松先生の思い出と重複する。はじめは大学生のとき、先生が東大文学部で高句麗史を講義した教室で、王碑の拓本（学習院大学蔵）を披露されたときの思い出である。つぎは文学部の助手のとき、先生が代表者になった文部省科学研究費総合研究、「金石文を中心とした朝鮮の史的研究」のメンバーに加えていただいたときである。そのつぎは文学部助教授のとき、先生の解説を付した水谷悌二郎《みずたにていじろう》著『好太王碑考』を頂戴し、その書評を依頼されたときである。その後の経過はいうまでもない。わたしの王碑研究は、拙いなりに先生の個別的指導と懇切な助言をいただいた賜物であり、先生の熱意と執念をひき継いだつもりの、まことに小さな果実にほかならない。

熱意と執念。といえば、すぐにも思い出すのは水谷悌二郎氏である。王碑の長い研究史のうえで、はじめて史料批判の学術的方法論を適用し、みずから研究水準の飛躍的な発展を実行し、はじめて「原石拓本」を摘出した研究者。それが在野の不屈の研究者、水谷氏の実像である。いま現在において、水谷氏の優れた王碑研究を読み知って、その成果を高く評価する人は少なくない。ところが、かれの実像はいまになっても明らかでない。どれほど実像に迫れるかは別にして、ひとり対話しつづけた半世紀と、王碑にかけた人一倍の熱意と執念と、そして時代に屈せず信念を貫きとおした人間像。それに惹かれてしまうのは、わたし一人だけとは思われない。

末松先生と水谷氏とは、わたしを広開土王碑との対話に導いてくださった二人であり、生涯忘れがたい学問上の恩人である。ところで、ひるがえってみれば、ほかにも私心なく王碑と接した人々、真剣に対話しつづけた人々がいた。本書で取り上げた九人と拓工一家のような人々がいた。そのほかにも多くの人々、数えきれないほどの人々がいた。王碑研究の本道をさし示した人、感覚鋭く研究の方向を洞察した人、碑文の文意を通そうとして悪戦苦闘した人、生活を墨本作り拓本採りにかけた人、等などがいたのである。たとえ互いの解釈や意図等は違っても、手ひどい過ちを犯しても、かれらが私心なき対話者であり、真摯《しんし》な対話者であるかぎり、かれらはすべて王碑研究の先達であり、時空をこえた同志たちである。

多数の同志のなかには、うつつに現地の集安をおもい、夢に王碑をえがきながら、ついに宿望をはたしえなかった人々も少なくない。水谷氏にしてもその一人であった。それに対して、わたしは三度の幸運に恵まれた。一度めは一九八四年一〇～一一月の八日間、現地との経済交流を目的に、集安地方視察団の一員として高句麗遺蹟などを視察した。しかし、対面を熱望した王碑の姿はバスの窓から遠望するにとどまった。

二度めは一九八五年七月初めの八日間、読売新聞社主催の「好太王碑学者参観団」（団長は三上次男《みかみつぎお》先生）の一員として高句麗遺蹟を視察した。吉林省文物考古研究所（所長は王健群《おうけんぐん》氏）の協力で長春では王碑に関する学術シンポジウムに参席し、瀋陽では遼寧省博物館（王碑拓本数本を熟覧）、集安では集安市博物館（とくに張明善《ちょうめいぜん》氏の手拓本を熟覧）を訪問し、まじかに王碑を熟覧するなど、わたしの王碑研究に新たな活力を注ぎこみ、日中間の学術交流に資したところは少なくない。

三度めは一九九七年一〇～一一月の一四日間、三菱学術研究助成「東北アジア山城の研究」（研究代表者は武田）最終回第四次踏査で遼東半島をめぐり、みたび集安に入り、集安博物館を訪問し、王碑を熟覧したのをはじめとし、集安城（国内城）・山城子山城（丸都城）、その他の高句麗遺跡を訪問し、現地の研究者たちと親しく懇談した。以上三度の現地訪問は、わたしの研究現場の重要な体験的基盤になり、おりにふれて交わした中国人研究者との懇談は貴重な学術交流の場になった。

王碑の立つ現地現場は、鴨緑江の右岸に沿った小平野、いまの吉林省集安市に属している。その簡単な沿革はつぎのとおり。現地は古くに通溝《つうこう》・洞溝《どうこう》、あるいは岔溝《たこう》と呼ばれたが、清朝の末期にいたり、流民が封禁を犯し大挙して逃入する。それに応じて、光緒三年（一八七七）九月に懐仁県《かいじんけん》が創設され（初代知県は章樾《しょうえつ》）、同県は通溝を管轄した。王碑の発見はそれから三年後、光緒六年のことである。やがて光緒二八年に、懐仁県から通溝をふくむ地域が分離され、新たに輯安県《しゅうあんけん》が創置された。一部の地誌は誤って、創置は光緒二年と記している。一九六五年にいたり、輯安は集安と改称されていまになる。

結びにあたり、広開土王碑研究の一層の進展を期待したい。はるかな時間と空間をこえて、多数の対話者同志とともに、王碑研究のなお一段と発展することを祈念したい。

なお、本書がこのような形をとって世に出ることについては、アジア史研究の重要性を認識する白帝社の見識と、本書の刊行を慫慂し、仕事の遅れを忍耐し、度重なる面倒をいとわなかった同社企画室の伊佐順子氏の労によるところが少なくない。ここに記して感謝する。

平成一九年六月一六日

武田　記す

目次

広開土王碑との対話

目　次

第一章　序説　広開土王碑と対話した人々

一、広開土王碑と「原石拓本」

1　広開土王碑とその内容

「広開土王碑」は高句麗の広開土王（在位三九一～四一二年）の事績を後世に示すために、同王を山陵に埋葬した四一四年に王都・国内城《こくないじょう》の東郊、中国の吉林省集安市の小丘の上に立てられた石碑である。高さ六・三九メートル、基底部の周囲は約七・二九メートル、重さはおよそ三〇トンほどの、不正形方柱状の自然石である。大きさは古代東アジアを代表する巨碑である。

碑表は碑字を刻むために軽く調整し、碑面の天地には横線、行間に縦線を入れている。碑字

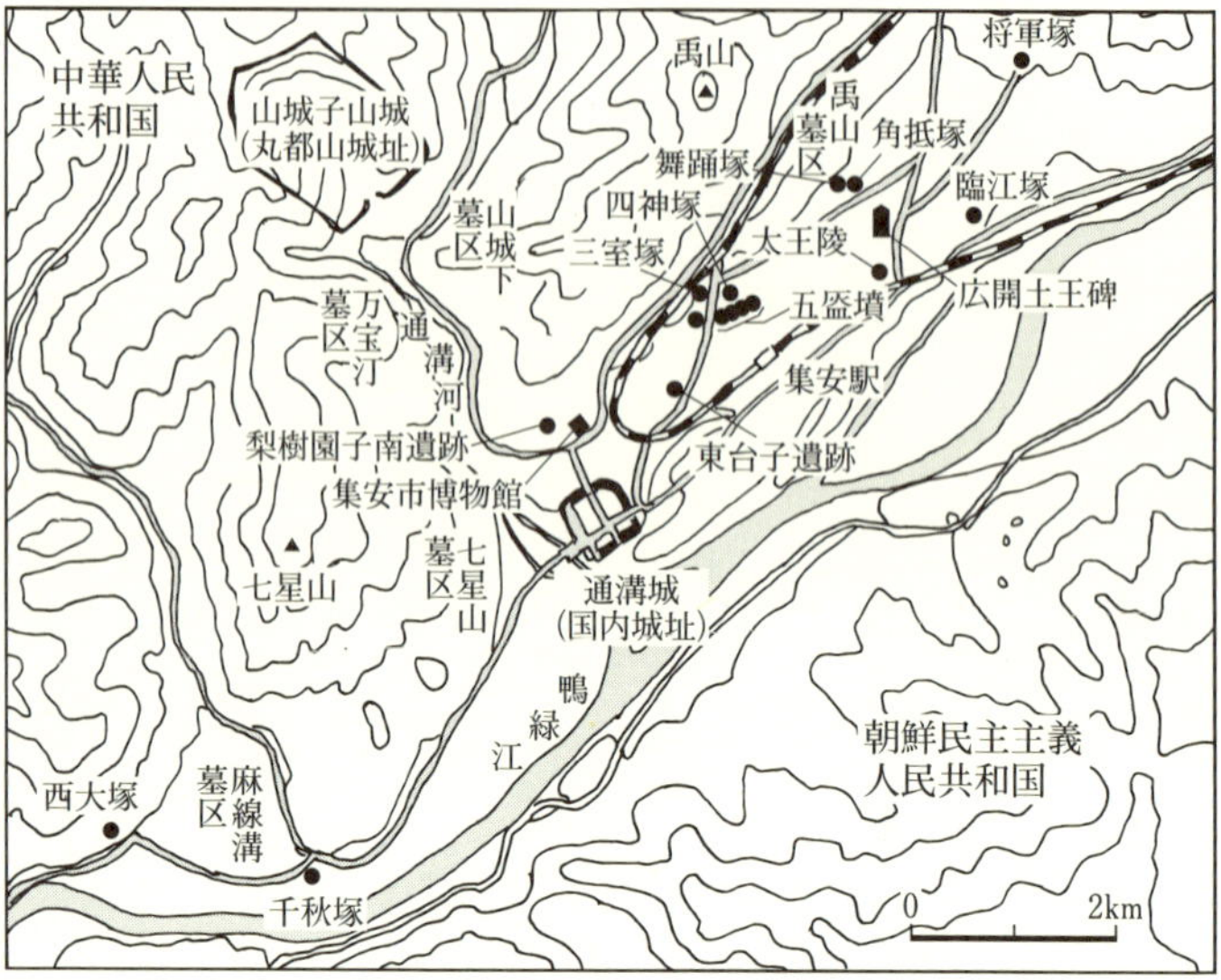

中国吉林省集安市付近要図

は第Ⅰ〜Ⅳ面を通じて四四行、各行は原則として四一字、その字格の広さは不定であるが、およそ一四センチ平方ばかり、隷書風の雄渾な大字で書かれていて、碑字の総数は一七七五字と推定される。大字で詳細に叙述された本碑は、これまた古代東アジアに冠《かん》たる大碑といってよい。

本碑は「好太王碑」とも呼ばれ、その呼び名がいまも一般的のようであるが、それは諡号《しごう》（おくりな）の「国罡上《こくこうじょう》／広開土境《こうかいどきょう》／平安《へいあん》／好太王《こうたいおう》」の末尾三字を採ったものであり、それはその他の高句麗諸王にも共通する没個性的な美称部分である。高句麗史上もっとも卓越した広開土王にふさわしいのは、諡号のうちいかにも個性的な「広開土境」を受けて、正史の『三国史記』が著録した「広開土王」の名であろう。わたしが「広開土王碑」といい、それにこだわるわけは、そのような史的事情を勘案してのことである。ちなみに、同王は生前、「永楽太王《えいらくたいおう》」と称された。

その王碑の記述内容であるが、碑文は全三段からなっていて、第一段はいわば序論であり、高句麗の開国神話から盛世の永楽太王におよび、太王の最期について記述する。第二段は本論であり、その前編にあたっていて、太王がその治世二二年間にあげた赫々《かくかく》たる勲績を顕彰する。勲績は年別に条記されるので「紀年記事」ともいう。太王が八年＝八条にわたって「広く土境を開いた」情況をのべ、四〜五世紀の東アジア諸国や倭の動向などを記してもっとも生彩に富み、貴重な同時代史料として高く評価される部分である。第三段は本論後編であり、「守墓人記事」であって、広開土王を葬った陵墓の守墓人について規定する。

広開土王碑は高句麗を中心に、四〜五世紀の東アジアについて多面的に記述するが、それだけに碑文に対する見方も多様であり、大きく分かれる解釈も多く、また相容れない議論も少なくない。例えば、国際的規模で知られるのは、「辛卯年」条の解釈や、王碑偽造説などをめぐる論争である。

2　史料としての広開土王碑

とくに見過ごせないのは、広開土王碑の史料価値をめぐる議論である。王碑の解釈が多岐に

広開土王碑六景

① 1905年以前か

② 1913年

③ 1918年

④　1935年

⑥　2004年

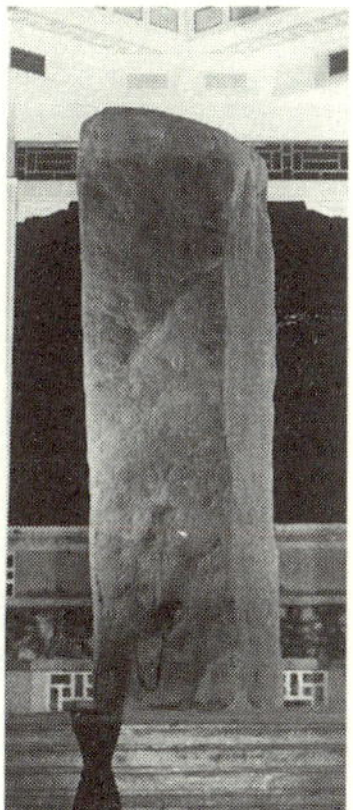

⑤　1985年

わかれてきた背後には、一つには、現代ナショナリズム・イデオロギーがかかわって、学術研究の意義を問われかねない問題がある。それに、もう一つには、史料としての王碑に関する基本的な問題があることも確かである。

釈文しにくい碑字や、湮滅してしまった碑文等が少なくないのである。本碑は一八八〇年、懐仁県《かいじんけん》知県の幕客、関月山《かんげつさん》によって発見されたのであるが、そのころ碑石の風化がすすんでいた。そのすぐあと、拓本をとるため碑石にからまる蔓草等が焼かれたりして、碑面はさらに破損された。だが、しばらくは、そうした碑石の実情が知られぬままに経過した。

亜細亜協会の『会余録』第五集(一八八九年)は、初めて王碑碑文の石印本と関連記事を掲載し、それが王碑をひろく世に知らせる契機になった。横井忠直《よこいただなお》氏は長年の研究成果を『会余録』誌上に発表し、内外にわたって王碑研究の幕が切っておとされた。かれの研究を支えたのは石印本であり、その原本は一八八三年に酒匂景信《さかわかげあき》氏が将来した墨本《ぼくほん》、いわゆる「墨水廓塡《ぼくすいかくてん》本《ぽん》」といわれる墨本であった。

「墨水廓塡本」は一組百数十枚からなり、拓本を手書きで写したものである。中国人墨匠が自分の力量に応じて釈文し、苦心して字画の明晰《めいせき》さを求め、手間ひま惜しまず仕上げたものである。「墨水廓塡本」はいまなお参照すべき見事な出来栄えであるが、未釈や誤釈の文字をふくむことはいうまでもない。

ところが、一九世紀も末になると、その「墨水廓塡本」にかわって、一週間前後で四枚一組を仕上げるという、画期的なマスプロ技法が開発された。ニカワと水で練った石灰泥で、崩れた字画を整えて、明晰な碑字に手直ししては拓出し、風流な墨客たちを喜ばす。中国人拓工の初天富《しょてんふ》一家は、この省エネ方式でいわゆる「石灰拓本《せっかいたくほん》」を量産して販売し、それが一九三〇年代の末まで続けられた。いま流布する王碑の拓本は、そのほとんどが初一家の製作になった拓本であり、石灰の仮面をかぶった石灰拓本にほかならない。

しかし、以上のB型の「墨水廓塡本」類型とC型の「石灰拓本」類型の墨本は、いずれも碑石の発見されたあと、墨本作製の関係者たちが読んだ釈文を前提に、それによって作製した二次史料にほかならない。碑面や碑字をそのまま拓出した墨本ではなくて、したがって一次史料ではないのである。王碑研究の実情は、じつは、横井のそれを始めとして、まずは拠るべき一次史料を無視しながら、ながらく二次史料に頼って行なわれてきたのである。

王碑研究の驚くべき実情に気がついて、いちはやく警鐘を鳴らした学者はといえば、そうした学者がいたことは事実である。関野貞《せきのただし》、今西龍《いまにしりゅう》、三宅米吉《みやけよねきち》の三人である。だが、その根本課題に真っ正面から、徹底してとりくんだのは在野の研究者、水谷悌二郎《みずたにていじろう》氏だけであった。かれは長期にわたって各種墨本の精査と一次史料の探求に心血をそそぎ、真正の拓本、いわゆるA型類型の「原石拓本《げんせきたくほん》」（水谷拓本）を手に入れて、王碑の研究史上、画期的な論文「好太王碑考」(『書品』一〇〇、一九五九年)を発表した。王碑研究を研究本来の位置にひきもどし、王碑研究の水準を一気に飛躍的にひきあげたのである。

3 「原石拓本」と広開土王碑研究

原石拓本が拓出された時期は、石碑が発見された一八八〇年のあと、碑面に石灰が塗られた一八九〇年代より前の短期間のことであった。とくに水谷拓本についていえば、それは清末《しんまつ》・北京《ペキン》の琉璃廠《るりしょう》の名拓工、李雲従《りうんじゅう》(大竜《だいりゅう》)が手拓した原石拓本にほかならない。一八八九年に集安の現地におもむいて、複数拓出したうちの一本に間違いない(武田編著『広開土王碑原石拓本集成』、一九八八年)。

それと確認された原石拓本は、この水谷拓本を始めとして日本、台湾、韓国や中国においてA型に属する三類型、合わせて一二本を数えるまでになっている。それらの拓影は、必ずしも満足のゆかないものも含んでいるが、つぎの諸文献(写真)で熟覧することができる。

(1) (雑誌)『書通』1-1、付録(ソウル・東方研書会、一九七三年)
(2) 水谷悌二郎著『好太王碑考』、別冊付録(東京・開明書院、一九七七年)
(3) 武田幸男編著『広開土王碑原石拓本集成』(東京・東京大学出版会、一九八八年)
(4) 林《りん》 基中《きちゅう》編著『広開土王碑原石初期拓本集成』(ソウル・東国大学校出版会、一九九五

年）

(5)（雑誌）『書通』通巻四七、付録（ソウル・東方研書会、一九九五年）

(6) 徐《じょ》 建新《けんしん》著「北京に現存する好太王碑原石拓本の調査と研究」（『朝鮮文化研究』三、東京大学、一九九六年）

(7) 任《にん》 世権《せいけん》・李《り》 宇泰《うたい》編著『韓国金石文集成1』広開土王碑（アンドン・韓国国学振興院、二〇〇二年）

王碑の史料問題は、複数の原石拓本が確認されて一応落着したかたちだが、肝心の碑面は永久に復元不可能の部分があり、多くの碑字はいまなお釈文不能である。王碑の完全完璧な釈文は望むべくもない。しかし、心してよいことは、先人の英知と努力を継承して、ほぼ八割がたが釈文されている事実である。推釈可能なものを加えれば九割に近くなり、どうにか碑文の真意が把握できることは幸いである。今後とも原石拓本の調査、新たな原石拓本の発掘、それらの精密な相互比較、対校などが一層要請されるであろう。

最近、王碑に関する出来事といえば、広開土王碑をふくめて、二〇〇三年に集安市周縁の高句麗遺蹟が「世界文化遺産」に指定された。また、その整理・調査の過程で、広開土王の山陵の一つと目されてきた太王陵で、「辛卯年／好太王／□造鈴／九十六」銘の銅鈴が発見された。必ずしも太王陵すなわち広開土王陵墓を特定するとはいえないが、いずれも王碑の保存と研究に直接関連する喜ばしい出来事である。

　さらに、文献研究に関しては、徐建新氏の調査によって、潘祖蔭《はんそいん》氏（一八三六〜九〇年）の旧蔵になった「墨水廓塡本」が確認された。これまで「酒匂景信（将来）本」が唯一現存の、天下の孤本として知られてきたが、ようやく孤高の地位から脱却した。この潘氏本出現の意義もまた小さくない。今後とも、膨大な広開土王碑の関連資料の収集と保護、それに対応して王碑研究の着実な進展を期待すること切なるものがある。

二、広開土王碑との対話者群像

おもえば、広開王碑の研究史はすでに二紀をこしている。研究は遅々としているようにもみえ、残された課題も少なくないが、しかし着実にその足跡を印してきたとおもう。その過程にあって、じつに多くの人々が広開土王碑に着目し、王碑に魅せられて、それと真剣に対話して、研究史を多様なかたちで彩り飾っている。

　本書でとりあげるのは、そうした王碑と対話した人々であり、かれらの印した足跡である。刮目し驚嘆すべき成果をあげた学者もいたし、横道に迷いこみ、あらぬ方向に走りだす者もいた。だが、かれらに共通するのは、王碑に魅せられて、王碑と真摯に対話したという事実である。

以下の各章において、かれらが対話した実情をはじめとして、各人の意図や経過、それぞれの結末等を追跡してみたい。そのまえに、対話者たち九人と拓工一家の簡単な来歴、動静等について見ておくことにしよう。本書全体にかかわる今西龍氏、池内宏氏の略伝も付しておこう。

1　酒匂景信《さかわかげあき》（第二章）

一八五〇〜九一年。宮崎県都城の出身、士族。陸軍砲兵大尉、従六位、勲五等。はじめ藩校に学び漢学の造詣深く、戊辰戦争《ぼしんせんそう》に参加。七一年に御親兵徴兵となり、その後も終始軍籍に在り、七七年に陸軍少尉。八〇年五月、参謀本部員。同年九月三日、清国に派遣される。八三年六月、砲兵中尉・士官学校教官。同年一〇月四日に帰朝を命じられ、同年内に「墨水廓塡本」を将来する。八四年正月、乃木希典《のぎまれすけ》大将と年賀の挨拶を交し、同年に参謀本部議定官。八六年、砲兵大尉・近衛砲兵連隊第一大隊中隊長。八七年、近衛副官部武庫主管。八八年一〇月、井上《いのうえ》頼国《よりくに》等と会い「酒匂本」に訓点を施す。同年一二月「永楽大王碑文石摺、献上願之趣聞届、則御前へ差上候、此段申入候也、明治廿一年十二月七日、宮内次官伯爵吉井友実《よしいともみ》、陸軍砲兵大尉酒匂景信殿」の沙汰あり。八九年、監軍部要塞砲兵幹部練習所（浦賀）副官。九一年三月に死亡した。

2　傅《ふ》雲竜《うんりゅう》（第三章）

一八四〇〜一九〇一年。中国・浙江省徳清《せっこうしょうとくせい》の人、字は楙園《ぼうえん》。清朝末期の著名な洋務派官僚、国際的な知識人。一八八〇年の進士。兵部郎中に至る。洋務派運動の一環として海外派遣が計画され、選抜された二八人のうち第一に列せられて、八七年に日本、アメリカ大陸（米・カナダ）、ペルー、キューバ、ブラジル等の各地を遊覧する。八九年、再び日本経由で帰国し、幅広い見聞と鋭い観察で綴った『游歴図経』八六巻、明治維新後の日本や日中交流を記した『游歴日本図経』三〇巻、詳細な各地遊覧を記録した『日記』一五巻、日本入・出国時の動静をのべた『游歴日本余紀』等を著わした。その間の一八八九年八月、日本で亜細亜協会の『会余録』第五集に接して初めて広開土王碑を知り、『游歴日本余紀』に王碑「跋文」を書き収めた。

3　王《おう》志修《ししゅう》（第三章）

生没年は未詳。中国・山東省諸城《さんとうしょうしょじょう》の人。号は少廬《しょうろ》・翛廬《しょうろ》、字は竹吾。王廉生（懿栄）の族人。清朝末期の典型的な地方官僚。一八九三年、章樾《しょうえつ》のあとに奉天府軍糧庁同知をつぎ、翌年に奉天将軍裕禄《ゆうろく》の命で『奉天全省地図輿説《ほうてんぜんしょうちずよせつ》』を編集し、九五年に金州庁海防同知に転じた。一八九九〜一九〇一年、岫巖州《しゅうがんしゅう》知州となり、〇三年に青州経済特科に徴されたが、内藤湖南《ないとうこなん》が訪れた〇六年に病床にあった。広開土王碑とのかかわりは、奉天軍糧庁に在職中の一八九五年、庁内で王碑の古本を発見して感動し、同庁の局試にさいして諸生に「是の碑を以て、古試題を命じ」るに当たり、みずから古碑歌を詠み、『高句麗永楽太王歌碑考』を書き、当時としては出色の考証結果を書き残した。

4　**横井忠直**《よこいただなお》（第四章）

一八四五〜一九一六年。名は寿一郎、号は永天・古城。もと中津川藩儒。小倉県士族、父は豊前の儒医。はじめ京摂や江戸に学ぶ。一九歳で中津川に私塾培養舎を開き、一八六九年に藩校の進脩館教授。七〇年、藩命で平田鉄胤《ひらたかねたね》に学び、同年京都府に出仕し権大属、翌年大属となる。八〇年に上京し陸軍御用係、八三年に参謀本部編纂課に出仕し、八四年に陸軍大学校教授を兼任する。同年七月「酒匂本」によって『高句麗古碑考（和文）』を書き、同年内に酒匂の見聞を『碑文之由来記』にまとめる。八五年、参謀本部課僚・兼大学校教授、同年、参謀本部編纂課編『征西戦記稿』（横井忠直書）成る。八八年、参謀本部編纂課員・大学校教官教授。かねて和文『高句麗古碑考』を推敲《すいこう》してきたが、同年に漢文で書き改め、翌年、「高句麗出土記」を亜細亜協会『会余録』第五集に発表する。日清戦争、日露戦争に従軍し、一九一〇年陸軍編修官を辞任した。

5　栄《えい》禧《き》（第五章）

確かな生没年は未詳。一八五四年ころ出生、一説に一八六五年（『東北人物大辞典』遼寧人民出版社・遼寧教育出版社）。一九〇八年以後に没す。中国・長白の満州正白旗《まんしゅうせいはくき》の人。字は筱峯《しょうほう》、如籧《じょきょ》、号は南華道人、寄樗斎《きちょさい》。清朝末期の典型的な地方官僚。監生の出身。一八九一年の承徳県《しょうとくけん》から、奉天省の鉄嶺《てつれい》・安東・寛甸《かんでん》等の知県を歴任し、九四年の日清戦争では経東辺道として抗戦。一九〇一～〇六年に寛甸知県に再任される。かねて広開土王碑に関心をもち、部下の王彦荘に触発されて、〇三年に『古高句麗永楽太王墓碑文攷』を執筆する。日露戦争当時に大原里賢少佐らと接触。〇七年、候補道台・新民府捐税総局《えんぜいそうきょく》総弁。〇八年、日本風物詩を詠った『東瀛百詠詩草《とうえいひゃくえいしそう》』を刊行。大原や佐野直喜《さのなおき》・関口隆正《せきぐちたかまさ》らと交歓するうち、かれの『古高句麗永楽太王墓碑文攷』が日本に伝えられ、大きな波紋をまき起こした。

6　王《おう》彦荘《げんしょう》（第五章）

生没年は未詳。中国・山東省青州の人、諡は濬《しゅん》。清朝末期の下級地方官僚。一八九九年に懐《かい》仁県通溝巡検《じんけんつうこうじゅんけん》、そのあと集安県通溝巡検となり、一九〇三年に寛甸県二竜渡分防巡検を歴任した。王彦荘の名が知られたのは、広開土王碑にかかわり知県の栄禧と接触したからである。栄禧は「高句麗永楽太王墓碑讕言《らんげん》」を執筆して、通溝巡検の王氏が王碑を直接観察し、其の碑文を備録した人物として紹介した。備録された「碑文」とは、王濬（彦荘）批点・高永興《こうえいこう》校注『奉天省輯安古跡高句麗王碑文』であり、それに収められた王碑の釈文は中国最初期の王碑研究に関連して、当時の奉天地方における実情を反映する。

7　楊《よう》　同桂《どうけい》（第五章）

生年は未詳、一八九六年卒。中国・直隷《ちょくれい》の北通州人。字は伯馨《はくけい》。清朝末期の上級地方官僚。はじめ奉天で官途につき、しばしば黒竜江方面に出役する。八一年に吉林府《きつりんふ》知府、九四年に長春府知府に任じられ、東三省《とうさんしょう》一帯で活躍する。とくに当地の地誌に精通し、九一年に『吉林疆域考』の編纂に当たり、また孫宗翰《そんしゅうかん》とともに『盛京疆域考』の撰集者として知られる。はやくから広開土王碑に関心を寄せ、中国最初期の研究者の一人であり、その成果を示した「高麗墓碑」は光緒《こうちょ》間に撰述した『瀋故』四巻（『遼海叢書』所収、一九三三年）に収録された。かれ独自の「釈文」と「按文」から成っていて、最初期の王碑研究をめぐる情況を反映していて注目される。

8　初《しょ》　天富《てんふ》（第六章）

一八四七〜一九一八年。もと中国・山東省文登県の人。広開土王碑の拓本作製者、販売者。

一八七七年ころ、兄の天貴《てんき》や子の均徳《きんとく》らをつれ、飢饉を逃れて通溝（当時の懐仁県、今の集安市）に入り、いつしか王碑の碑側に小屋を建てて住み、王碑を拓出し販売する。知県の認可をえ、王碑周辺の土地が与えられて、初天富一家の独占した家業である。拓本作成の手順は凹凸する碑面に石灰をぬり、「碑文抄本」を手本に碑字を拓し、平均して一日一面、四日で四枚一組の「石灰拓本」を作製し、およそ一〇元（一〇円）で売りさばく。一九一三年、関野貞・今西龍が現場を訪れて、鵬度《ほうど》と名乗ったかれに会い、初めて石灰加工を確認する。かれ曰く、「此碑三十年前までは石上に長花（苔）茂生し、文字の遺存するや否やも不明なりしを以て、知県の命を奉じて長花を焼去し文字を出せしが、其際碑の一部毀損せり、以後此碑側にありて拓本の作成に従事す」と。

9 初一家、初《しょ》 均徳《きんとく》（第六章）

一八六七～一九四六年。天富の子。はじめ父の仕事を手だすけし、その後をうけて親子二代、約六〇余年間にわたって家業にいそしんだ。村人に人望あり、「初先生」「初大碑」等と呼ばれて親しまれた。いま見る拓本のほとんどは、初一家の拓出になった「石灰拓本」である。さすがに七〇歳をこえて仕事ができなくなり、一九三八年ごろ碑側を離れ、近くの親戚（天貴の子孫）に引き取られた。

天貴——均盛——元英（女）
　　　　　　　├元梅（女）
　　　　　　　└文礼
天富——均徳

10　水谷《みずたに》悌《てい》二郎《じろう》（第七章）

一八九三〜一九八四年。三重県桑名《くわな》の人。在野の和漢文化研究者、とくに広開土王碑研究者。一九一二年に第一高等学校入学、一五年に東京帝国大学法科大学（仏法）を卒業し、朝鮮銀行京城本店に勤務、のち大阪支店に転勤し、二四年に退職する。心機一転、二七年に東京帝国大学文学部の聴講生、東洋史学を専攻する。三九年から四年間、私立向島高等女学校に勤務。その前後に日本や東洋の歴史・文化を研究、論文「多度神宮伽藍縁起幷資財帳考」「秥《てん》蟬《せん》碑《ひ》考《こう》」を発表。広開土王碑の研究は東大文学部に入学してから始め、論文「好太王碑考」を発表する五九年まで、研究の基本を徹底して実践し、粘り強く綿密に考察し、独自のわが道をきり拓いて、ついに「原石拓本（水谷拓本）」を入手しくわしく研究して、大きく王碑研究の流れを転換する。画期的な水谷論文は一九七七年、著書『好太王碑考』として刊行された。

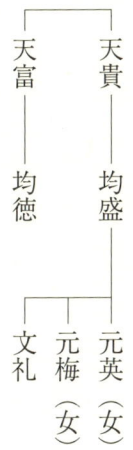

11　末松保和《すえまつやすかず》（第八章）

一九〇四～九二年。福岡県田川《ふくおかけんたがわ》の人。昭和期を代表する朝鮮史家。小倉中学、佐賀高等学校を経、一九二四年に東京帝国大学文学部に入学、二七年国史学科を卒業。はじめ朝鮮総督府朝鮮史編修会の嘱託となり、三三年に京城帝国大学法文学部講師、三五年に助教授、三九年教授となる。敗戦帰国ののち、四七年に学習院大学教授、同大学の図書館長、東洋文化研究所主事となり、文学部史学科の開設以来「東洋史」等を担当、七五年に定年退職する。その間、五〇年の朝鮮学会結成に参画し、また普及版『李朝実録』など朝鮮史籍の景印出版、朝鮮史の研究と発展に尽力する。三八年に広開土王碑を訪ね、その後も一貫して関心を保ち、水谷著『好太王碑考』を刊行する。七四歳で論文「好太王碑と私」等を執筆し、病魔に犯されながら最期まで王碑研究に全力を傾ける。著書の『任那興亡史《みまなこうぼうし》』は古代史研究に一石を投じ、主な論考は『末松保和朝鮮史著作集』全六巻に集成された。

付1　今西《いまにし》　龍《りゅう》

一八七五～一九三二年。岐阜県池田町《ぎふけんいけだちょう》の出身。朝鮮史学者。上京して郁文館中学、一八九九年入学した第二高等学校では硬派でならし、東京帝国大学文科大学に入学して史学科卒業。一九〇三年に大学院に入り、坪井九馬三《つぼいくまぞう》教授の助言で朝鮮史を専攻。その間、金海貝塚の発掘などに従い、〇八年に東大副手、一三年に京都帝国大学助教授、つづいて教授となり「朝鮮史」を担当する。また、朝鮮総督府古跡調査委員として各地の遺蹟を調査し、文献研究も重視して「檀君考《だんくんこう》」など多数の論文を発表。二六年新設の京城帝国大学教授を兼ね、池内宏教授とともに朝鮮史研究の一時代をきずいたが、三二年京大出講中に死亡する。広開土王碑に関しては、一三年に集安をたずね、初天富一家が王碑に石灰を塗り、碑字を整形加工する現場を初めて確認し、王碑研究に警告を発する。主な著作は『今西龍著作集』全四巻にまとめられた。

付2　池内《いけうち》　宏《ひろし》

一八七八〜一九五二年。父は尊攘派で知られた大学。東京麹町紀尾井町《こうじまちきおいちょう》の生まれ。東洋史学者、朝鮮史学者。津田左右吉《つだそうきち》らと日本の近代史学を推進し、独自の「満鮮史観」をもって活躍し、その主な論考は『満鮮史研究』全六冊に集成された。はじめ東京府立尋常小学校、第一高等学校を経て、一九〇一年、東京帝国大学文科大学に入学。史学科卒業後は大学院で白鳥庫吉《しらとりくらきち》教授の指導をうけ、一三年に東京帝国大学文科大学講師、一六年助教授となり、同年新設の朝鮮史講座を分担し、「満韓史」「高麗朝史」「日鮮交渉史」「鮮満史」等を講ずる。二五年に文学部教授、三三年に定年退官する。徹底した史料批判を前提にして、鋭いひらめきと合理的な実証法で歴史研究をすすめ、その後の研究者に大きな影響をあたえる。広開土王碑については、三六年と三八年に現地を訪ねて調査し、『通溝』二巻（下巻は梅原末治《うめはらすえじ》氏と共著）を刊行した。

× × × × ×

以下に本書各章の新稿と旧稿の別、もとになった旧稿の論文名等、また旧稿の書き替え情況について記しておく。


第一章「序説　広開土王碑と対話した人々」……新稿。

第二章「酒匂景信と『碑文之由来記』」……旧稿「「碑文之由来記」考略」（『榎一雄博士頌寿記念東洋史論叢』汲古書院、一九八八年）をもとに書き替えた。

第三章「中国最初期の対話者たち」……旧稿「中国最初期の広開土王碑文研究／傅雲竜と王志修の場合」（『西巖趙恒来教授華甲紀念韓国史学論叢』、韓国・西巖趙恒来教授華甲紀念論叢刊行委員会、一九九二年）をもとに書き替えた。

第四章「横井忠直と広開土王碑の受難説」……旧稿「「広開土王碑」の土難・水難・火難説」（『朝鮮学報』一七六、朝鮮学会、二〇〇〇年）をもとに書き替えた。

第五章「中国最初期の「作文」者の系譜」……新稿。

第六章「初天富一家と「碑文抄本」」……旧稿「広開土王碑〈碑文抄本〉の研究」（『国際書学研究／２０００』、萱原書房、二〇〇〇年）をもとに書き替えた。

第七章「水谷悌二郎の広開土王碑研究」……新稿。

第八章「末松保和と広開土王碑」……旧稿「末松保和先生と好太王碑」（『高句麗史と朝鮮古代史』（『末松保和朝鮮史著作集』3）、吉川弘文館、一九九六年）、旧稿「末松保和先生と広開土王」（「日本歴史」五七二、吉川弘文館、一九九六年）の二編を合録した。合録するにあたって「はじめに」を付し、前編の一部を削除した。

第九章「わたしの「辛卯年《しんぼうねん》」条解釈」……旧稿「『広開土王碑』に描かれた「倭」」（「別冊歴史読本」四六、新人物往来社、二〇〇三年）、旧稿「西嶋定生先生の宿題」（「西嶋定生東アジア史論集・月報」1、岩波書店、二〇〇二年）、旧稿「いままた「辛卯年」条を考える」（「歴史と地理」五六一、山川出版社、二〇〇三年）の三編をもとに書き替え、第二編は本章の主題に合わせて一部削除した。第四編「太王陵出土銅鈴の銘文に関する所見」は新稿。

第二章　酒匂景信と『碑文之由来記』
――広開土王碑発見の実相――

一、碑石の発見に関する諸説と問題点

1　横井忠直「高句麗碑出土記」の影響

高句麗の広開土王碑は四一四年に立てられ、およそ千六百年の星霜をへて、いまは古代東アジアを代表する古碑として知られているが、それが一九世紀末に発見されるに至った事情については、これまであい容れない多くのことが語られてきた。

たとえば、碑石の発見時期については同治《どうじ》末年（～一八七四）、光緒《こうちょ》元年（一八七五）、光緒

酒匂景信氏影像

初葉、光緒六年、光緒八～九年、あるいは明治一五～一六年（一八八二～八三）等の所説がある。その発見者についても、現地の辺民とするものから、盛《せい》京将軍《きょうしょうぐん》、盛京将軍左氏《さし》、あるいは関月山、知県（県の長官）、王彦荘、初鵬度らの名がとり沙汰され、聞く方は混乱するばかりである。また発見の経緯についても、所伝がいくつもあって迷ってしまう。

　このような状況は、一方では、広開土王碑に寄せられた関心の大きさを反映しているが、また碑石の発見にふれた記録が断片的であり、互いに整合しにくい情報が伝えられてきたことにも関連する。そのなかで、これまで碑石の発見を伝えて注目されたのは、日本では横井忠直の「高句麗碑出土記」（以下「出土記」と略す）であり、最初期の王碑研究に大きな影響をあたえて知られている。それには、

　此の碑、旧《もと》と土中に埋没し、三百余年前より、始めて漸々顕れ出ず。前年人有り、天津由《よ》り工人四名を雇い、此に来《きた》り、掘出し洗刷せしめ、二年の工を費やし、稍《やや》に読む可《べ》きに至る。然《しか》るに、久しく渓流に激せられ、欠損せし処甚だ多く、初めに掘りて四尺許《ばか》りに至り、其の文を閲《けみ》して、始めて其の高句麗碑為《た》るを知る。是に於いて、四面に塔架し、工を令《し》て

氈搨《せんとう》せしむ。（読み下しは武田、以下同じ）

此碑、旧埋没土中、三百余年前、始漸々顕出、前年有人、由天津雇工人四名来此、堀出洗刷、費二年之工、稍至可読、然久為渓流所激、欠損処甚多、初掘至四尺許、閲其文、始知其爲高勾麗碑、於是四面塔架、令工氈搨。（亜細亜協会『会余録』五、一八八九年）

としるされている。そのころ代表的な王碑研究者の那珂通世《なかみちよ》は「出土記」を重視して、論文「高句麗古碑考」（「史学雑誌」四七、一八九三年）にその全文を引用するほどであり、「出土記」はその後も大きな影響をあたえ、ひろく海外にも伝えられた。

2　新聞記事と青江秀、および菅政友・三宅米吉の所説

しかし、「出土記」より以前に、すでに新聞記事が流れていたようである。青江秀《あおえひで》の『東夫余永楽大王碑銘解』（一八八四年執筆、未刊）の冒頭に、「某新聞」がスクープした碑石発見の記事が引用されているのである。あれこれ調べてみると、その新聞は「東京横浜毎日新聞」、日付けは明治一七年六月二九日と判明した。そのスクープ記事はつぎのとおりである。

満洲盛京省と朝鮮国とに境する鴨緑江《おうりょくこう》の上流にて、古来水底に埋もれたる一大石碑のあるを、此頃盛京将軍の聞く所となり、多くの人労を費して掘り出し、石面を洗浄する折柄、……（句点は武田）

これをうけて、菅政友《かんまさとも》は王碑にかんして日本で最初に発表された論文の「高麗好太王碑考」を書き、「一二ノ新聞紙、又ハ或人ノ談話」により、「此ノ碑ハ（注略）山脈ニヨリテ流レ下レル小流ノ傍ニ建テタルマヽニテ土中ニ埋レタリシヲ、去《さり》シ明治十五六年ノ頃ニヤ、掘出シタルナリトカ」（「史学会雑誌」二二、一八九一年）としるしている。「一二ノ新聞紙」には、スクープ記事が出ていたはずである。また三宅米吉は論文「高麗古碑考」で、前記した「出土記」と『高麗古碑本由来』という記録によって、「碑は……山脈より流れ来る一小水路に当れり。土人の言によれば此の碑久しく土中に埋もれしが、今より三百余年前初めて現出し爾後《じご》次第に顕れて今日に至れり、我が明治十五年盛京将軍左氏工人四名を天津より招きて之を撮写せしめしとあり」（「考古学会雑誌」二の一、一八九八年）とのべた。

それらの記述にはそれぞれ違いがあり、とくに碑石の存在情況について、あるいは土中に埋没していたといい、あるいは水底に沈没していたといい、その所伝のちがいが大きい。だが、それらを全体的にみれば、一八八二年ころ、盛京将軍の左氏による碑石発見説として一群をなすといえよう。

いうまでもないが、そのころ、広開土王碑について発言できた人物は現地・現場を踏み、王碑の墨本をもたらした酒匂景信ただ一人であって、関連情報はかれが発信したのに違いない。それをいち早く「東京横浜毎日新聞」記者がスクープし、そのあと横井によって一挙に内外に広められた。

3　栄禧および今西龍・池内宏、その他の所説

やがて一九〇五年より前のころ、一九〇三年に執筆された栄禧の「高句麗永楽太王墓碑讕《らん》言《げん》」（以下、「讕言」と略す）が知られるに至ったが、それには次のように書かれている。

岔溝《たこう》、一に通溝《つうこう》と名づく。旧《も》と巡検一欠を設け、王君彦荘を部選し、其の任を承《う》けしむ。今、改めて輯安《しゅうあん》に県治を設く。彦荘、古を好み学に敏く、是の碑を目覩《もくと》するや、其の文を備録す。惜しむらくは、其の攷訂《こうてい》の書きたるもの無く、僅かに大概を言うのみ。余、光緒八年壬午に於いて、曾て山東布衣の方丹山を倩《たの》み、往きて〔碑文を〕搨《す》らしめ、完璧を獲るを得たり。（〔 〕は武田）

岔溝、一名通溝、旧設巡検一缺、部選王君彦荘、承其任、今改設輯安治、彦荘好古敏学、目覩是碑、備録其文、惜其攷訂無書、僅言大概、余於光緒八年壬午、曾倩山東布衣方丹山往搨、得獲完璧。（『古高句麗永楽太王墓碑文攷』、一九〇八年）

これによると、王彦荘による碑文の備録は一八八二年（光緒八年）以前だったようである。とすれば、日本の酒匂情報とは別系である。一部では、「讕言」によって王彦荘を碑石の第一発見者などと誤解したりしたが、そのころはまだ「讕言」は信頼できる新情報とされていた。

しかし、あとで水谷悌二郎らが指摘したように、それには疑問の点が少なくない。

そのあと一九一三年、関野貞・今西龍が現地で王碑を調査したおり、初鵬度と名のる中国人の碑石の管理者であり、王碑の拓出者だった人物（実名は天富）から、つぎのような話を聞いた。


　此の碑三十年前までは石上に長花（苔）茂生し文字の遺存するや否やも不明なりしを以て、彼れ知県の命を奉じて長花を焼去し文字を出せしが、其際碑の一部を毀損せり。（「広開土境好太王陵碑に就て」、『朝鮮古史の研究』所収、国書刊行会、一九七〇年）

およそ三〇年前を振りかえっての回想であるが、ひさしく碑側にあって、日常的に碑石・碑文に接し、それと対話を重ねてきた当事者の談話である。この情報はとくに重視してよいであろう（本書第六章参照）。これによれば、一八八三年ころ、初天富が懐仁県の知県の命令をうけて碑石と確認し、碑面に絡まる苔を焼却して碑表の文字を出し、碑文を拓出した模様である。

以上の発見説に関連して、池内宏は論文「広開土王碑発見の由来と碑石の現状」を書き、とくに酒匂系「出土記」説を厳しく批判して、あらためて一八七六年の関月山による発見を唱えた（「史学雑誌」一九―一、一九三八年）。池内説の当否については後にふれることにするが、ここでみるべきものは、栄禧の「譋言」をはじめ、中国人が残した多くの諸記録が集められ、比較検討されたことである。そのうち最も注意すべきは、清末金石学者の葉昌熾《しょうしょうし》の「奉天一則」

と、談国桓《だんこくかん》の「手札《しゅさつ》」の記事である。

高句驪好太王碑。……光緒六年、辺民、山を斬《けず》り木を刋《き》り、始めて之を得たり。窮辺に紙墨無く、土人は径尺の皮紙を以て、煤汁を搗《つ》きて之を拓す。苔蘚封蝕し、其の坳垤《おうてつ》の処は、拓者又た意を以て描画し、往往真を失う。

高句驪好太王碑。……光緒六年、辺民斬山刋木、始得之、窮辺無紙墨、土人以径尺皮紙、搗煤汁拓之、苔蘚封蝕、其坳垤之処、拓者又以意描画、往往失真。（『語石』巻二、一九〇九年）

奉天懐仁県をば設治するの時、首《はじ》めて其の選を膺《う》くる者は、章君樾、字は幼樵《ようしょう》為り。幕中の関君月山、金石に癖《へき》す。公余に諸《これ》を野に訪ね、此の碑を荒煙蔓草の中に於いて獲、喜びて狂わんと欲し、数字を手拓せり。

奉天懐仁県設治之時、首膺其選者、為章君樾、字幼樵、幕中関君月山、癖於金石、公余訪諸野、獲此碑於荒煙蔓草中、喜欲狂手拓数字。（金毓黻『遼東文献徴録』、一九二五年）

葉氏のいう一八八〇年（光緒六年）の辺民発見説、談氏のしるす懐仁県創設時の関月山発見説は独自のものであり、それまで知られた情報とは異なるうえに、両人の情報源を考えればきわめて信憑性が高い。くわえて、朴時亨《ぼくじこう》氏によって、新たに談国桓の「碑跋」が紹介された（『広開土王陵碑』社会科学院、一九六六年）。

章君〔樾〕は、県事を代理す。其の書啓西席《しょけいせいせき》は、関君月山為《な》り、余《よ》に手拓せる碑字数枚を贈る、毎紙一字、即ち此の碑也。……、按ずるに、章君は懐仁に宰《さい》たり。光緒八・九年に在りて、関君、即ち此の碑を発現せるの人なり。

章君代理県事、其書啓西席為関君月山、贈余手拓碑字数枚、毎紙一字、即此碑也、……按、章君宰懐仁、在光緒八九年、関君即発現此碑之人。（一九二九年跋）

朴氏は碑石の発見者を特定しなかったが、碑石の発見については葉説の一八八〇年に従った。それらを参照して、李進熙《りしんき》氏は同年に農民が発見し、その翌一八八一年、関月山が知県章樾の命令で調査したとした（『広開土王陵碑の研究（増訂版）』吉川弘文館、一九七四年）。劉永智《りゅうえいち》氏もほぼ同じ意見である（『中朝関係史研究』中国・中州古籍出版社、一九九四年）。碑石発見の実情が一段と明らかになってきた。

そのうち、劉氏は久々に例の「出土記」をとりあげて、たとえそれが部分的な誤りを犯していても、それを無視してはならぬと評価した。たしかに、「出土記」は酒匂の現地での体験に基づいた情報であり、簡単に無視されてしまってはならないであろう。あえて無視するならば、なぜそうしたのか問われるべきである。

4 『碑文之由来記』とその史料価値

ただし、いま酒匂情報に着目するならば、次のような研究成果を参照しなくてはならない。佐伯有清《さえきありきよ》氏によれば、横井忠直の「出土記」は、はじめ長文の和文稿本が書かれ、それが幾度か推敲されたあと、さらに何度か短文の漢文原稿に整えられたのだという（『広開土王碑と参謀本部』吉川弘文館、一九七六年）。また、その研究の過程で、その名だけが知られていた『高麗古碑本之来由』（以下、『来由』と略す）や、『碑文之由来記』（『由来記』と略す）の所在が判明した。碑石発見の実相を探るうえでまことに重要であり、じつに幸いなことであった。

その『由来記』は、一八八四年に横井忠直の執筆になり、宮内庁書陵部収蔵の『高句麗古碑考』に合綴されていた。酒匂が中国から帰国した後、参謀本部に提出した実査復命書に基づいて、横井が広開土王碑にかんする部分を抜きがきし、整理したものとおもわれる。

復命書そのものの行方はわからないが、『由来記』は『来由』の原典であって、現状ではもっとも尊重すべき資料である。まして、例の漢文で書かれた「出土記」の実体は、横井が和文『由来記』に基づいて和文『来由』を書き、さらにその『来由』を書き替えて、分量・内容とも著しく矮小化して出来上がったものであった。そうであれば、『由来記』は酒匂系情報のうちで最も初発のものであり、したがって最も史料価値の高いものである。

そこで本章では、この『由来記』に拠って、まだ確たる実相が知られていない碑石の発見について考察する。ただ、現状では、一部で『由来記』の信憑性《しんぴょうせい》を安易に疑う論議が横行し、また「出土記」への批判も放置されたままである。それならば、さしあたって、『由来記』にかかわる限りで無視できない。さらに、『由来記』を肯定的に評価する場合でも、その根拠をもういちど点検しなおして、その史料価値を再確認しておく必要がある。

それらの問題点を考えて、『由来記』に適正な史料批判をくわえ、その史料価値の高さを具体的に確認してみよう。その過程で、現地でとった酒匂の言動を追跡し、かれの体験を再現して、一二〇年ぶりに当時の現地・現場の雰囲気の一端を追体験してみたい。

二、『碑文之由来記』の史料批判

1　『碑文之由来記』の四構成

これまで流布された「出土記」や『来由』に注目し、いわゆる酒匂系の情報を本格的に批判したのは池内宏が最初である。その主な論点に、⑴キーパーソンの左姓盛京将軍が実在したかどうかの問題、⑵碑石が土中から出現したかどうかの問題、⑶碑石が渓流によって欠損したかどうかの問題、⑷拓本（じつは拓本ではなく、手書きの墨水廓塡本であったが）が二幅に限定されたかどうかの問題、⑸将軍塚の存在状態に関する問題があげられた。

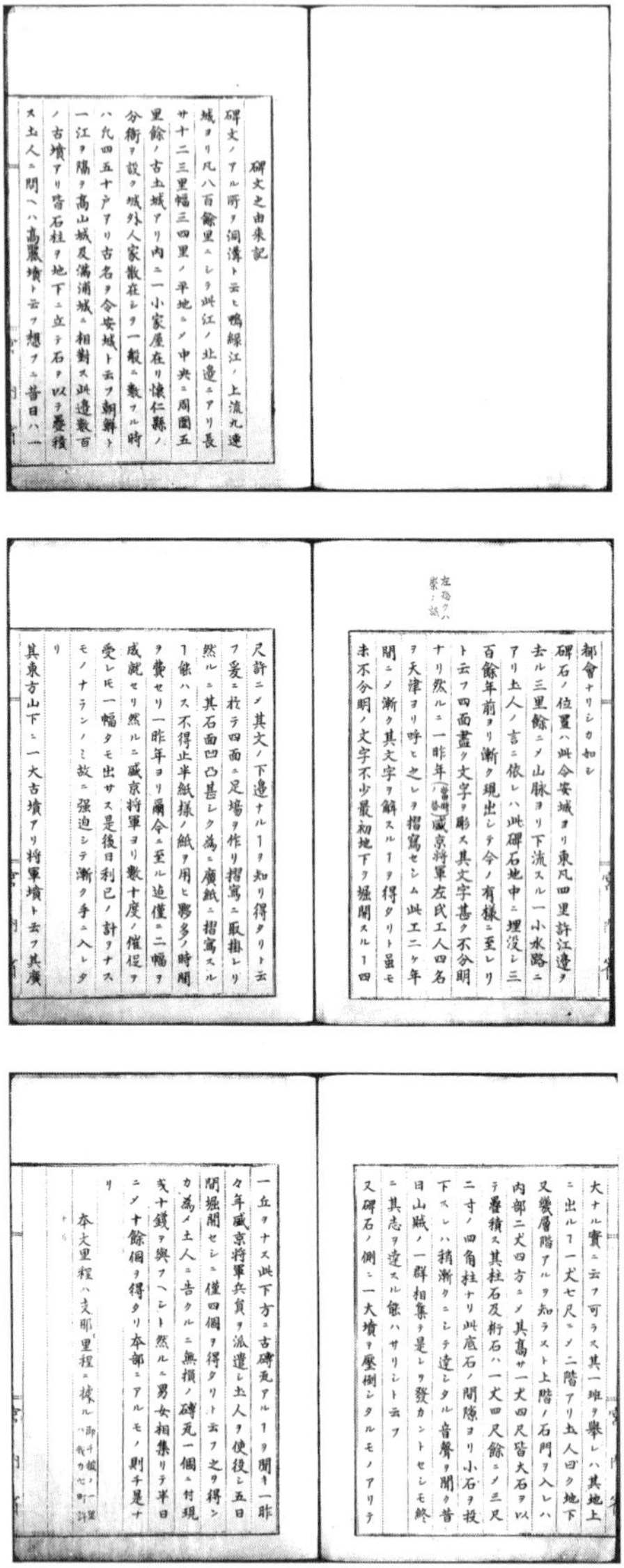

碑文之由来記
碑文ノアル所ヲ洞溝ト云ヒ鴨緑江ノ上流九連
城ヨリ凡八百餘里ニシテ此江ノ北邊ニアリ長
サ十二三里幅三四里ノ平地ニシテ中央ニ周圍五
里餘ノ古土城アリ内ニ一小家屋在リ懐仁縣ノ
分衙ヲ設ク城外人家散在シテ一般ニ數フル時
ハ凡四五十戸アリ古名ヲ令安城ト云フ朝鮮ト
一江ヲ隔テ高山城及満浦城ニ相對ス此邊數百
ノ古墳アリ皆石柱ヲ地下ニ立テ石ヲ以テ疊積
ス土人ニ問ヘハ高麗墳ト云フ想フニ昔日ハ一
都會ナリシカ如シ
碑石ノ位置ハ此令安城ヨリ東凡四里許江邊ヲ
去ル三里餘ニシテ山脉ヨリ下流スル一小水路ニ
アリ土人ノ言ニ依レハ此碑石地中ニ埋没シ三
百餘年前ヨリ漸ク現出シテ今ノ有様ニ至レリ
ト云フ四面盡ク文字ヲ彫ス其文字甚ク不分明
ナリ然ルニ一昨年（當時ノ將）盛京將軍左氏工人四名
ヲ天津ヨリ呼ヒ之レヲ搨寫セシム此工二ヶ年
間ニシテ漸ク其文字ヲ解スルコトヲ得タリト雖モ
未不分明ノ文字不少最初地下ヲ堀開スルコト四
尺許ニシテ其文ノ下邊ナルコトヲ知リ得タリト云
フ爰ニ於テ四面ニ足場ヲ作リ搨寫ニ取掛レリ
然ルニ其石面凹凸甚シク為ニ廣紙ニ搨寫スル
コト能ハス不得止半紙様ノ紙ヲ用ヒ夥多ノ時間
ヲ費セリ一昨年ヨリ爾今ニ至ル迠僅ニ二幅ヲ
成就セリ然ルニ盛京將軍ヨリ數十度ノ催促ヲ
受レ𪜈一幅タモ出サス是後日利己ノ計ヲナス
モノナランノミ故ニ強迫シテ漸ク手ニ入レタ
リ
其東方山下ニ一大古墳アリ將軍墳ト云フ其廣
大ナル實ニ云フ可ラス其一班ヲ擧レハ其地上
ニ出ルコト一丈七尺ニシテ二階アリ土人曰ク地下
又幾層階アルヲ知ラスト上階ノ石門ヲ入レハ
内部二丈四方ニシテ其高サ一丈四尺皆大石ヲ以
テ疊積ス其柱石及桁石ハ一丈四尺餘ニシテ三尺
二寸ノ四角柱ナリ此底石ノ間隙ヨリ小石ヲ投
下スレハ稍漸クニシテ達シタル音聲ヲ聞ク昔
日山賊ノ一群相集テ是レヲ發カントセシモ終
ニ其志ヲ達スル能ハサリシト云フ
又碑石ノ側ニ一大墳ヲ壓倒シタルモノアリテ
一丘ヲナス此下方ニ古磚瓦アルコトヲ聞キ一昨
々年盛京將軍兵員ヲ派遣シ土人ヲ使役シ五日
間堀開セシニ僅四個ヲ得タリト云フ之ヲ得ン
カ為メ土人ニ告クルニ無損ノ磚瓦一個ニ付現
戋十錢ヲ與フヘシト然ルニ男女相集リテ半日
ニシテ十餘個ヲ得タリ本部ニアルモノ則チ是ナ
リ
本文里程ハ支那ノ里程ニ據ル 即チ彼ノ一里ハ我カ七町許

『碑文之由来記』

また李進熙氏は、新出資料の『由来記』を批判の対象にあげて、とくに「強迫シテ〔墨本を〕漸ク手ニ入レタリ」のくだりに着目し、(6)酒匂による墨本取得の手法に関する難点を指摘した。

批判者たちは、以上にあげた論点は、みなありえないことだと主張する。

それらの批判のポイントを押さえるために、まず、以上の六つの論点が『由来記』のどの部分に当るのかを確かめたい。そこで、その表記のままの『由来記』の全文を転写して、原文の改行部分を目安にして、(A)~(D)の四段に区分して整理する。そのさい、原文釈読の便宜を考えて、新らたに句読点を入れてみた。また、原文の割注は〔 〕に入れ、注記された朱筆には圏点を付した。

また、これは大事な勘どころであるが、墨書された原文のうち、酒匂が「(土人ニ問ヘバ)……ト云フ」式の表現、あるいは他から伝聞したことを示す文章には傍線(――線)を引いた。さらに、酒匂自身の個人的な感想や、または後日に起こった事がらをしるした文章には二重の傍線(══線)を引いておいた。なお、転写文の「〆」はシテ、「ヿ」はコト、「𪜈」はトモと読む。

以上のとおり整理した『由来記』には、まだ傍線・圏点の無い原文、記号等で括られない文章が残っている。あらかじめ、それらの文章群に注目し、それらをしばらくの間熟視してみたい。それらは他から伝聞した内容ではなく、主観的な感想や後日に起こったことがらでもない。つまり、酒匂がみずから現地で実際に体験し、現場でした行動に基づいた記述であり、現地・現場での客観的な事象を記録した部分であって、最も信憑性の高い記事である。

(A) 碑文ノアル所ヲ洞溝ト云ヒ、鴨緑江ノ上流、九連城ヨリ凡《およそ》八百里ニシテ、此江ノ北辺ニアリ。長サ十二三里、幅二三里ノ平地ニシテ、中央ニ周囲五里余ノ古土城アリ。内ニ一小家屋在リ、懐仁県ノ分衙《ぶんが》ヲ設ク。城外人家散在シテ、一般ニ数フル時ハ、凡四五十戸アリ、古名ヲ令安城ト云フ。朝鮮ト一江ヲ隔テ、高山城《こうさんじょう》及満浦鎮《まんぽちん》ニ相対ス。此辺数百ノ古墳アリ、皆石柱ヲ地下ニ立テ、石ヲ以テ畳積ス。土人ニ問ヘバ、高麗墳ト云フ。想フニ昔日ハ一都会ナリシカ如シ。

（B）碑石ノ位置ハ、此令安城ヨリ東凡四里許、江辺ヲ去ル三里余ニ〆、山脈ヨリ下流スル一小水路アリ。土人ノ言ニ依レハ、此碑石地中ニ埋没シ、三百余年前ヨリ漸ク出現シテ、今ノ有様ニ至レリト云フ。四面尽ク文字甚ク不分明ナリ。然ルニ一昨年〔当時ノ答〕、盛京将軍左氏、工人四名ヲ天津ヨリ呼ヒ、之レヲ摺写セシム。此工二ケ年間ニ〆、漸ク其文字ヲ解スルヿヲ得タリト雖モ、未不分明ノ文字不少。最初地下ヲ堀開スルヿ四尺許ニ〆、其文ノ下辺ナルヿヲ知リ得タリト云フ。爰ニ於テ四面ニ足場ヲ作リ、摺写ニ取掛レリ。然ルニ其石面凹凸甚シク、為メニ広紙ニ摺写スルヿ能ハス。不得止半紙様ノ紙ヲ用ヒ、夥多ノ時間ヲ費セリ。一昨年ヨリ爾今ニ至ル迄、僅ニ二幅ヲ成就セリ。然ルニ盛京将軍ヨリ数十度ノ催促ヲ受レ𪜈、一幅タモ出サス。是後日利己ノ計ヲナスモノナランノミ、故ニ強迫シテ漸ク手ニ入レタリ。左恐クハ崇ノ誤。

（圏点は、原文「盛京将軍左氏」真上の朱筆の頭注、武田）

（C）其東方山下ニ一大古墳アリ、将軍塚ト云フ。其広大ナル実ニ云フ可《べか》ラス。其一斑ヲ挙レハ、其地上ニ出ルヿ一丈七尺ニ〆二階アリ。土人曰ク、地下又幾層階アルヲ知ラスト。上階ノ石門ヲ入レハ、内部二丈四方ニ〆、其高サ一丈四尺、皆大石ヲ以テ畳積ス。其柱石及桁石ハ一丈四尺余ニ〆、三尺二寸ノ四角柱ナリ。此底石ノ間隙ヨリ小石ヲ投下スレハ、稍《やや》漸《ようや》クニシテ達シタル音声ヲ聞ク。昔日山賊ノ一群相集テ是レヲ発ントセシモ、終ニ其志ヲ達スル能ハサリシト云フ。

（D）又碑石ノ側ニ一大墳ヲ圧倒シタルモノアリテ、一丘ヲナス。此下方ニ古磚瓦アルヿヲ聞キ、一昨々年、盛京将軍、兵員ヲ派遣シ、土人ヲ使役シ五日間掘開セシニ、僅四個ヲ得タリト云フ。之ヲ得ンガ為メ、土人ニ告グルニ、無損ノ磚《せん》瓦《が》一個ニ付現戔十銭ヲ与フヘシト。然ルニ男女相集リテ、半日ニ〆十余個ヲ得タリ。本部ニアルモノ則チ是ナリ。

・・・・・・・・・・・・・・・・・・・・・

本文里程ハ支那里程ニ拠ル、即チ彼ノ一里ハ我カ七町許ナリ。

以上に掲げた全文は、（A）段の洞溝（通溝）平野の一般状況、（B）段の広開土王碑、（C）段の将軍塚、（D）段の太王陵など、各段ごとの主題を順序よくしるしていて、各段とも客観的な記述を中心とし、その間に伝聞記事を織りこんで、だいたい各段の末尾は個人的な感想か、後日のことをしるしている。

要するに、全体が四段から構成され、文章は整然とまとまった形式をとっていて、体験者・

証言者たる酒匂の卓越し、かつ透徹した観察力、洞察力を印象づけるのである。ちなみに、朱筆は二ヶ所に入っているが、それらは転写後の追記であって、筆記者の横井が付したものと認められる。

2 「盛京将軍」と碑石の土中出現／批判点(1)(2)の問題点

さて、つぎの課題は、先にあげた六つの批判点にかんする検討である。そのうち、(3)碑石の渓流による欠損の問題は、そのことだけが『由来記』にみあたらない。おもうに、それは(B)段の「碑石ノ位置ハ(中略)山脈ヨリ下流スル一小水路アリ」のくだりを、あとで横井自身が「某新聞」の誤り伝えた碑石の埋没説等とを刷りあわせ、誤解をかさねた結果生じたものであろう(第四章参照)。あとの五点は『由来記』にルーツがあり、いまなお生きた問題点として残っている。

まず、(1)左姓の「盛京将軍」の存否問題である。それは(B)段の「盛京将軍左氏、工人四名ヲ天津《てんしん》ヨリ呼ヒ、之レヲ搨写セシム」に該当する。これは史実に符合しない。そのことは『由来記』転写のあと、すぐ気づかれたものとみえて、「左、恐クハ崇ノ誤」の朱注が入れられた。

この「崇」の名は、光緒七～九年(一八八一～八三)に盛京将軍の職に在った崇綺《すうき》を指したつもりであろう。だが、それも誤りであって、正しくは岐元《きげん》であった。後述するように、じつは、盛京将軍とのかかわり方に疑問がないわけではないのである（本章四参照）。
それはとにかく、横井はこの注記をふくめて『来由』に書きうつしたが、やがて漢文稿本を書く段階で、こんどは姓を無視して「盛京将軍某」と略記し、「出土記」ではただ「人」の一字に矮小化してしまった。おそらく、酒匂自身はおのれの耳で聞いたまま、「盛京将軍左氏」と書き留めたままでであろう。

つぎは、⑵碑石の土中出現の問題である。これは（B）段の「此碑石地中ニ埋没シ、三百余年前ヨリ漸ク出現シテ、今ノ有様ニ至レリ」と関連する。しかし、鳥居竜蔵《とりいりゅうぞう》は日本人学者として初めて現地にいたり、碑石周辺の地勢を眼にするや、すぐさま土中出現を否定した（『南満洲調査報告』南満洲鉄道株式会社、一九一〇年）。その後も、現地を訪れた内外の人士は数えきれないほど多いが、あいまいな今西龍の推測を除いては、だれ一人として土中出現説に賛成したものはいない。もちろん、私自身も例外ではない。

3　「僅ニ二幅」の墨本／批判点⑷の問題点

つぎは、⑷墨本の二幅限定の問題である。これも（B）段の「爾今ニ至ル迄、僅ニ二幅ヲ成就セリ」に相当する。批判者は、「二幅」は少なすぎるという。だがこれは、さしあたり、批判者の池内が拠った張延厚《ちょうえんこう》の「跋語」（金毓黻《きんいくふつ》『遼東文献徴録』所収）の誤伝に起因する。

「跋語」は酒匂が現地に到着する前の「光緒初年」、すでに李大竜（李雲従）が王碑「五十本」を拓出していたという。この「五十本」にたいして、いかにも「二幅」は少なすぎる……、これが池内の拠りどころだったとおもわれる。しかし、史上に有名な李雲従の王碑の拓出は、周知のとおり「光緒十五年」、酒匂より七年後の一八八九年のことであった。

それにしても、部数が少な過ぎる。というのであれば、まず、つぎの事実を指摘しておきたい。批判者の池内に限らず、酒匂将来の当該墨本はかなり長期にわたって、単純に「拓本」と表記し、「拓本」一般とみなされてきたが、その実体は拓本ではなくて、手作業で綿密に仕上げた「墨水廓塡本《ぼくすいかくてんぼん》」にほかならない。

つまり、碑石発見の直後において、辺境に立つ六メートル余りの巨碑を相手にして、足場をかけ、風化しきった野中の碑面に立ち向かい、まずは百数十枚の拓紙に拓出し、いまですら判読に苦心する二千字に近い碑字を逐一釈文し、莫大な手間ひまをかけて、百数十枚の紙片に一字ごと綿密に点描して双鈎《そうこう》し、さらに濃淡二重の手法で廓塡し、釈文した碑字はくっきりと書きあげて、じつに丁寧に仕上げた墨水廓塡本であった（武田「〈広開土王碑〉墨本の基礎的研究」、「東方学」一〇七、二〇〇四年所収）。

一般的にいって、風化した巨碑の広開土王碑文の拓本づくりは簡単でない。それが墨水廓塡本の場合は、とりわけ高い技能が要求され、莫大な時間と気力・労力・資力が欠かせず、いまでは想定しがたい困難さをともなう作業であった。作成が始まってすぐ、当該類型に属する墨本の作成が放棄されてしまったのは、諸般の条件を維持することがはなはだ困難だったからである。要するに、「僅ニ二幅」を否定する論拠はない。いえるのは、例えば五〇幅というような、大量の部数ははなはだ想定しにくいことである。

そこで、あらためて考えてみれば、現場の「墨水廓塡本」作成者（同時に売り手でもあった）が口にした「僅ニ二幅」は、買い手の酒匂に向けた駆け引き上の文言である。多くいうより、少ないほうが商売になる。取引で大切なのは、手探りのなかの駆け引きであろう。酒匂はいわれたままに証言しただけであった。

4　将軍塚の存在状態／批判点⑸の問題点

つぎは、⑸将軍塚の存在状態である。これは批判のポイント自体が曖昧にみえる。とうてい信じられないとされた「出土記」相当部分の、（C）段の(a)「地下又幾層階アルヲ知ラス」の部分は、内容それ自体は不審さは隠せないが、しかし、それはれっきとした伝聞に属する記事である。

また(b)「其地上ニ出ル︱一丈七尺ニ𛀁二階アリ」の方も、現地の酒匂の立場でいえば、一応解釈がつかないこともない。いまでは石築全七段の将軍塚というのが常識であるが、酒匂は始めてこれを見て、第五段に開く玄室《げんしつ》入口を基準として上下二段と考えて、それを二階とみなしたようである。この二階を基準にして、入口以下が幾層になるものやら、目にはみえない地下部分をふくめて、見当のつくはずがなかったであろう。(a)にいう「知ラス（知らず）」の意味するものは、現地での伝聞を聞くがままに胸に収めたのではなかったか。

ひとつ気がかりなのは、伝聞の(a)記事に対応して、(c)「此底石ノ間隙ヨリ小石ヲ投下スレハ、稍漸クニシテ達シタル音声ヲ聞ク」としるした部分である。一読して、これは酒匂自身の玄室内での体験かともおもわれる。しかし、将軍塚の構造からみて、この投石→↓反響が酒匂の目前で起きた一連の事実だったとは考えにくい。早いはなしが、玄室内には、投石すべき間隙などは見あたらない。

そこで注目したいのは、後につづく(d)「昔日盗賊ノ一群……ト云フ」の伝聞記事である。これを慎重に吟味すれば、ことのついでに（C）段末尾に付記したものなどではなくて、(c)記事と関連しているのではなかろうか。つまり、とつぜん目のまえに現われて、集安界隈を徘徊し、将軍塚や碑石等に興味をいだく異国人の酒匂を警戒したのは当然であろう。現地人は盗賊の失敗談をもちだして、投石・反響の話を誇張して話をし、あらかじめ墓荒らしなどの面倒な騒ぎになることを防ごうとしたのではないだろうか。はたしてそうならば、(c)記事の実態もまた、伝聞に属することになるであろう。

5　墨本入手の情況／批判点⑹の問題点

最後は、⑹墨本の入手情況の問題である。批判者は、（B）段の「強迫シテ漸ク手ニ入レタリ」にたいして、そのような現地での目だった振る舞いは、隠密行動を余儀なくされた軍事スパイの酒匂がとるはずがないと強調する。

しかし、『由来記』に読まれるとおり、酒匂は王碑の「墨水廓塡本」を作成した工人と接触したほか、将軍塚や太王陵を観察し、しきりに現地人にインタビューし、かれらを雇っては太王陵の磚瓦を収集したりした。酒匂の現地での行動は多くの村人をまきこみ、多くの村人の知るところであった。

墨本を入手するときの「強迫」については、すでに佐伯有清氏に穏当な反論がある（前掲『広開土王碑と参謀本部』）。ところが、年来持論の〈石灰塗布作戦〉の無理・矛盾を突かれると、批判者は隠密スパイの「強迫」否定の主張はさておいて、こんどは酒匂が白昼堂々と現地民を動員し、「酒匂将来本（墨水廓塡本）」をすり替え偽造したのだと主張する。

おもうに、おもてだたない「強迫」否定と、おもてだった〈石灰塗布作戦〉とは両立せず、たがいにあい反する主張である。少なくても、どちらか一方はなりたたない。いずれにしても、年来の主張の根拠をあやうくするものである。わたしはもちろん、〈石灰塗布作戦〉も「強迫」否定も、両方とも砂上の楼閣であり、おもいつきの虚構にすぎないとおもっている。

これまで酒匂の「強迫」をいう場合、論者はこれを〈買得〉と対比させて、代価は払わず〈強奪〉したと解釈するのが普通であった。だが、それらは対立的なものではなく、両立すべきものである。わたしの信ずるところでは、当時の現場での実際は、酒匂が「強迫」しつつ〈買得〉したのである。

『来由』が「購求シ」たといい、中村忠誠が「金を投じて之を獲たり」(『高麗古碑徴』一八八九年執筆、漢文)と書き、関口隆正が「金若干を投じて壱本を購《あがな》」った(『満洲産物字彙』天影堂、一九一〇年)としるしている。そして、この「強迫」が〈買得〉と結びつく機縁は、酒匂自身が現場で相手の「利己ノ計ヲナス」計算を見ぬき、それは販売者(工人)の駆け引きだと喝破したなかに、すでに語られていた事実である。折り合いがつかない分だけ、金銭のみでは決着しなかっただけである。

6 『碑文之由来記』の信憑性

以上の検討の結果、(3)は『由来記』に関係ない。また(4)は誤伝・誤解に基づいており、(5)(b)記事は解釈がつき、(6)の如きは自滅した。これまでたどった批判点の結末である。あとの(1)と(2)と(5)(a)との三点は、たしかに不審な部分を残さないわけではない。

しかし、残った不審な三点のうち、(1)と(2)とは明らかな伝聞記事である。(5)(a)についても、結局、伝聞記事に関連するとみてよかろう。してみれば、批判の矛先は酒匂にではなく、どうやら酒匂が伝えた情報それ自体に向けられる。それらは現地人が答えた言葉であり、しかも伝聞に属する記事のうちのごく一部にすぎない。

〈伝聞記事〉は、酒匂個人にかかわる体験・観察や感想等をのべた記事とは区別される。酒匂のインタビューに答えた現地人の意図や、かれらが伝えた情報の真偽は別にして、それら〈伝聞記事〉もまた当時の現地人の情況、現地・現場の情況を反映していて貴重である。

ただし、ここでの問題は、当時の確かな事実である。以上を総合して、『由来記』は四つの主題ごとに、酒匂が体験し観察した客観的な内容と、現地人から得た伝聞内容と、酒匂自身の感想等とをはっきり弁別し、沈着に整然と記録していることがわかる。従来加えられた批判点は、もともと〈伝聞記事〉に属するか、批判として積極的な内容をともなわないかの、いずれかであった。『由来記』の信憑性を確認し、いま、あらためて貴重な史料として評価したい。

三、碑石発見の経緯

1　土民説と関月山説／発見経緯の解釈

信憑性の高い『由来記』に拠って、碑石の発見をめぐる諸情況、ここではとくに碑石発見に

いたった動機、発見時期や関係者、それらの経緯について考えたい。まず、発見者やその情況については、はやくに葉昌熾が、

光緒六年、辺民、山を斬《けず》り木を刋《き》り、始めて之を得たり。窮辺に紙墨無く、土人は径尺の皮紙を以て、煤汁を搗《つ》きて之を拓《たく》す。苔蘚封蝕し、其の坳垤《おうてつ》の処は、拓者又た意を以て描画し、往往真を失う。（『語石』、前出）

とのべている。これによれば、中国「辺民」の現地「土人」が「山を斬り、木を刋」るうちに、つまり山野で伐採作業に従ううちに碑石を発見し、王碑の拓出が始まったという。また談国桓の「手札」も、金石癖をもつ「関君月山」が碑を荒煙蔓草の中に獲て、みずから数字を手拓して、同好の士に贈ったとしるしている。

葉氏の主な情報源は現地で採拓した経験をもつ名拓工の李雲従であり、談氏のそれはかれがよく知る関月山であって、関氏は原碑を発見し、原碑を手拓した経験のもちぬしであった。ともに信用度の高さに遜色はない。ただ、発見の具体的な経緯については、一方は伐採作業のさなかといい、他方は訪碑行のことだったといい、また発見者については一方で「土民」、つまり現地人たち、他方は「関月山」個人をあげている。

この土民説と関月山説とは、直接結びつかないようにみえる。しかし、そのころ関月山は懐仁県の知県であった章樾の「幕中」にあり、その「書啓西席」（私設秘書）を務めていた。当

時の地方政治の実情からすれば、知県を頂点として、関月山と土民とのあいだに、それなりの関連性を考える余地がないでもない。

たとえば、李進熙・劉永智の両氏の解釈がそれである。一八八〇年ころ作業中に碑石を発見した現地人が懐仁県に報告し、知県の章樾が幕中の関月山に踏査を命じ、関月山は荒野中に碑石を確認して、そこで人々が墨本を作り始めたのだという。いかにも実際ありそうな経緯であり、わたしもそれが実情に近かったとおもう。ただ、以下のべるように、なおいくつかの調整や補足を要するであろう。

『由来記』にみえる「盛京将軍左氏」は、碑石が発見された後で登場する。将軍の動向は（B）段の「一昨年、（注略）盛京将軍左氏、工人四名ヲ天津ヨリ呼ビ、之ヲ摺写セシム、此工二ケ年ニシテ、漸ク其文字ヲ解スルコトヲ得タリ」云々から察せられる。すなわち盛京将軍は天津の工人を雇い、ようやく本格的な墨本作りにとりかかって、二年の歳月をかけて、わずか二幅を作成したという。ただ、ここでも、盛京将軍の登場の仕方には疑問がある（本章四参照）。

それはとにかく、碑石発見の波動は現地の懐仁県にはじまり、すぐにまわりの諸県におよび、やがて盛京（瀋陽）から北京に伝わって、その波紋が早々と日本に到達したことになる。

2 太王陵の磚瓦発掘／碑石発見の動機

さて、そのうえで、碑石発見の動機を探るに重要なのは、これまでほとんど注意されなかった『由来記』（D）段の太王陵の記事、とくに陵墓域から出土する磚瓦の役割である。

それに関して、「此下方ニ古磚瓦アルコトヲ聞キ、一昨々年、盛京将軍、兵員ヲ派遣シ、土人ヲ使役シ、五日間掘開セシニ、僅四個ヲ得タリト云フ」という記事に注目する。酒匂もまた、現地で磚瓦のことを聞いたのであろう。さっそく現地人を集めて蒐集し、完全な磚瓦十余個をえて、王碑墨本とともに日本に将来した。

はじめこの磚瓦は、「某新聞」（東京横浜毎日新聞）に一一字の「願太王之墓安如山固如丘」銘をもつ磚瓦と紹介されたが、正しくは銘文一〇字の「願太王陵安如山固如岳」であって、その銘文は『来由』（一八八四年執筆）に掲載された。この磚銘にちなんで、関野貞は〈太王陵〉と命名したのである。

ここで強調したいのは、『由来記』に盛京将軍が（B）段の「一昨年」に登場したのに、太王陵の磚瓦はもっと早く、（D）段の「一昨々年」に登場していたことである。いい換えれば、同じ洞溝（今の集安市、当時は懐仁県、のち分立して輯安県）にかかわって、二年つづけて盛京将軍が登場する。

その初年は（D）段にいう太王陵で磚瓦を発掘し、その翌年に（B）段にいう広開土王碑の

▲集安・太王陵全景（手前の碑閣の中に広開土王碑がある）

太王陵出土瓦磚銘「願太王陵安如山固如岳」（拓本）▶

採拓と墨本の作成にとりかかった。わたしのみるところ、その現場は同じ洞溝のうちにあり、互いに隣合せの位置である。二年にわたった磚瓦の発掘と墨本の作成とは、きわめて密接な関連のもとで進められたものとおもわれる。

　すなわち、かねて磚瓦の出土を聞き知っていた盛京将軍は、まず初年に、現地に兵員を派遣して、土民を使役して磚瓦を採掘した。そのとき、陵墓の近傍に立った巨石の正体が古碑であることが判明した。その翌年、天津の工人を雇いいれて、古碑の墨本を作成した……。これが一応、わたしの考えた〈きわめて密接な関連〉の内容である。碑石の発見は、それゆえ、磚瓦を採掘した初年のことである。

3 「土民」と「関月山」の関係／碑石発見の情況

さて、盛京将軍が洞溝に兵員を派遣し、土民を使役したものならば、洞溝を管轄下においた懐仁県はどうしたか。採掘作業が同県と関係なしに進められたとはおもわれない。当時の懐仁県の知県は章樾であり、かれの幕中に関月山がいた。これで、主要な登場人物が出そろうのである。そこで、つぎのように考える。すなわち、派遣された兵員の案内や世話、土民の徴発・役使とその監督、磚瓦の採集とその保管等々、現場の管理責任は同行した私設秘書の関月山に委ねられた。

いまも太王陵の上から東北方を見わたすと、かなたに広開土王碑の碑閣が望まれる。かつて採掘現場の太王陵の上から巨碑を見つけたか、あるいは土民と接触するうちに聞き知ったのか等々、いまになってはその実情は知るよしもない。しかし、なんらかの経緯をへて、近くに屹立する巨石を古碑と認めたのは、現地に出向いていた関月山であったとみて間違いない。

この磚瓦採掘中での碑石発見は、『由来記』が示唆するだけである。これが前述した伐採作業中の土民による発見説や、関月山による荒草中の発見説と矛盾せず、むしろ『語石』の話しを包容する。『語石』に即していえば、たとえば「山を斬り、木を刋」ったという描写は、関月山が現地で徴発した土民を監督し、山のような太王陵辺りに繁茂する草木を切りたおし、磚瓦を採掘するありさまを彷彿させるであろう。はじめ土民説と関月山説とは平行していたが、磚瓦の採掘を介して接近し、たがいに交差しあい融合して、やがて発見情況の整合的な解釈へと向かうのである。

ただ、『由来記』は（D）段の磚瓦採掘と、その後の（B）段の碑石発見とを別々にしるしていて、磚瓦採掘を発端とした古碑の発見に至る経過にはふれなかった。その理由は単純であって、両者の関連は酒匂の復命書に書かれなかったからであろう。ただし、現地に入った酒匂にとって、そこで知った銘文一〇字の磚瓦よりは、二千字に近い大字が刻された巨碑の威容に圧倒されたのであった。墨本の取得を決意したのは当然であろう。

それにもかかわらず、とにかく、酒匂が両者を並記して、両者の関連を暗示したのはさすがである。かれが帰国した後も、さきごろ実見した巨大な碑石や日本将来の墨本とともに、太王陵で試みた磚瓦採掘の記憶はつよく残っていたし、日本に持ちかえった有銘磚瓦は参謀本部に置いてあった（東京国立博物館現蔵）。その磚瓦採掘の（D）段の文言が、碑石発見の経緯を明かす手がかりを提供するのである。

四、碑石発見の年次とその前後

1　葉昌熾の一八八〇年説

さて、碑石発見の年次については、それを明示した葉昌熾の「光緒六年」、一八八〇年説が最も有力視されている。それにたいして、談国桓「手札」の「懐仁県設治の時、首めて其の選を膺くる者は、章君樾、字は幼樵」云々という文言も忘れてはならない。もっとも、これまで、上文にいう懐仁県設治の年次が、発見年次と誤解されていた経緯もあった。また、談氏はみずから「碑跋」に「光緒八・九年」と書いたりもした。有力とおもわれる情報の所伝さえ、たがいに違っているのである。

これに大枠をはめたのが、古畑徹氏が書評「王健群著 好太王碑の研究」で紹介した『宮中檔光緒朝奏摺』であった（「東洋史研究」四四─二、一九八五年九月）。その光緒八年四月一二日条に章樾の職歴が収められているが、それによると、かれは光緒三年九月初一日に懐仁県知県に試署され、七年二月二一日に実授され、八年七月一四日に開欠（空きポスト）になったという。つまり、在任期間は一八七七〜八二年であって、葉氏のいう「光緒六年」はまるごと含まれるが、談氏の「光緒八・九年」はごく一部が重複するだけである。談氏の記憶は、やや正確さを欠いていた。

記憶違いはだれにでもある。ひょっとすると、葉氏の場合も例外ではないかも知れない。たとえば、葉氏の「奉天一則」は、光緒六年の碑石発見を伝える一方で、また別に「乙酉年《おつゆうねん》（一八八五年）、中江李眉生《りびせい》丈が両本を得、其の一を以て潘文勤《はんぶんきん》師に贈る」と書く。ところが、同人の『縁督廬日記《えんとくろにっき》』甲申（一八八四年）の七月二三日条等を見ると、潘文勤（祖蔭）は乙酉の前年に、すでに李眉生（鴻裔《こうえい》・香厳《こうがん》）から墨本が贈られたとしるしている。日記を疑う理由はない。つまり、葉氏の記憶に一年の違いが生じていた。

しかし、葉昌熾の発見年次は間違っていなかった。かれは例の北京・瑠璃廠の名拓工、李雲従が手拓した現地での体験談をきき、それに拠って著録したのにちがいない。その著録の正しさは、またもや『由来記』によって支えられるのである。

2　「一昨年」「一昨々年」の解釈

『由来記』によれば、碑石の発見は太王陵で磚瓦を採掘した年次、つまり（D）段の「一昨々年」であったという。この年次は、従来ほとんど注目されていなかった。『由来記』執筆者の横井忠直にしてからが、その文言を『来由』筆録の段階で省略し、磚瓦のことすら削除した。それと同じ筆法は、やがて漢文「出土記」にも受けつがれる。しかし、「一昨々年」は重要である。だが、その「一昨々年」がいつなのか、肝心なことにふれた文言は見当らない。

それに関連して、『由来記』（B）段の「一昨年」は見のがせない。そのうちの一つは、「一昨年、盛京将軍左氏、工人四名ヲ天津ヨリ呼ビ、之ヲ摺写セシム、此工二ケ年ニシテ、漸ク其文字を解スルコトヲ得タリ、一昨年ヨリ、爾今ニ至ル迄、僅ニ二幅ヲ成就セリ」のくだりである。もう一つは、「一昨年ヨリ、爾今ニ至ル迄、僅ニ二幅ヲ成就セリ」である。

以上の二つの「一昨年」は、ともに王碑墨本の作成にとりかかった年次を指ししめす。それについても、それが何年に当るのか、直接的な表現は欠いているが、前者の「一昨年」に〔当時ノ答〕という注記があり、後者は「爾今」としるしていて、それぞれ重要な手がかりを提供する。

この「一昨年」が話題にのぼったことは当然である。菅政友が横井忠直の談話に従って「明治十五・六年（一八八二〜八三年）」とし、三宅米吉は横井執筆の『来由』によって「明治十五年」とみた。当の『来由』には、それが拠った『由来記』原注の〔当時ノ答〕を敷衍《ふえん》して、「当時ノ言、即チ我カ明治十五年ナリ」と明記された。菅氏や三宅氏にかぎらず、その年次が一般に信じられたのはいうまでもない。あいつぎ紹介された栄禧、初鵬度（天富）、談国桓らの所伝ともほぼ見合っていて、しだいに「明治十五年」が定着した。

だがしかし、横井が〔当時ノ答〕の「当時」を明治一五年に特定した根拠は不明である。それならば、原本の『由来記』に立ちかえり、『由来記』の原注自体を重視すべきであろう。

原注〔当時ノ答〕の「答」とは、酒匂のインタビューへの〈現地人の答え〉である。その「当時」というのは、酒匂が現地の〈洞溝に滞在していた当時〉をさす。かれの洞溝滞在は明治一六年四月～八月の間であった。その年次こそ『由来記』本文にいう「今」であり、原注にいう「当時」に該当する。したがって、「一昨年」は一八八一年（明治一四年）であり、王碑墨本が作成されはじめた年であった。

してみると、「一昨々年」は「一昨年」の前の年、すなわち一八八〇年（明治一三年・光緒六年）にほかならない。はたして、見事に、『語石』の年次と一致する。著録の先後関係でいうならば、むしろ、『語石』（一九〇九年刊）が『由来記』（一八八四年執筆）に一致するという方がよい。ここにおいても、酒匂情報の正確さが明らかになった。

3　〈盛京将軍〉の位置

発見年次が特定されたところで、あらためて『由来記』の伝えた〈盛京将軍左氏〉について考えてみよう。例の現地の中国工人（売り手でもあった）が、酒匂との墨本売買をめぐる駆け引きのなかで、再三にわたって口にした名前である。

しかし、一八八〇年当時の盛京将軍は岐元（在職一八七八～八一年）であって、左姓ではない。したがって、『由来記』の朱注の「左、恐クハ崇ノ誤」も誤りである。ただし、酒匂が現地に入った当時の盛京将軍は崇綺（在職一八八一～八三年一二月）であって、あるいはそのことが混入したものか。おもいだせば、当該記事は体験記事ではなくて、伝聞に属する記事である。〈盛京将軍〉の影はおもいのほかに薄いのである。

盛京将軍とのかかわりでいえば、将軍が登場する『由来記』などの酒匂系情報は例外なのであって、盛京将軍は中国最初期の関連資料には登場しない。談国桓が「知県」の章樾を明記した。初天富も「知県」に言及した。そのうえで、二人とも盛京将軍にふれなかったのである。そのことに、もっとこだわってよいかとおもう。盛京将軍の碑石発見との主導的な、直接的なかかわりは、やはり疑問が残るとするのはやむをえない。してみると、将軍の影はますます薄く、一段と淡く見えてきて仕方がない。

しかし、一概に盛京将軍を無視しようとするのではない。この地方のトップに立つ将軍の政治的位置を考えれば、何らかの形での関与を想定するのが自然であろう（次項参照）。

そこで、現地に入った酒匂に戻るのであるが、かれは巨大な碑石や碑文を親しく見聞して、いま作成中だという墨本の入手を決意した。かれの買いいれの申し出に、中国工人はひとまず拒んでみせた。口をついて出たのが、現地で最高権力を握る〈盛京将軍〉の名であった。「盛京将軍ヨリ数十度ノ催促ヲ受レドモ、一幅ヲモ出サズ」と。ましてや、うろんくさい、突然の闖入者などには、まずは高飛車に出るに限る……。

さらにおもうに、作成済みのストックは「僅ニ二幅」だけだという。酒匂はとっさに「後日利己ノ計ヲナスモノ」と見破った。わずかに「二幅」は口実だ。〈盛京将軍〉の威をかりた駆け引きだ。とすれば、買い値をいうだけでは埒があかぬ。「強迫シテ」でも「手ニ入レ」よう、……。こういう緊迫した情景が二人の間に展開したのではなかろうか。

4　墨水廓塡本の取得者たち

酒匂景信は一八八三年、墨水廓塡本を取得し、若干の磚瓦をもって帰国した。参謀本部が戦史資料の収集につとめていた矢先であって、酒匂は歓迎され、墨本は珍重された。その前後をつうじて、中国でも墨水廓塡本を取得した人士がいた。その一つが例の懐仁県知県の章樾をはじめとして、張錫鑾《ちょうしゃくらん》（金波）・陳士芸《ちんしうん》らの一団である。張錫鑾は通化県知県をつとめ、章樾の姻戚でもあった。また陳士芸は、章樾をついで懐仁県知県に任じられた。また、碑石発見者の関月山をよく知る談国桓は、やはり同じころ広寧県《こうねいけん》知県等をつとめた談広慶の子息である。

つまり、確かめられるのは現地か現地に近い諸県の知県たちであり、かれらは知県クラスを中心に独特の人脈をつくり、互いに通じ合う同士の面々であった。問題の「墨水廓塡本」は早々とかれらのネットワークに乗ったのだが、その発信者は現地の知県をつとめた章樾であって、かれの幕中には関月山がいた。おそらく、章樾はだれよりも早く、すでに一八八一年ころには墨水廓塡本を手にしていたとおもわれる。

そのほか知られるのは、北京の高級官僚たちのサロン集団である。その中心にいたのは工部尚書等を歴任した潘祖蔭（伯寅《はくいん》・鄭盦《ていあん》・文勤）氏であった。墨本研究史のうえで有名だったのは、一八八四年に李鴻裔《りこうえい》（眉生・香厳）氏が潘氏に贈った墨水廓塡本である。ちかごろ、徐建新氏の調査によって、話題の潘氏旧蔵本が確認されて、それにかんする詳しい情況が明らかにされた（「高句麗好太王碑早期墨本的新発見」、『中国史研究』二〇〇五年第一期）。

それによれば、まず、李鴻裔が一八八一年に同郷人、李超瓊《りちょうけい》氏から墨水廓塡本一本が贈られた。酒匂が現地に潜入する前、それも二年も前のことであった。李鴻裔は潘氏の要望に応じて、八四年にふたたび李超瓊を介してもう一本を入手して、潘氏に贈ったものだという。そのころ、李鴻裔ら京師の文化人らが集まって、潘氏を中心に文化人サロンをつくっていた（拙稿「伝承の中の原石拓本」、『UP』一八五）。いずれも中国の伝統文化に精通し、書画・金石については高度な専門家、玄人中の玄人たちである。

王碑はサロンの話題になり、関心を集めていた。例の瑠璃廠の名拓工、李雲従もサロンに出入りしていて、一八八九年に集安の現地におもむき、王碑を手拓して、サロンのメンバーをふくめた多くの人々に頒布した。北京の斯界では、王碑の真の面貌にはじめて接することができたという。その李雲従による「原石拓本」拓出のきっかけは、潘氏旧蔵の「墨水廓塡本」であったとみて間違いない。

潘氏本の起点になった李超瓊という人物は、東辺道々台の陳本植《ちんほんしょく》につく幕客であった。陳氏は碑石発見の前後を通じてその職にあり、〈盛京将軍〉のもとで各府・県の政務を監察した。上記した章樾らの知県クラスの人士たちは、みな陳道台の管下にあった人士である。

とすると、ここに、知県↓↓道台という地方官のルート、地方↓↓中央という政治・地縁・文化のルートが浮かんでくる。それらの二つのルートを乗りついで、「墨水廓塡本」をはじめとして、各種類型の墨本が懐仁県の洞溝から京師に到着していたことになる。

こうしてみると、それら両のルートの交差点に盛京〈奉天〉が位置していた。ここに至って、またしても〈盛京将軍〉の影がちらつき出すのである。道台は〈盛京将軍〉を上司とし、その指揮をうける立場であった。あるいは、将軍は早ばやと「墨水廓塡本」を見ていたのかも知れない。そしてすぐ、「墨水廓塡本」を所望したことも考えられることである。

だが、いまは、つぎのように想定しておく。前記した両ルートの最初の起動者は、懐仁県知県の章樾であった。碑石の発見に直接かかわったのは、章樾であった。王碑や墨本にかかわって、〈盛京将軍〉が登場するのは二〇世紀のはじめ、〈奉天総督〉と改称された後のことである。

×　　×　　×　　×

以上をまとめてみれば、碑石の発見とその直後のストーリーは、概略、つぎのようになるであろう。懐仁県知県の章樾はたまたま管下の洞溝（いま集安）の太王陵から出土する有銘磚瓦のことを聞き知って、一八八〇年に幕中の関月山に磚瓦を採掘させたところ、かれはその近くで碑石（広開土王碑）を発見し、そのことはたちまち知れわたった。はやくも翌年には現地に工人が入りこんで、本格的な墨本の作成にとりかかった。工人の派遣には、道台の幕客であった李超瓊がかかわっていた可能性が高いであろう。苦労をかさねて完成された「墨水廓塡本」は、まず、道台関係者や現地周縁の知県など地方官らの手に入り、ほとんど間をおかずに集安（洞溝）→瀋陽（奉天）のルートを通って北京まで流通していった。

第三章　中国最初期の対話者たち

――傅雲竜と王志修の場合――

一、最初期の中国人研究者群像

1　日本・中国の研究動向

日本で広開土王碑研究が始まるきっかけになったのは、一八八三年の酒匂景信による墨本（墨水廓塡本、酒匂本）の将来である。本格的な王碑研究は、そのあと亜細亜協会の『会余録』第五集（一八八九年六月三日刊）となって現われた。

同誌は広開土王碑を特集し、酒匂将来の王碑墨本を臨写・縮印した「碑文」をはじめとして、

「高句麗碑出土記」、横井忠直の「高句麗古碑考」、「各書参考」、「高句麗古碑釈文」を掲載した。それが直接の刺激になり、当時の日本史学界を代表する碩学たち、菅政友・那珂通世・三宅米吉らが王碑研究にとりくんで、二〇世紀を待つことなく、早々と大きな成果をあげて、その後の王碑研究の基本的な枠組みをつくりあげた。

しかし、いまでは周知の事実だが、『会余録』誌の刊行をまえにして、すでに青江秀が稿本『東夫余永楽太王碑銘解』（一八八四年）を書き、横井忠直もまた稿本『高句麗古碑考』を執筆して、それが前記の「高句麗古碑考」として完成された。日本の王碑研究は、いわば潜行六年のあとに登場したのである。

その一方、王碑研究は中国でも始まった。その情況は池内宏教授の論文「広開土王碑発見の由来と碑石の現状」（「史学雑誌」一九一一、一九三八年）、著書『通溝』上巻（日満文化協会、同上年）で紹介された。つづいて水谷悌二郎氏、朴時亨氏、李進熙氏らによって追跡されて、情況の大略が明らかになった。しかし、まだ、残った課題も少なくない。

中国最初の研究として知られるのは、名著『語石』（一九〇九年刊）を著わした葉昌熾である。一八八四年九月（陽暦）のころ、葉氏は潘祖蔭が入手した墨水廓塡本を渡されて、潘氏に請われて考察した。その結果、王碑は高句麗第一三代、西川王（在位二七〇〜二九二年）の紀功碑だと考えた。ただし、いまでは誰もが知るように、王碑は高句麗第一九代、広開土王（在位三九一～四一二年）の碑文である。葉氏は釈文「高句麗碑全文」を著録し、跋文「高句麗碑跋一首」をも作ったが、いまその所在は明らかでない。

ちなみに、葉氏の王碑研究はかなり早い。横井忠直の和文第一稿『高句麗古碑考』が書かれた時期、同年の一二月（陽暦）にはわずかに先んじた。しかし、同年七月（陽暦）中の青江秀の稿本『東夫余永楽太王碑銘解』には遅れをとる。三者ともみな同年のうち、わずかばかりの違いだが、いまのところ、青江の残した稿本が研究最初の文献である。

中国で本格的な王碑研究の先駆けは二〇世紀、一九二九年発表の劉節《りゅうせつ》氏の論文「好太王碑考釈」（『国学論叢』二の一、一九二九年）とみなされる。しかし、すでに二〇世紀を前にして、まっすぐ広開土王碑と向きあって、熱心に対話した中国人士が少なくない。ざっと数えてみても、十指に余るほどである。

談国桓の「手札」（『遼東文献徴略』、前掲）は「楊蓉浦頤《ようようほい》」、「王少廬」の二人をあげて、各々碑文を「考訂」したとする。また「鄭文焯《ていぶんしゃく》」の『高麗永楽太王碑釈文纂攷』（一九〇〇年、以下『纂攷《さんこう》』と略記する）には、王廉生《おうれんせい》の族人の「少廬」が「碑文攷」を書き、「盛伯希《せいはくき》」が「釈文」を試み、「陸誠齋《りくせいさい》」と「徳清傅氏《とくせいふし》」とが各々「跋文」を録したとする。「少廬」なるものは、「手札」にいう「王少廬」である。また、鄭氏の『纂攷』附載の「呉重憙《ごちょうき》」の「後跋」は、「攷釈」の著録者として「日照丁少山《にっしょうていしょうざん》」をあげている。

以上に栄禧・王彦荘（濬）・楊同桂《ようどうけい》（伯馨《はくけい》）の三人をくわえれば、ひととおり、中国最初期の有力研究者が出そろうことになる。

2　最初期の対話者群像と傅雲竜・王志修

中国最初期の対話者のうち、「楊蓉浦頤」というのは楊頤である。広東省《カントンしょう》茂名県《もめいけん》の人、一八四〇～一九〇一年没。字は子異、蓉浦・蕉農《しょのう》と号した。一八八五年の進士で、奉天府督学使となり、談国桓の父の広慶《こうけい》を介して、一八八七年に「原石拓本」を取得したとされ、広慶とともに、最初に著録された原石拓本取得者として知られているが、かれの「考訂」については未詳である。ただ、談氏の「手札」によると、かれは立碑年次を正しく「晋《しん》・安帝の義熙《ぎき》六年（四一四）甲寅」に比定した。

「盛伯希」は満州《まんしゅう》廂白旗《しょうはっき》の人、清の宗室、粛親王《しゅくしんおう》の後孫である。一八五〇～九九年没。字は伯熙《はくき》・伯羲《はくぎ》・伯兮《はくけい》などと書き、また昱《いく》ともいい、韻蒔《いんし》・意園と号した。一八八〇年の進士で、官は国子監祭酒に至った。詩文に巧みで、金石に精通し、収蔵家・金石学者としても知られ、著書に『鬱華閣金文《うつかかくきんぶん》』等があり、北京の文人たちと交わり文化サロンを主宰した。一八八九年に北京瑠璃廠の名拓工、李雲従の手拓になった原石拓本を購入した。試みたという王碑「釈文」についてはいま未詳。

「陸誠斎」は陸心源《りくしんげん》。浙江省帰安県《せっこうしょうきあんけん》の人、一八三四〜九四年没。字は剛甫《ごうほ》（剛父）、誠斎《せいさい》・潜園《せんえん》・存斎と号した。一八五九年の挙人で、官は福建運塩使に進んだ。金石を好み、儀顧堂の蔵書家として有名であった。「高句麗広開土大王談徳紀勲碑跋」を書き、その釈文は比較的早期に属し、墨水廓塡本によったらものしい。跋文は中国史書のほか『東国通鑑』、金富軾《きんふしょく》『三国史記』、権近《ごんきん》『朝鮮史略』など朝鮮の史書も参照し、王碑の主人公は談徳《だんとく》、即位は晋の太元《たいげん》一六年と正しく比定するなど、みるべき点が少なくない。

「呉重憙」は、広東省海豊県《かいほうけん》の人、生年は未詳、八一歳で没した。字は仲飴《ちゅうい》（仲怡《ちゅうい》）、号は蓼舸《りょうか》・石蓮老人。一八六二年の挙人で、官は郵伝部侍郎に至ったが、父の呉式芬《ごしきふん》をついで考証学に通じ、もっとも金石を好くし、丁艮善《ていこんぜん》の協力をえて、未完で残った父業の『攈古録金《くんころくきん》文《ぶん》』『攈古録金石目』を校刊した。王碑については、一九〇〇年に「高麗永楽好太王碑釈文纂攷後跋」を撰んでいる。

「日照丁少山」は丁艮善。山東省日照県《にっしょうけん》の人、庶民の出身、清朝末期の人。字は少山、紹山とも書く。金石をたしなみ、呉重憙とは旧知の間柄で、請われて『攈古録金文』を完成し、自著に『漢印百家姓』がある。試みたという王碑の「攷釈」は未詳。

「鄭文焯」は、漢軍鑲白旗《かんぐんじょうはっき》の人。一八五六〜一九一八年没。字は小坡《しょうは》、号は叔問《しゅくもん》、のち大鶴山人と称した。一八七五年の進士で、官は内閣中書に至った。詞学をきわめ、書画・篆刻を好くし、金石を酷愛し、収蔵家としても知られた。前記の『高麗永楽太王碑釈文纂攷』は一九九八年に書かれ、その釈文は上掲『会余録』第五集によっているが、注意すべき所見もあり、王碑研究の国際交流という観点から注目される。

また、特異な研究業績を残した栄禧、王彦荘（濬）、楊同桂の三人がおり、ほかにも「清徳傅氏」（傅雲竜）、「王少廬」（王志修）の二人がいた。かれら五人の略歴は、前もって第一章でのべておいた。かれらはいずれ劣らぬ個性的な王碑研究者であって、わたしがかねて関心を寄せてきた人々であり、そのうち栄禧ら三人は、本書第五章でとりあげたい。傅雲竜と王志修の二人の場合は、いまこれから始めよう。

二、傅雲竜の「釈文」と「跋文」

1　傅雲竜の広開土王碑との出会い

鄭文焯の『高麗永楽太王碑釈文纂攷』がいう傅雲竜は、清末において世界各国の游歴に出発し、二年後の一八八九年にふたたび日本を経て帰国した。かれが初めて広開土王碑と出会ったのは、帰国の途中の東京で、八月二三日（陰暦）かその直前のことであった。

傅氏は東京に滞在中、近代日本の諸事情を探りながら、それらを『游歴日本図経』に筆録し、

傅雲竜氏影像

その校印に精力を注いでいた。かれの日記『游歴日本余紀』の後編の冒頭で、「昔は游を以て主と為《な》し、今は游を紀すを以て主と為す」（原文は漢文）と回想した。その八月二二日条は「日本金石文」について記しはじめ、その翌二三日条に、

其の金石は、唐より以前なり。……、句麗の古碑は、日本の石に非ず、而《し》かるに日本の兵事、其の中に見ゆ。遂ず先に厥《そ》の文を録して、之が為に跋《ばつ》す。碑額に、句麗古碑と曰《い》う。（読み下しは武田、以下同じ）

其金石唐以前、……、句麗古碑、非日本石、而日本兵事、見于其中、遂先録厥文、而為之跋、碑額曰句麗古碑。

とある。冒頭の「其の金石」が「句麗の古碑」、すなわち広開土王碑にほかならない。つづいて王碑の「釈文」を記し、そのあと二七三三字の「跋文」がつづく。つまり、「跋文」の執筆は一九世紀にさかのぼり、傅氏が最初期の研究者に属した事実は動かない。いまのところ、かれより五年早かった葉昌熾を除いては、これより古い事例はない。

執筆の早さで注目される傅氏の「跋文」であるが、『長白《ちょうはく》彙《い》徴録《ちょうろく》』（別に『長白徴存録』と

いう、一九一〇年刊）への収録を始めとし、その後も羅振玉《らしんぎょく》・葉昌熾・談国桓らの文章とともに『輯安県志』（一九三一年刊、ただし一部省略あり）に掲載され、広く知られているが、寡聞にして、とくに傅氏の「跋文」を吟味した事例はない。かつて朴時亨氏が寸評して、「（跋文は）たとえ簡単でも、陵碑の考証には参考になるところが多い」（『広開土王陵碑』、ピョンヤン、一九六六年刊）といい、ちかくは『早期日本游記五種』の注解者が加えた「此の碑（広開土王碑）を最も早く記述し、研究した中国学者」（羅森《らしん》等編、湖南人民出版社、一九八三年刊）という短評を知るだけである。概して、いずれも好意的である。

それらの評価を念頭において、傅氏の「釈文」と「跋文」とを検討してみよう。まず、全体的な観点から、前記した傅氏の八月二三日条の日記に注目する。「碑額に、句麗古碑と曰う」とあって、その記述が手がかりになる。

いうまでもなく、広開土王碑はもともと〈碑額〉を欠いている。また、王碑に「句麗古碑」の碑字はない。いずれも周知の事実である。とくに象徴的なのは「句麗古碑」の四字一句であって、その一句を記した先行文献はただ一つ、亜細亜協会『会余録』第五集だけである。傅氏が拠った原典は『会余録』である。

て検討しよう。

2　傅氏の「釈文」の実体

つぎに、傅氏が拠った「釈文」の原典である。それについては、「墨紙配列」の作業を通じ

まず、「墨紙配列」とは何だろうか。ここで押さえておきたいのは、研究最初期に用いられた王碑資料の、「墨水廓塡本」というものの実態である。手書きで仕上げられた墨水廓塡本は、当時の作成技術に対応し、それに制約されて、料紙一枚につき、最多で碑字が二〇字（4行×5字）に限られており（最小は一字）、1セットにつき大量の料紙を必用とした。四面そろいの整本のばあいは、当初のころは1セット百数十枚に達し、そのあと漸減していくのであるが、いずれにしても、枚数の多さが墨水廓塡本類型に特有な実態の一つである。ちなみに、最終段階の石灰拓本のばあいは1セット四枚になり、およそ三〇分の一に激減する。

酒匂景信が将来したのは墨水廓塡本であり、『会余録』第五集が紹介したのはその酒匂将来本であった。そこで、まず、王碑の調査研究に当たって直面した問題は、多くの枚数からなる墨紙の正しい配列の仕方であった。百三十枚をこえる大量の墨紙の一枚々々について、碑文の順序を追いながら、逐一正しく配列しなくてはならぬ。碑字の釈文や碑文の釈読も大事だが、墨紙を配列することが必要であって、なにより優先すべきことであった。それが「墨紙配列」の作業である。

最初期における「墨紙配列」は容易でなく、配列の結果がそのまま「釈文」に直結した。そのころ提示された各種の「釈文」がそれぞれ違うのは、すなわち「墨紙配列」の違いにほかならない。『会余録』の「墨紙配列」作業もかなり難航したもようである。しばしば試行錯誤したすえに、明治二一年（一八八八年）一〇月一一日に、井上頼圀・横井忠直ら四人が集会し、わざわざ墨本将来者の酒匂景信を招いて協議した。その結果を著録したのが『会余録』の「釈文」である。

五人の協議の結果であったが、それでも原碑どおりに復元できず、正しい「墨紙配列」には至らなかった。『会余録』の「釈文」は面・行・字格を明示せず、そのため原碑との対応関係の確認は慎重さを要するが、つぎのような不手際が指摘される。

(1) もと〔第Ⅱ面第9行第38〜41字〕（以下〔Ⅱ9—38〜41〕のように記す）の四字「倭潰城大」紙を誤って配列した。

(2) もと〔Ⅲ1—01〜41〕の全一行を無視した。

(3) もと〔Ⅲ1〜04〕の七字「潰／僕句／平壌／師」紙を誤って配列した。

(4) もと〔Ⅳ9—41〕の一字「之」紙を誤って配列した。

(5) 配列に本来無用の一字「後」紙を別途配置した。

さて、以上の「墨紙配列」に起因する誤りに注目し、傅氏「釈文」を点検してみると、(5)を除いて、傅氏は上記した四つの誤りをふくめて、『会余録』をそのまま書きとっていた。その(5)についていえば、それは酒匄が当該墨本入手のとき、現場の混乱で紛れこんだ紙片らしい。その情況の詮索はさておいて、『会余録』はその一字を「釈文」の末尾に、当該文字だけをとくに白線で囲んだ形で、また前後の文意とは関係ない形で添え置いていただけのものである。傅氏が無視する結果になったのは当然であろう。

してみると、傅氏「釈文」の実体は、かれが東京で『会余録』を入手し、それをもとに試みたというような、かれ独自の「釈文」ではない。『会余録』の「釈文」をそのまま書き写したものである。

3　傅氏の「跋文」の実体

では、傅氏の「跋文」の方はどうなのか。「跋文」の実体を端的に示すのは、碑文の字数に関する記述であって、その部分はつぎのようにいう。

凡そ四十有三行、行ごとに四十一字、約一千七百五十九。然《しか》るに長短に差あり、長きは五寸、短きは三寸。字を刻するに深さ五・六寸、残欠の字は一百九十有七。

凡四十有三行、行四十一字、約一千七百五十九、然長短有差、長者五寸、短者三寸、刻字深五六寸、残缺之字一百九十有七。

王碑はもともと全四四行。それを一行少なくみたのは前記の(2)のとうりで、それは『会余録』所収の「高句麗碑出土記」に従ったものである。しかも、刻字の深さが碑字の大きさ（縦・横の長さ）と同じか、それよりもっと深い「五・六寸」だという。もともと信じ難い深さであり、非現実的な数字なのであるが、傅氏はそのまま書き写した。

そこで、こんどは、『会余録』を念頭において、あらためて「跋文」自体を検討してみよう。二七〇〇字余りに達する「跋文」の大部分は、同誌の「高句麗碑出土記」、横井忠直の「高句麗古碑考」、および「各書参考」等に依拠したものであって、その枠外に出るような独自の内容はほとんどない。

また、論者によっては、「跋文」が出典を明示する点に着目して、これを高く評価するむきもあるが、それらの中心ははやはり「各書参考」である。例外を指摘した注記には、日本資料の「日本二天造像記」一書目のほか、中国の『漢書』『後漢書』や『説文』など一〇書目が用いられたが、それらは出典全体のごく一部にすぎず、その内容は釈義と用字・異記等に限られていて、しかもそれらすべてが八字以下の短文である。

以上のような情況からして、残念ながら、「跋文」には独自の部分、独自の見解はほとんどない。独自のものといえば、わずかに、立碑年次を神功摂政《じんぐうせっしょう》三四年（二三四年）、または応神《おうじん》二五年（二九四年）に当てた「日本人」、つまり横井忠直の所説について、これを「皆な憶説なり」と断じたことだが、それに自説を対置したというわけでもない。

傅雲竜の「釈文」と「跋文」は、ほとんど『会余録』第五集によっていて、広開土王碑の研究動向からみてかれ独自のもの、特筆すべきものは見当らない。しかし、世界歴訪の途次、日本にたち寄り、いち早く王碑に目をとめて、その重要性を察知した。その時期の早さからいえば、『会余録』が同年六月三日に発行されて、わずか二か月半後のことであった。いま確認できる限り、それは碑文研究の最初期のはじめに属していて、王碑研究の国際的な交流と拡大という観点からみれば、あらためて評価してよいであろう。

三、王志修と『高句麗永楽太王碑歌攷』

1　王少廬と王志修

鄭文焯の『高麗永楽太王碑釈文纂攷』や談国桓の「手札」にみえた「王少廬」は、前者が王廉生（懿栄《いえい》、一八四五〜一九〇〇年）の族人といい、後者が「観察」に任じられたことを記しているほか、その素性は知るところがない。

また、「王少廬」の広開土王碑とのかかわりは、前者の伝えによれば、かれは碑文を「曾て攷《かんが》えた」が、その実際は未詳であるといい、後者はかれの「所拓」や「所考」をあげて、「所拓」

はまだ寓目せずという。ただ「所考」は立碑年次に一説をたてて、「隋の開皇《かいこう》の時（五八一～六〇〇年）に建つる所なり」と断じたという。この年次はもちろん誤りであるが、それが「所考」の所説だとすれば不審なことがないではない。

その少盧を「王志修」の雅号とみたのは水谷悌二郎氏であった（『好太王碑考』開明書院、一九七七年）。水谷氏は王志修が光緒二一年（一八九五）、奉天軍糧庁で書いたという『高句麗永楽太王碑歌攷』（全七葉）に着目し、立碑年次を正しく「東晋《とうしん》・安帝改元の義熙十年甲寅（四一四年）」と考証したことを高く評価して、「談国桓氏は如何にしてか、王氏が隋開皇年代立とすると誤り記した」と指摘した。一般的にいえば、同一人物が東晋・義熙とし、また隋・開皇とするのは不審である。それを談氏の誤りとするほかに、なお少盧は志修と別人であるという選択もある。

そこで注目すべきは、王志修の雅号（一説では字《あざな》）の異記である。水谷氏は王氏を紹介して、字は竹吾、号は少盧とする。たしかに、かれ自身の著書『高句麗永楽太王碑歌攷』に「儵盧《しょうろ》」と書かれていて、「儵盧」は少盧と同音、異記とおもわれる。

また、内藤湖南の「韓満視察旅行記」をみると、一九〇六年の一一月一五日条に、『奉天全省地図輿説』の編者を訪問して、奉天で「王筱盧ヲ訪フ、病テ見ル能ハズ」とある（『内藤湖南全集』六、岩波書店）。この「筱盧《しょうろ》」も「少盧」と同音の異記であり、同書編者の王志修その人を指すのに間違いない。奉天方面で少しは知られた人物であって、寡聞にして、そのほか時代を同じくした同音・同名の人物は知るところでない。やはり立碑年次を「隋の開皇の時」としたのは談氏の見誤りか、王氏の時期を前後したダブル判定であり、水谷氏の同一人物説に従ってよいであろう。

王志修の経歴で明らかなのは、一八九三年に奉天府軍糧同知となり、翌年に奉天将軍裕禄《ゆうろく》の命で『奉天全省地図輿説』を編集し、その翌年に前記の『高句麗永楽太王碑歌攷』を著わし、同年内に金州庁海防同知に任じられたが、すぐ辞職に追いやられ、九九年から二年ほど岫巖《しゅうがん》州《しゅう》知州をつとめた人物である。そのあと一九〇三年に青州府経済特科に徴せられたこと、〇六年に奉天で病床にあったことがわかるが、生没年等は未詳である。一言でいえば、清末の典型的な満州方面の地方官の一人であった。

2　最初期で出色の「高句麗永楽太王碑攷」

そこで問題は、王志修の広開土王碑とのとり組み方である。まず、「釈文」についていえば、かれは『高句麗永楽太王碑歌攷』を書き、釈文の一部をここかしこに示しただけで、整理した形の全釈文を著録しなかった。肝心の『高句麗永楽太王碑歌攷』はわずか七葉の小冊子にすぎず、「高句麗永楽太王古碑歌」（三葉、以下「古碑歌」と略記する）と、「高句麗永楽太王碑攷」

〈四葉、「王碑攷」と略記〉からなっている。前出の「古碑歌」の冒頭に「試院示諸生（試院、諸生に示す）」とあり、その末尾に、

光緒二十一年歳次乙未四月の既望、諸城の脩廬王志修は、瀋陽軍糧庁に於いて作り、之を万泉精舎に署す。是の日、奉天府に属せる満・漢諸生に局試し、経古せしむ。

光緒二十一年歳次乙未四月既望、諸城脩廬王志修、作於瀋陽軍糧庁、署之万泉精舎、是日、局試奉天府属満漢諸生経古。（「古碑歌」より）

とみえる。光緒二一年（一八九五）の陰暦四月一六日、試院が奉天府の諸生に課した課題に応じ、そのとき作歌したものである。後出の「王碑攷」にも、碑文が

年月日を紀《しる》すに、又た其の本国〈の永楽年号〉を用い、尤《もっと》も徴し難きに属す。屡々之を考えんと欲するも、是に坐して輒《すな》わち止む。乙未三月、奉天府の各属に局試するに、即わち是の碑を以て、古試題を命ず。因りて、其の碑文を玩《あつか》い、其の時事を考うるに、旁《あまね》く意を通ず。（〈　〉は武田、以下同じ）

紀年月日、又用其本国、尤属難徴、屡欲考之、坐是輒止、乙未三月局試奉天府各属、即以是碑命古試題、因玩其碑文、考其時事旁通意。（「王碑攷」より）

とあって、それも同年三月に始まる局試に関連して書かれていて、両者一連の碑歌・碑攷であったことがわかる。さらにいえば、王志修はかねて王碑の研究に着手したが、成案を得ぬまま

にいたところ、局試がさし迫るや碑文の意を会得して、四月中ごろに作歌したこともわかる。

あらためていえば、最初にまとまったのは「王碑攷」である。王碑が「高句麗」のもの、「永楽太王」のもの、つまりは高「句麗王安墓碑」たることをつきとめて、正しく「東晋・安帝改元の義熙十年甲寅」（西暦四一四年）に立碑されたと結論した。「安」とは広開土王が中国王朝に対して用いたなまえである。いまからいえば、以上の考証過程は必ずしも万全といえないが、しかし中国最初期の諸説のなかでは出色の出来栄えと評してよいであろう。それをもとに「古碑歌」が作られ、『高句麗永楽太王碑歌攷』が完成した。談国桓が記した王氏の「所考」はこのようにして、このときに出来上がったのである。

四、王志修の「作文」と墨本類型

1　いわゆる「初拓」の実態

王志修が『高句麗永楽太王碑歌攷』を書くにさいして、拠った墨本の性格を直接しめす文言はない。しかし、関連する記述はいくつかあって、その第一が

我れ東来せし自《よ》り、典制を考う。金石の東廂を盈《みた》すをば捜羅し、此の奇碑を得《え》、初拓を審《つまびらか》にす。恍々たること、石鼓《せきこ》を陳倉に徴せしが如し。

自我東来考典制、捜羅金石盈東廂、得此奇碑審初拓、恍如石鼓徴陳倉（「古碑歌」より）

にみえる「初拓」である。王氏は奉天府軍糧同知に赴任してから、『奉天全省地図輿説』を編集する過程で王碑の「初拓」をえたのだが、そのときの喜悦ぶりは中国最古の刻字、石鼓を発見したのと同じほどだったという。

さて、「初拓」といえば、碑石最初の採拓になった正整の拓本をいい、至上かつ最高の価値をもつ。広開土王碑についていえば、立碑当時の五世紀拓出の拓本に相当するが、しかし王碑の実情を勘案すると、そのような拓本の実在は考えられない。せいぜい一八八〇年に碑石が発見された直後か、それからさほど経過しない時期の拓本をいうに違いない。当時拓出された正整拓本は、わたしのいうA型「原石拓本」だけであり、「初拓」本来の語義に従えば、それは「原石拓本」のほかにはない。

しかし、周知のとおり、こと広開土王碑墨本の種類や類型の判定は、最初期のそれに限ってみても、特段の吟味を要する問題である。なぜなら、碑石が永年にわたって風化され、発見直後に火難に罹ったという特殊事情があり、そのため作成技法と資料的性格を異にする三種の墨本が作成され、A型の「原石拓本」のほか、B型「墨水廓塡本」とC型「石灰拓本」との、基本的な三類型が存在したからである（第一章参照）。

とくに留意したいのは、一九世紀末に王碑研究が始まって以来、かなり長い期間にわたって

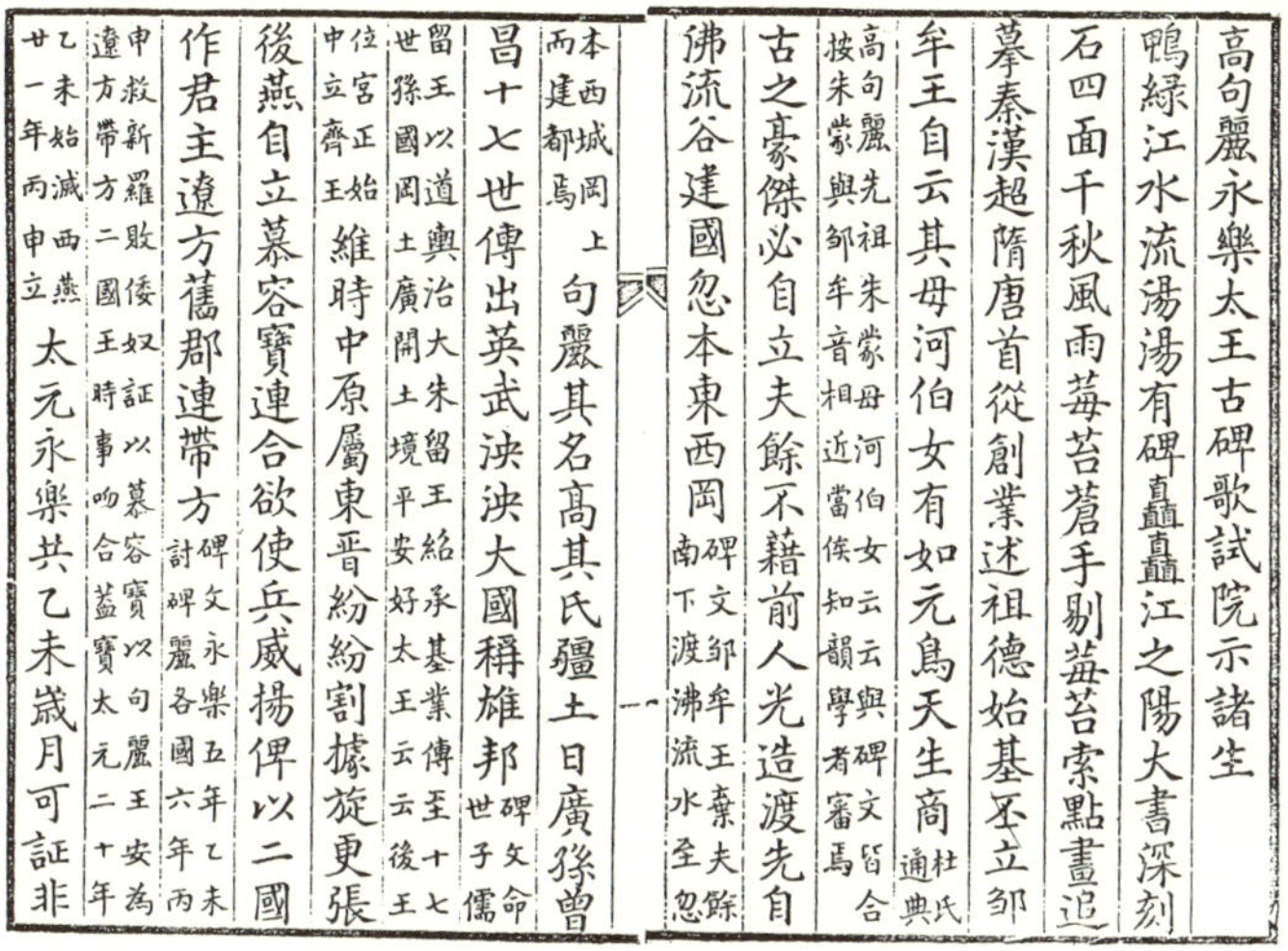
高句麗永樂太王古碑歌試院示諸生
鴨緑江水流湯湯有碑矗矗江之陽大書深刻
石四面千秋風雨莓苔蒼手剔莓苔索點畫追
摹秦漢超隋唐首從創業述祖德始基丕立鄒
牟王自云其母河伯女有如元鳥天生商杜氏通典
高句麗先祖朱蒙母河伯女云云與碑文皆合按朱蒙與鄒牟音相近當俟知韻學者審焉
古之豪傑必自立夫餘不藉前人光造渡先自
沸流谷建國忽本東西岡碑文鄒牟王棄夫餘南下渡沸流水至忽
本西城岡上而建都焉句麗其名高其氏疆土日廣孫曾
昌十七世傳出英武泱泱大國稱雄邦碑文命世子儒
留王以道輿治大朱留王紹承基業傳至十七世孫國岡土廣開土境平安好太王云云後王
位宮正始中立齊王維時中原屬東晋紛紛割據旋更張
後燕自立慕容寶連合欲使兵威揚俾以二國
作君主遼方舊郡連帶方碑文永樂五年乙未討碑麗各國六年丙
申救新羅敗倭奴証以慕容寶以句麗王安爲遼方帶方二國王時事吻合蓋寶太元二十年
乙未始滅西燕廿一年丙申立太元永樂共乙未歲月可証非

王志修撰「高句麗永楽太王古碑歌」

墨本三類型の類別に関心が寄せられず、そのため各類型を峻別しなかったばかりか、それらを混同してきた事実である。「拓本」範疇に属する「原石拓本」「石灰拓本」はもとより、手描きの「墨水廓塡本」を「拓本」と呼んでも怪しまない。研究に必須の史料批判を無視するか軽視して、峻別すべき意義を理解できずにきたのである。

一例をあげれば、「墨水廓塡本」をそれと見抜いた呉大澂《ごだいちょう》（一八三五〜一九〇二年）ですら、当該墨本を「拓本」と記していたし（「皇華紀程」、『殷礼杻在斯堂叢書』一九二八年）、その他の凡百に至ってはいうまでもない。そうした情況は、現在でもよく見かける「初拓」と称するものについても異ならない。王氏の「初拓」なるものも、「初拓」の原義どおりの「原石拓本」だったという保障はない。

2 引用された「碑文」と墨本類型

第二の文言、そして最も重要な文言は、『高句麗永楽太王碑歌攷』に引用された「碑文」である。引用「碑文」は全部で八条＝二二九字ほど摘出できる。ただその引用ぶりを点検すると、正確な碑字の引用はわずか二条＝四九字にすぎず、あとは脱字や補字・添字、同義の替え字が少なくなく、あるいは文意を要約したもの、書き替えたものもある。

しかし、またその逆に、碑文を修飾して、長文になることも辞さなかった。そうであれば、根拠のない恣意的な「作文」となりかねない。したがって、「碑文」と明示されていても慎重な吟味が欠かせない。

他方では、それとは明示してはいないが、たしかに碑文を引用し、あるいは碑文を念頭において表現した場合もある。そうした事例は、わたしの見るところ、少なくとも六条＝八二字程度に達している。そのような、やや手軽な王志修の碑文操作法は、「碑文」と明示された事例に同じか、ややそれを上回るかとおもわれる。さらに、そのような操作法は「碑文」に限らず、たとえば杜佑《とゆう》の『通典』を引用する場合も同じであり、いわば王氏の常套的な手法である。

以上の一四条＝三一〇字余りを手がかりにして、とくに注目すべき碑字一四字をとりあげよう。それらをB型「墨水廓塡本」（酒匂景信本、横井忠直釈文）と、C型初期に属する「石灰拓本」（内藤湖南本、C―1型）と、A型「原石拓本」を重視したわたしの試釈とを対校し、つぎの【類型別の釈文「一四字」対校表】を作成した。そのうち、王志修独自の釈文には＊印を付し、なお、酒匂景信本の碑字は原碑相当の位置に修正し復元した。また私釈は、本書の附録一「広開土王碑釈文」による。

【類型別の釈文「一四字」対校表】

□…未釈字。　＊…王志修独自の釈文。

私釈（原石拓本重視）	内藤湖南本（石灰拓本）	酒匂景信本（墨水廓塡本）	王志修釈文	碑字 面	行	字
於	於	於	＊自	I	3	09
山	山	山	＊岡	I	3	17
履	黄	黄	黄	I	3	41
首	頁	頁	＊負	I	4	02
興	輿	輿	輿	I	4	14
遝	□	[四]	＊傳	I	4	24
上	上	土	土	I	4	32
宴	宴	宴	＊晏	I	6	05
稗	碑	碑	碑	I	7	11
□	息	息	息	I	7	14
[海]	海	海	海	I	9	13
□	水	水	水	I	9	33
壹	壹	壹	＊一	I	10	04
不	木	衣	＊永	Ⅳ	8	01

この釈文対校表を一瞥すると、私釈はもとより、酒匂本や内藤本に対して、王氏の釈文は＊印が多く付されていて、かなり独自性が強いようにみえる。しかし個別的に点検すると、必ずしもそうとはいいきれない。＊印を付した七字は、(1)原字と同義か、同義と考えて異字に作ったもの（自・岡・一）、(2)原字に似た字形であり、前後に文意が通じる異字を当てたもの

(晏)、(3)原字が風化等で不詳のため、残画の一部を用いて作ったもの(負・永)、(4)原字不明のため、前後文意が通じる文字を宛てたもの(傳)、以上のどれかに該当する。

厳格な校訂者の目からすれば、自在にすぎたかも知れないが、前記した王氏の常套的手法に照らせば一理あり、みなその範囲内に収まりそうである。むしろ全体的には、原石拓本を重視した私釈は別にして、酒匂景信本や内藤湖南本によく合致するようにみうけられる。

ここで注意すべきは、王氏釈文の「土」と「永」である。前者は酒匂本に同じく、内藤本とは異なる。後者は各本みな異なるが、これを詳しくみれば、酒匂本と共通する字体であるのに対して、内藤本からは容易に導き難いものである。その逆に、一般的にいって、酒匂本とは異なり、かつ内藤本に通じる、というような事例はみあたらない。以上の所見は、王氏がよった墨本は墨水廓塡本に近く、石灰拓本から若干距離をおいたことを示している。要するに、「墨水廓塡本」の可能性が高いとおもわれる。

3　第一の「作文」／七七調で綴った連続二八字

「墨水廓塡本」の可能性は、じつは、さらに一段と確かになるとおもう。その論拠は王氏釈文に繰り込まれた一連の「作文」群である。その第一の「作文」の事例は、

囲城三匝勢将下、坐使肉袒降牽牛、五尺珊瑚献二樹、朱紅宝石横筆牀。(「古碑歌」より)

の二八字である。もっとも、王志修によれば、本人はこの「作文」にわざわざ割注を付して、「皆な碑文。百残を攻むる事は、永楽庚子に在り」と記していて、あえて「碑文」そのものだと主張したかったようである。だが、それは為《ため》にした主張であって、とうてい信じられない。

なぜなら、一つには、この字句は、原碑や各種の墨本で確認されたことがない。現存する原碑においては勿論、王氏の作歌より以前に作成された酒匂本や多数の原石拓本において、それらの字句の二八字のうち一字たりとも読まれたことがない。それらは王氏だけが読んだ、かれ独特の文字群である。これが基本的な事実である。

また、二つには、七七調の美麗な字句は、碑文本来の文体になじまない。碑文も雄渾な高句麗的漢文を用い、独特の修辞法を駆使しているのであるが、終始、叙事的な散文に徹している。したがって、その美文は碑文になじまずに、碑文から浮き上がっている。ところが、それが一貫してなじむのは、全体が七七調で歌いあげられた王氏自身の「古碑歌」である。かれはおのれの歌調に似せて「作文」したのである。

また、三つには、この字句は、それを刻字すべき碑面が永楽一〇年・庚子条にない。王氏が付した割注の「皆な碑文」に続いて、「百残を攻むる事は、永楽庚子に在り」の文言があり、それは当然この「碑文」に関説した内容であって、したがって問題の字句は本年庚子条に収まるはずのものである。だが、実際はその字句が庚子条に欠如するだけでなく、そもそも同条には、それらの連続二八字を許容すべき碑面や字格が存在しないのである。

連続二八字を許容しそうなのは、激しい風化や火難等で釈文不能となった部分、第Ⅱ面第10行から第Ⅲ面第1行にかけて広がった未釈部分だけである。しかし、当該部分に「言*」〈Ⅱ10―41〉、「興*」〈Ⅲ1―16〉、「辞」〈Ⅲ1―27〉、「潰」〈Ⅲ1―41〉等が読まれている。してみれば、連続二八字を物理的に許容する碑面は、もともと王碑のどこにもないのである。

さらに、最後に、そもそも「皆な碑文」の表記法に疑問がある。「古碑歌」が碑文を引用する場合は必ず割注で明示し、しかもその冒頭にただ「碑文」と明記して、その後は直ちに碑文を引用する。この原則に従う事例六条に対し、いま問題の一条だけが「皆」字を冠し、かつ碑文を引用せず、解説だけを注記していて例外をなす。そこに疑問がある。あらかじめ指摘しておけば、そもそも割注の「百残を攻めし事は、永楽庚子に在り」の解説もまた誤解である（本章五参照）。

おもうに、美麗な七七調のこの字句は、王氏が急遽「作文」し、倉皇《そうこう》のうちに追記したのではなかろうか。いずれにしろ、上記の連続した二八字はなんの根拠ももたず、単なる「作文」と断じてよい。

4　第二の「作文」／三条＝一三字で要約した倭・東夫余戦

第二の「作文」の事例は、広開土王の勲績を要約した三年＝三条の

〔永楽〕十四年甲辰、倭《わ》を句満城に於いて敗る。〔永楽〕十七年丁未、倭を追い平穣を過ぐ。〔永楽〕二十年庚戌、東《ひがし》夫余《ふよ》を討つ、遠近率服す。（傍線、および〔　〕は武田）

十四年甲辰、敗倭於句満城。十七年丁未、追倭過平穣。二十年庚戌、討東夫余、遠近率服。（「王碑攷」より）

である。まず、倭戦を記した永楽一四年条についていえば、「於句満城（句満城に於いて）」は碑面に確認できない四字である。また、一七年条で惜しまれるのは、相対すべき敵の国名や戦場の地名が摩滅して、碑面から消去してしまったことである。王氏はあえて同年条に「追倭過平穣（倭を追い平穣を過ぐ）」の文字を読んでいるが、しかしそれら五字も確認できていない。

さらに、二〇年条は東夫余戦の勲績を記しているが、それに加えた「遠近率服（遠近率服す）」の四字もまた確認不能の文字である。以上に指摘した三年＝三条の一三字（傍線）は、王氏が確かな根拠をもたずに、自在に「作文」したとみるほかない。

以上の一三字が「作文」であるかぎり、それらを碑面上に特定できるはずがない。ところが、それらを無心で原碑・原文と対照するうちに、微妙ながらも或る一定の傾向性があることに気づくのである。

すなわち、例えば、一四年条の「句満城」の「句」字は碑文資料の一〇年条、つまり〈その前年条〉にもあるのである。同じように、一七年条の「平穣」二字もまた一四年条、つまり〈その前年条〉にある。

そこで、その〈その前年条〉という共通の要件を突きつめてゆくと、つぎの段階は〈その前の行〉となり、一層具体化する。そのつぎの段階では、さらに一層具体化されて〈その前の行の同じ字格〉となり、〈字格〉レベルまで単純化できるのである。このような、同じ文字が〈その前の行の同じ字格〉にあるという傾向性を手がかりに、それを許容する各種の墨本類型を探っていくと、結局「墨水廓塡本」に出会うのである。

5　王志修の「作文」と墨水廓塡本

そこで、同じ類型の「墨水廓塡本」の酒匂景信本に即して、具体的に点検してみよう。対象となるのは第Ⅲ面右下の碑面部分であり、同面第1～4行の第37～41字、計二〇字が連続した字格部分に相当する。そこは碑石の発見直後に火がかけられて、碑面がひろく損壊され、多くの碑字が崩落した部分である。

その字格部分を原態酒匂本において確認すると、それはなんと、番号「北十元」と指定された〈墨紙一枚〉に相当し、その〈一枚〉に限定されるのである。それには、四行にわたり、問

【王志修の「作文」過程図】（(M)(N)は番号「北十元」紙）

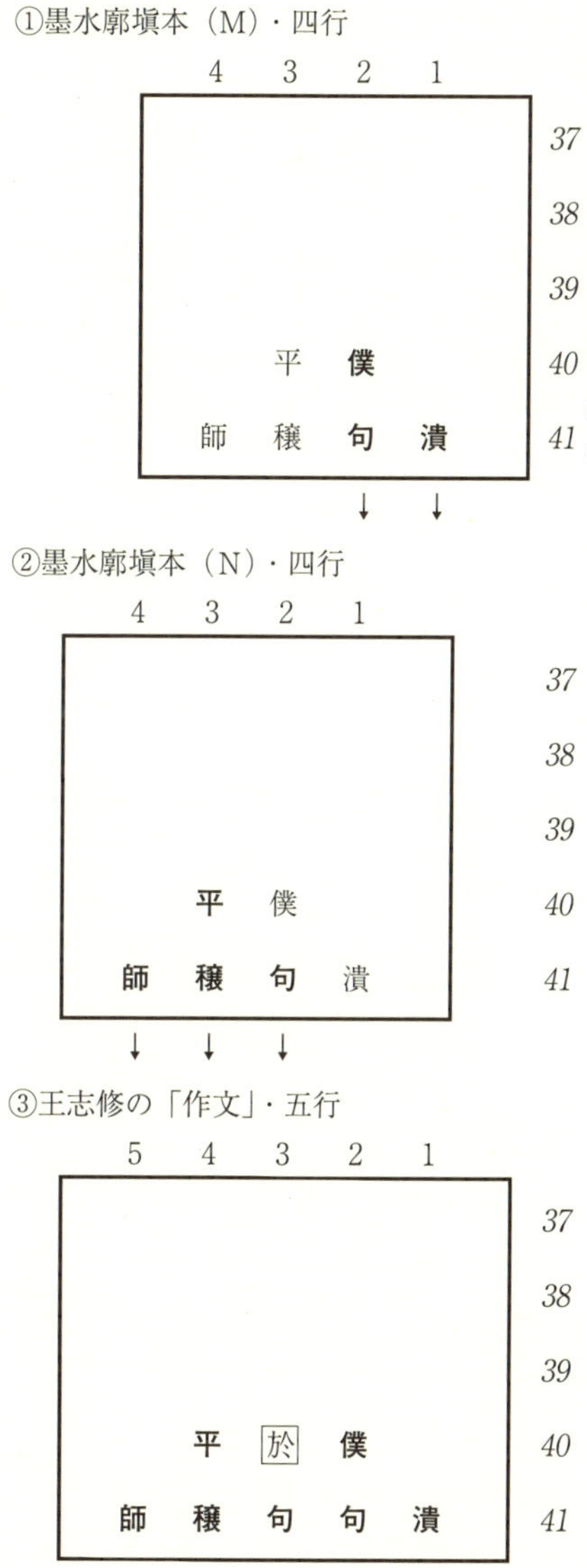

題の「僕句」「平穰」をふくみ、「潰」「師」を加えて、全部で六字が双鉤廓塡されている。

王志修は同じ墨紙の「北十元」(M)(N)を二枚用意して、各々真横に一行ズラして対校し、重複する文字はいずれか一方を採用した。その操作の手順①～③の概略は、【王志修の「作文」過程図】に示しておく（太字は「作文」に採用された文字）。

王氏による「作文」操作の具体的な手順は、「作文」の各行に関してつぎのように推定できるであろう。はじめ墨水廓塡本(M)と(N)とを用意して、(M)の第2行を(N)の第1行に重ねあわせて準備する。最初の「作文」第1行は(M)「潰」をそのまま採用した。「作文」第2行は、重なる(M)「句」と(N)「潰」とのうち(M)を採用し、「僕句」に作文した。

「作文」第3行と第4行は、重なる(M)「平穰」と(N)「僕句」、(M)「師」と(N)「穰」のいずれか一方を選択する。ともに(M)を無視して(N)を採り、おのおの「𢢽句」「平壌」と作文した。ただし、(N)「僕」字は採らないで、代わって「於」字を作文した。同じ「僕句」の二字が隣あわせで並ぶことを避けたうえ、文意を前後に通じる工夫に出たものであろう。最後の「作文」は、(N)「師」を残したものである。本来4行の(M)(N)は、そのため「作文」5行に増加した。

王氏が同じ墨紙の「北十元」二枚を用い、乱暴な操作を行なって、あえて「作文」した意図は定かでない。そこで、秘かに考えるに、あるいは〔Ⅲ1―*41*〕「潰」字の措置に関係していたのではあるまいか。すなわち、王氏は第Ⅲ面が全一四行からなり、その第1行の末尾の第*41*字格が「潰」字である事実を知っていた。しかし、かれの手にした墨水廓塡本(いわゆる「初拓」)は全一三行にとどまった。墨本作成者がひどく損傷した第1行を見逃したからである。一行足りない墨本を手中にして、かれは全一四行の碑文復元にとりかかる。くだんの「潰」字を頼りとし、その字をふくむ「北十元」を操作して、1行増やして復元し、ついに王氏の「作文」が完成した。その意図や操作はどうであれ、王氏が第二の「作文」をしたことは事実であ

番号「北十元」の位置

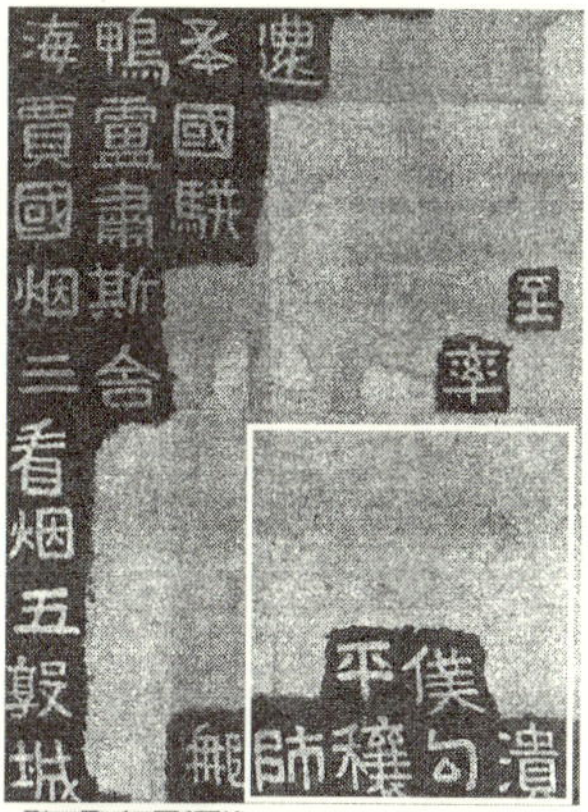

①　墨水廓填本（酒匂本、一八八三年以前）

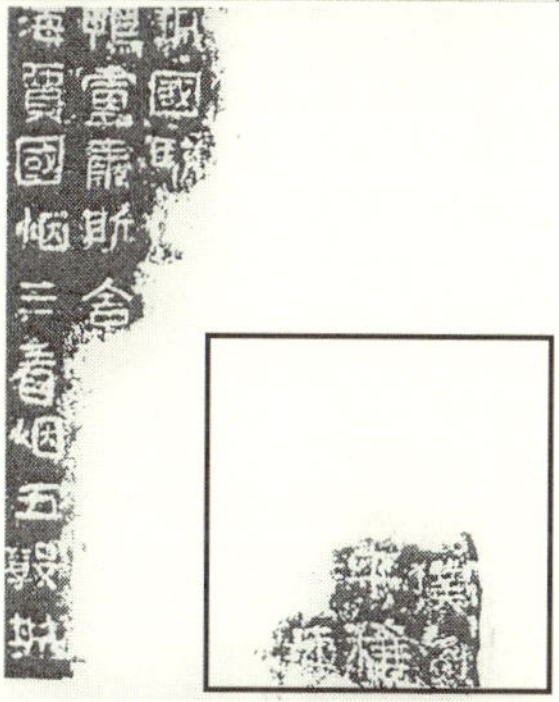

②　石灰拓本（シャバンヌ本、一九〇七年頃）

③　石灰が塗られた碑面（一九一八年当時）

る。

さて、たちかえってみると、第一・第二の事例の「作文」は、あわせて四一字以上を数えたが、これで全部の終わりであるとはおもえない。王志修は碑面上の多数の空格を念頭におきながら、全碑文にわたる「釈文」作成を目論んで、根拠のない「作文」に励んだものに違いない。かれは「作文」してほとんど空格を埋めつくし、自分の「碑文（釈文）」を作りあげて、それを奉天局試にさいして諸生に示したのではなかろうか。

以上において、王志修の「作文」にかかわる実相を探りながら、かれはB型類型の「墨水廓塡本」を重用したことを明らかにした。とすれば、かれが奉天府の東廂で得たという「初拓」なる墨本は、かならず墨水廓塡本であったに違いない。さらにおもうに、それは懐仁県の前知県、章樾《しょうえつ》によってもたらされたものではなかったか。

章樾は碑石が発見されたころ、現地の懐仁県知県をつとめ、みずから碑石発見の機縁をつくり、いち早く墨水廓塡本を入手するなどして、王碑墨本の流布に深くかかわった人物であった（第二章参照）。そこで、わたしは、かの章樾を王志修と関連づけて考えたい。キーワードは「墨水廓塡本」と「奉天」と「軍糧同知」である。王志修は一八九三年、〈軍糧同知〉として〈奉天〉に赴任した。その前任者こそ、王碑と〈墨水廓塡本〉との現地からの発信者、すなわちかの章樾その人だったのである。

五、王志修の「紀年記事」解釈

1 「紀年記事」の全体構成の問題

王志修は一八九五年の奉天府局試に当たり、「墨水廓塡本」によって広開土王碑文を「攷《こう》釈《しゃく》」し、それに基づいて「作歌」した。墨水廓塡本の釈文はまだ試釈の段階にあって、王氏もまたその時代的な制約から免れられなかったが、王碑の主人公は広開土王であり、碑石は四一四年に立てられたこと指摘して、王碑に関する具体的な解釈を深めていた。

そこで興味がそそられるのは、広開土王の活動情況、高句麗の史的展開、高句麗をめぐる東アジア国際関係の解釈である。それらの具体的な解釈は、「紀年記事」のあつかい方からうかがうことができる。周知のとおり、王碑の第二段はいわゆる「紀年記事」であって、全八年＝全八条から構成される。各年条は年号・干支《かんし》（えと）を明示して、編年体で構成し、高句麗的な修辞法を駆使しながら、広開土王（永楽太王）の勲績を称揚する。

まず、第一の問題は、「紀年記事」の構成に関する基本的な解釈である。王氏はまとまった解説ははぶいたが、各年記事の冒頭が定型的な〈「永楽」年号＋「干支」〉に始まる書式を把握して、永楽五年・乙未、六年・丙申、八年・戊戌、一〇年・庚子、一四年・甲辰、一七年・丁未、二〇年・庚戌を摘出し、七年＝七条からなる各年記事を弁別した。基本構成の概略は、ほぼ理解していたものと評価できる。

しかし、全八年＝全八条に対して、七年＝七条では一条不足する。王氏は九年・己亥条を無視したのである。無視するに至った情況は、広開土王の勲績を列記したくだりに明らかである（記号⑴〜⑺は武田）。

⑴永楽五年、歳は乙未に在り。王は、碑麗《ひれい》の〔侵略の〕息《や》まざるを以て、躬《みずか》ら〔兵を〕率

いて往討し、其の部落六・七百を破る。(2)六年・丙申、倭奴は海を渡り、其の属国を破るを以て、水軍を率いて躬ら討ち、首《はじめ》めに一百八城を攻取す、……。(3)其の後ち八年・戊戌、百残《ひゃくざん》を伐つ。(4)十年・庚子、新羅《しんら》を救う。(5)十四年・甲辰、倭を句満城に於いて敗る。(6)十七年・丁未、倭を追い、平穣《へいじょう》を過ぐ。(7)二十年・庚戌、東夫余《ひがしふよ》を討つ、遠近率服す。

永楽五年歳在乙未、王以碑麗不息、躬率往討、破其部落六七百。六年丙申、以倭奴渡海破其属国、率水軍躬討、首攻取一百八城、……、其後八年戊戌、伐百残。十年庚子、救新羅。十四年甲辰、敗倭於句満城。十七年丁未、追倭過平穣。二十年庚戌、討東夫余、遠近率服。(「碑攷」より)

これにつづいて、王氏は「此の後、事功を載せず」とコメントして、「紀年記事」を締めくくる。以上、王碑が広開土王の一連の「事功」(勲績)をのべ、それは五年・乙未に始まり、二〇年・庚戌で終わって完結する。どうしてか、結局、九年・己亥条が脱落した。脱落したこの一条は、意外にも大きな波紋を広げていく。

2 各年条に関する解釈の問題

脱落した理由はわからない。ひとつ考えられるのは、問題の「九年・己亥」の「亥」字である。これを墨水廓塡本で見ると、「死」字に酷似して模写された。本来、それらの四字は紀年の出だしを示す定型的な表現であり、「紀年記事」各条を導く常套句であるが、正しく「亥」字に釈文されたかどうか疑わしい。

結果からみて、その疑いを傍証するのが、各年条に登場する高句麗の敵国（主敵または相手国）の正体であり、敵国をいかに判定したかという問題に関連する。問題の九年条に関してい えば、じつは、王氏はその前後の八年条と一〇年条との主敵を誤認していたようであり、それは王氏の失策というほかない。以下、おもに拙著『高句麗史と東アジア』（前掲）によって整理して、わたしなりに吟味してみよう。

まず、八年・戊戌条であるが、王氏は本年条の勲績について、⑶「百残を伐つ」と要約し、主敵を百残（百済）とみたてたが、北方種族の粛慎《しゅくしん》が正解である。それが誤って百残に変わってしまったのは、風化等のために「粛慎」〔Ⅱ6―*01*～*02*〕が判読し難いという事情、そのあと登場するのが敵国「百残」〔Ⅱ6―*35*～*36*〕だったという事情が重なったからであろう。そうであれば、この百残に着目したことそれ自体が、すでに「九年・己亥」を無視した結果にほかならない。

つぎは一〇年・庚子条であるが、さきに指摘したように（本章四参照）、「百残を攻」める戦闘に関してあえて「作文」しながら、その一方で、新羅については⑷「新羅を救う」と要約する。百残への攻撃と新羅の救援とは矛盾するわけではないが、後者の⑷が確認できる〔Ⅱ8―

20～22」のに対して、前者を確認することは無理である。それは解決不能の難問である。

王氏はあえて「作文」してまで、一〇年条の百残を主敵とみなしたが、それは八年条の戦闘の背景に、高句麗をめぐる国際的な対立関係を考えたからではあるまいか。周知のとおり、当時の国際関係の趨勢は、〈高句麗＋新羅〉連合と〈倭＋百残〉連合との対立的構図を主軸として展開した。そのような連合と対立の構図を反映して、八年条から一〇年条にかけて、〈百残〉と〈新羅〉が対立し戦闘したものと解釈したのであろう。

そうであれば、その解釈もまた「九年・己亥」条を無視することが前提である。つまり、九年条を無視したことが、八年・戊戌条と一〇年・庚子条との主敵の正体を誤解して、「紀年記事」の的確な解釈を妨げる結果につながった。

さらに、⑹一七年・丁未条にいう「倭を追い、平穰を過ぐ」の戦闘では、倭を主敵とみなしたが、さきにのべたとおり、もともと「平穰」は一四年条にかかるのであって、これまた的を射た解釈ではない。また、「倭を句満城に於いて敗」った⑸一四年・甲辰条の主敵、「東夫余を討」った⑺二〇年・庚戌条の主敵の指摘は正しいが、しかし「句満城」や「遠近率服」は王氏の空想から出た「作文」にほかならない。

残るのは⑴五年・乙未条と、⑵六年・丙申条であるが、後者については、つぎにのべるように、王氏は主敵を見失ったようであり、その解釈は必ずしも明確でない。ほぼ条件なしに承認できるのは前者である。以上、わたしが賛同できる解釈は、「紀年記事」全八年＝全八条のうち冒頭の⑴五年条、ただこの一条だけである。

3　「六年・丙申」条と城数の問題

さて、第二の問題は、永楽「六年・丙申」条の解釈である。本年条はいわゆる「辛卯年」条の記事をふくんでいて、それが本年条を理解するには不可欠であり、ひいては「紀年記事」全体の解釈とも関連する。王氏もまた本年条に関心を寄せていて、前後三度にわたって言及した。すでにふれた記事もふくまれるが、重複をいとわずに関連部分をかかげよう。

(a)　六年・丙申、倭奴は海を渡り、其の属国を破るを以て、水軍を率い躬《みずか》ら討ち、首《はじ》めに一百八城を攻取す。

(b)　六年・丙申、新羅を救け、倭奴を敗る。

(c)　百残と新羅は、旧《もと》是れ属民にして、倭に破らるるを以て、王は水軍を率いて往討し、五十八城を攻取す。（記号(a)〜(c)は武田）

(a)六年丙申、以倭奴渡海破其属国、率水軍躬討、首攻取一百八城（「碑攷」本文）(b)六年丙申、救新羅、敗倭奴（「碑歌」注記）。(c)以百残新羅旧是属民為倭所破、王率水軍往討、攻取五十八城。（「碑歌」注記）（傍線は原碑に読まれる文字）

碑文(a)～(c)は、原碑文そのままの引用ではない。六年条の原碑文三二七字のうち、(a)～(c)に含まれる原碑字は三九字（傍線部分、重複文字はのぞく）だけであって、一二％にも達しない。しかも引用碑字は、しばしば意をもって改められ、あるいは添補し、脱略することもある。これでは、(a)～(c)を復元しようにも、正確な復元はほとんど不可能である。

しかし、王氏が意をもって改め、添補・脱略したものならば、むしろ、その部分に、かれの素直な碑文解釈が表出しているのではなかろうか。こうした期待をこめて、いくつかの問題点ごとに、かれの解釈を吟味してみよう。

問題の一つめは、高句麗が永楽六年・丙申に攻取した城の数である。同じ年次にあげた同じ戦果、同じ城数のはずなのが、(a)は「一百八城」といい、(c)は「五十八城」といい、どちらとも定まらない城数をあげたのは失策である。その失策の原因は不用意な誤りの積み重ねであって、それは(a)の拠った原典にたち還ってみれば明らかになる。

すなわち、王氏が示した(a)「一百八城」は、もともと墨水廓塡本の「壹八城」〔Ⅰ10―*04*～*06*〕に該当する。ところが王氏は、「壹」を安易に「一」と釈読した。そのうえ、その「一八城」を誤って、合わせて「一百八城」にも達する城の数だと解釈した。もちろん、「壹八城」は固有の城名であり、結局、正しい城数は(c)の「五十八城」である。

4 「六年・丙申」条と主敵の問題

問題の二つめは、高句麗の主敵の正体である。さきに八年条、九年条、一〇年条、一七年条の主敵（相手国をふくむ）の解釈は誤りと指摘したが、それは本年の六年条でも同じである。(a)と(c)の戦闘では、広開土王が親征して五八城を攻取し、それは治世中であげた最も大きな戦果であった。ところが、王氏はその戦闘相手の主敵を明記していない。それが城村を攻取されたはずの倭であるか、倭に破られた新羅なのか、百済なのかみえてこない。

もっとも、(b)は「新羅を救け、倭奴を敗る」と明記する。当該六年条の主敵は、倭であったというのである。そうであれば、広開土王は倭に親征して、倭の五八城・村七百を奪取し、倭王自身に「今従《よ》り以後、永く〔高句麗の〕奴客と為らん」と誓わせるなどして、広開土王の治世で最大の戦果をあげたことになる。だが、周知のとおり、城村を奪われ、自ら誓ったのは百済王であり、本年条の主敵は百済であった。今では、この事実関係について争う余地はないのだが、当時の王氏は百済とは考えていなかった。

主敵の正体を見失ったのは、碑文自体に明証なしと考えたからであろう。しかし、あらためて原碑文を点検してみると、永楽「六年・丙申、王は躬ら水軍を率い、残国を討滅す」〔Ｉ９〕とあり、主敵を「残国」であると明記する。しかも、王氏自身は、

是を以て、百済をば百残《ひゃくざん》と為す。按ずるに、正始《せいし》の間、句麗王の位宮《いきゅう》が立ち、斉《ひと》しく王たり。

其の五葉の孫の釗《しょう》は、百済の殺す所と為る。〔高句麗は〕之に因りて〔百済を〕讐視し、残字を以て済字に易《か》え、報《むく》わんとするを忘れざるを示す也。

是以百済為百残、按正始間、句麗王位宮立斉王、其五葉孫釗、為百済所殺、因之讐視、以残字易済字、示不忘報也。（「碑攷」より）

と指摘する。碑文の「百残」が百済の異表記であることを喝破した。わたしは、その解釈を高く評価する。ところが、碑文の筆法によれば、「残」字はそれ一字で百済を指ししめす。王氏は「百残」を「百済」と解釈したが、しかし一字の「残」は放置した。

そもそも本年条には、複数の「残」字が認められる。わたしの王碑釈文（本書の附録一）では、①高句麗が「残国を討伐」〔Ⅰ9―35～38〕し、②「残は義に服さず」〔Ⅱ3―20～23〕、③「残主は困逼」〔Ⅱ4―08～11〕し、高句麗が「残主の弟并びに大臣十人を将《ひき》い」〔Ⅱ5―20～28〕て凱旋したとあり、以上の四つの「残」字が読みとれる。みな「百残」をいうのである。それらの「残」字を酒匂景信本（墨水廓塡本）と対校すればつぎのとおり。②が誤って「賊」字に釈文した。これは論外である。酒匂本に確かめられた三つの「残」字は、①と③と④に相当する。そのうち、①では「伐」字を「利」字に読む。それでは文意が前後に通じない。③と④では「残王」と釈文する。周知のとおり、原碑の「主」字を「王」字に読むのは誤釈である。碑文の筆法によれば、百済の君主は「主」であり、高句麗の君主だけが「王」である。「王」

は「主」を超越する。

だが、「通じな」かろうが、「誤釈であ」ろうが、本年条の主敵は「残（百残）」であった。ところが、王氏は二字の「百残」に限って百済と解釈し、「残」の一字は一切無視し放置した。こうして、主敵の百済の姿が見失われた。

5　「辛卯年」条解釈の問題(1)／〈倭主導〉型の解釈

問題の三つめは、「辛卯年」条の解釈である。辛卯年は広開土王の永楽元年（三九一年）に当たる。「辛卯年」条はわずか三二字の短文にすぎないが、早くから注目されて、国際的規模の論議をまきおこした。それらに対するわたしの基本的な態度は、著書『高句麗史と東アジア』（前掲）や論文「その後の広開土王碑研究」（「年報 朝鮮学」三、一九九三年）等で詳説した。

わたしの意見では、「辛卯年」条は「六年・丙申」（三九六年）条の一部である。そのうち、親征し勲績をあげた広開土王を称揚する〈本文〉に対して、「辛卯年条」は〈本文〉に必要不可欠の〈前置文〉である。その〈前置文〉は高句麗の直面する苦境を前提とし、その苦境を打破し前途を啓示するため、王みずから親征すべき必然性を宣言する。

したがって、〈前置文〉の「辛卯年」条は必ず高句麗の苦境を記述しており、それゆえ〈倭主導型〉解釈に従って釈読する。そうした観点から釈読すれば、「辛卯年」条の読み下し文はつぎのとおり（第九章参照）。

百残・新羅は、旧《もと》是れ〈高句麗王の〉属民にして、由来《ゆらい》朝貢せり。而《しか》るに、倭は辛卯年を以て来り、海を渡りて百残を破り、東のかた新羅を□して、以て臣民と為せり。（□で囲んだ文字は武田の推釈、□は未釈字）

さて、ここで、王氏の解釈に注目しよう。かれの「辛卯年」条に関する釈読は、前掲した(a)と(c)との記事に示される。(a)は「倭奴は海を渡り、其の属国を破るを以て」云々と読む。「其の」とは〈高句麗の〉、「属国」とは〈百残と新羅〉とを指す。

それに対応して、(c)の記事は「百残と新羅は、旧と是れ属民にして、倭に破らるるを以て」云々と釈読される。ここのあたりに、王氏の素直な解釈が出ているようにおもわれる。

(a)と(c)とを考えあわせると、「破」られた客体は高句麗の「属国」＝「属民」たる〈百残と新羅〉であり、「破」った主体は「倭奴」＝「倭」と解釈された。その表現が(a)能動的であれ、(c)受動的であれ、解釈の上での違いはない。すでに百年余りまえ、王氏は〈高句麗の直面する苦境を前提とし〉、それゆえ〈倭主導〉型で解釈していたことが明らかである。

6 「辛卯年」条解釈の問題(2)／〈前置文〉説の先駆者

さらに注目したいのは、碑文の「以」字〔Ⅰ9―25〕の読みかた、あつかいかたである。たかが一字の文字であり、さりげなく「……（する）を以て」と読まれただけであるが、「六年・丙申」条の構文の上で、その一字が担った役割は小さくない。それはまず、先行する「辛卯年」条（高句麗の苦境）をしっかり受けとめて、王が断行した親征につなぎ、王があげた勲績を称揚する。

いいかえれば、問題の「以」字は、先行する〈前置文〉（「辛卯年」条）を受けとめて、後行する〈主文〉（王の親征）を導き、王の勲績を称揚する。さらにいえば、〈前置文〉に述べた情況を前提として、「ここを以て」、〈主文〉に記した王の行動が実現するのである。「以」字は、ここでは「ここを以て」の意味であり、強意の辞であって、〈前置文〉を〈主文〉につないでいるのである。

ここまでくれば、王氏の「辛卯年」条解釈は、われわれの提唱する〈前置文〉説の基本的な主旨に変わりがない。いうなれば、かれは〈前置文〉説の百年前の先駆者であった。もちろん、現在の高みからすれば、〈前置文〉は六年条に限られるものではないこと、〈前置文〉は必ず「躬率《きゅうそつ》」型の〈主文〉に伴うこと、「躬率」型〈主文〉は紀年記事に固有な構造的修辞法に基づくことなどをつけ加えることも可能である。

とくに「辛卯年」条に限っていえば、それは独特の個性をもつ〈前置文〉である。つまり同条は、その他の〈前置文〉と共通する機能や性格をもちながら、形式上および内容上、ただ一つの特殊な〈前置文〉であり、それがすなわち〈大前置文〉である。その特殊性を重視して、われわれは〈大前置文〉説を提唱した（濱田耕策「高句麗広開土王陵碑文の研究」、『朝鮮史研究会論文集』一一所収、前掲拙稿「その後の広開土王碑研究」）。わたしの信ずるところでは、十全な「辛卯年」条の解釈は、〈大前置文〉説によってこそ可能である。

以上、王志修の王碑研究、とくに「紀年記事」の解釈を中心に論じてきた。王氏にとって、当然のことながら、〈大前置文〉説の如きは知るよしもない。かれの王碑解釈には少なからず不適切なところ、誤ったところが認められた。しかし、かれは立碑年次や紀年記事の基本的構成等はほぼとらえていたのであり、またかれの「辛卯年」条の解釈は、〈前置文〉説による〈倭主導〉型解釈と同じ方向をめざしていた。王碑研究の最初期において、そのころ到達したかれの成果は出色のものであり、わたしはそれを高く評価したいとおもう。

六、傅雲竜と王志修との場合

中国最初期の広開土王碑は、少なからぬ人々がそれにかかわって、それに注目し、それにうちこみ、それぞれの仕方で対話した。その中から、傅雲竜と王志修という対照的な二人をえらび、最初期における王碑との対話者たちの実情にふれてみた。

傅雲竜は近代中国を代表した啓蒙家にふさわしく、一八八九年の世界遊歴の途次、日本に立ち寄って広開土王碑と出会うや、いち早く東アジアに紹介した。王志修は一介の地方官として職務にはげみながら、奉天府の書庫の一隅で王碑とめぐりあい、一八九五年にみずから碑文を考証し、また作歌したりして、それを局試の諸生に開示した。いずれも最初期の研究史上、逸すべからざる対話者たちであった。

傅雲竜と王志修が手にした墨本は、ともに手書きの墨水廓塡本であった。傅氏が立碑現地の通溝（集安）を訪れたとは考えられないが、王氏が訪れた可能性は否定できない。現地を踏んだかどうかは別にして、二人は広開土王碑に関心をもち、つよくひかれて、王碑とそれぞれ真摯《しんし》に対話した。

しかし、王碑に取り組んだ態度には、かなりの違いが認められる。傅氏が入手した墨本は、亜細亜協会の『会余録』第五集の石印本であり、その原典は酒匂景信が将来した墨水廓塡本である。かれの王碑の理解はほとんど『会余録』のものであり、かれの紹介はその範囲にとどまった。紹介それ自体の役割やその意義は大きいが、しかし王碑の研究に直接かかわった独自の成果は見当らない。

それに対して、王氏はかれ独自の王碑研究をおしすすめ、いくつか出色の見解を提出した。かれの名は北京でも噂にのぼったようである。見解の詳細を探ってみると、紀年記事の全体的な構成や各年条の細部等に至っては、その解釈の不適切さは明らかであり、また犯した誤りも少なくない。しかし、そのなかで、立碑年次や王碑の主人公を正しく判定し、紀年記事を釈読し解釈して、広開土王の勲績の大要を明らかにした。

とくに辛卯年条の素直な解釈は適切、かつ明快であり、いわゆる〈前置文〉説の先駆者の一人とみなしてよいであろう。かれは出色の王碑研究者であり、中国最初期を代表する王碑研究者と認められる。

王志修に関して印象にのこるのは、かれが腐心して案出した「作文」である。当初から決めてかかった七七調の美文体であり、奇抜な手法で仕上げた「作文」であった。その「作文」指向の傾向は、やがて、思わぬ機縁で噴出する（第五章参照）。

第四章　横井忠直と広開土王碑の受難説

――土難・水難・火難説の真偽――

一、碑石受難説とその問題点

広開土王碑をはじめて目にしたとき、高さ六メートルあまり、重さ三〇トンに達する碑石の巨大さとともに、波うつような凹凸の碑面や、碑面に穿たれた数えきれないほどの傷痕に、だれしも驚くことであろう。満身創痍の王碑である。

はじめて王碑の拓本をみる場合も、ほぼ似た感覚を体験する。拓墨の黒さが基調となる中で、あちこちに大小様々の白抜き部分が広がって、黒と白とのコントラストは王碑独特の雰囲気をかもしだす。残念なことに、拓墨の入らぬ白抜き部分は、碑面の傷痕に対応して生じた空白部分であって、そのため未釈字は一〇%をうわまわる。王碑研究の大きな障害である。

そうなった主な理由は、四一四年に碑が立てられて以来、およそ千六百年間にこうむった風化作用の結果である。碑石はもともと不正形直方体の自然石であり、比較的軟弱な角礫凝灰岩であって、それによって碑石の風化が進行したのである。

碑面に刻まれた傷痕は、もっぱら自然現象によったものであったが、しかし、自然現象としての風化のほかに、なんらかの意図的人為的な損壊等も考えられないわけではない。たとえば、栄禧《えいき》の『高句麗永楽太王墓碑讕言《らんげん》』は、

〔王碑を〕搨《す》る者・観る者、行けば必らず其の禾稼《かか》を損ずべく、農人は之を悪《にく》み、牛糞を用って焼残す。(〔 〕は武田、以下同じ)

といい、また三多の『東三省古迹遺聞』に、

〔王碑の〕拓を求むる者多きに因り、県吏は其の煩《わずらわし》きを厭《いと》い、火を以て之を焚き、遂に残欠するに至ると云う。

などとある。碑石に火をつけたというのである。

考えてみれば、そもそも碑石を打って採拓するという拓本の作成方法は、作成方法それ自体が一種の破壊行為に通じないこともない。王碑発見のあと、打ちだされた拓本はどれほどの部数にのぼるのだろうか。そのぶんだけ碑石が損壊し、碑面や碑字が摩滅したりしたことであろ

う。そのうえ、作成者たちはたえず碑面に石灰を塗り、石灰で補修しつづけてきたのである。損傷し摩滅した碑字を石灰で修復して、たえず明晰な碑文を打ちだそうとしたのである。だが、その意図はどうであれ、碑石自体を作業現場にしたことにかわりはない。さまざまな破壊や災難をしのぎながら、いま満身創痍の王碑があるのである。

そこで、碑石が人工によって損傷し、災難を受けたという伝承や所見に注目する。王碑研究最初期の日本では、とくに「土難」説がとり沙汰され、碑石は長らく地中に埋められていたといい、また「水難」説が行なわれて、碑石は河底に沈んでいたとも噂された。そうした受難説のまわりには、いつも、横井忠直氏が登場する。

また、すでにふれたように、碑石に火をかけたという「火難」説もあるが、また碑石がひとたび倒壊したという「倒壊」説もささやかれた。王碑の損壊や拓本の白抜き部分をめぐっては、じつに多彩な受難説が渦巻いてきたのである。

本章では碑石の受難にふれた諸説に着目し、それらを王碑の釈文研究の前提、あるいはその一環として位置づけて、諸説の内容とその真偽について検討する。その過程において、王碑との対話者たちの具体的な対話の仕方にもふれることになるであろう。

二、「土難」説・「水難」説とその真偽

1　横井忠直の「土難」「水難」二重受難説

広開土王碑が内外に紹介されるにさいしてもっとも早く、もっとも重要な役割をはたしたのは横井忠直であり、かれが執筆した「高句麗碑出土記」であった。それは王碑の受難について、つぎのようにしるしている。

土人の云うに據るに、此の碑は旧と土中に埋没し、三百余年前より、始めて漸々《ぜんぜん》に顕出せり。前年、人の天津由《てんしんよ》り工人四名を雇い、此に来たらしむる有り。掘出し洗刷し、二年の工を費やして、稍《や》やに読む可《べ》きに至る。然るに、久しく渓流に激せられ、欠損せる処甚だ多し。初め四尺許《ばか》りを掘り、其の文を閲《えっ》して、始めて其の高句麗碑為《た》るを知れり、と。

據土人云、此碑旧埋没土中、三百余年前、始漸々顕出、前年有人、由天津雇工人四名来此、掘出洗刷、費二年之工、稍至可読、然久為渓流所激、缺損処甚多、初掘四尺許、閲其文、始知其為高句麗碑。（亜細亜協会『会余録』五、一八八九年）

「土人」つまり現地人の証言によって王碑受難の様相を紹介し、碑石が長いあいだ「土中に埋没」していたという。墨本を作成した工人たちが、これを「掘り出して、洗い刷《は》」いたというからには、碑石発見の当時もまだ、その全身を顕わしていなかったことになる。「三百年あ

會餘錄第五集

高勾麗碑出土記

碑在清國盛京省懷仁縣、其地曰洞溝、在鴨綠江之北、距其上流九連城八百餘里、（清國里法以下倣之）地勢平坦、廣三四里、長十二三里、中央有舊土城、周圍五里餘、內置懷仁縣分縣、即古之令安城也、距此城東約四里許、離江邊三里餘、山下有一小溪、則碑所在也、據土人云、此碑舊埋沒土中、三百餘年前、始漸々顯出、前年有人、由天津雇工人四名來此、掘出洗刷、費二年

横井忠直「高句麗碑出土記」

まり前から、碑石が始めて次第に顕れ出した」というくだりは、史的経過をかたる叙述としては具体性にかけ、いささか現実感にとぼしいが、それはそれとして、要するに碑石の「土難」が数百年間つづいたという、じつに長期にわたった受難説である。

もう一つは、碑石が「久しいあいだ渓流に激しく当たりつづけ、欠損した個所が甚だ多」いという受難説である。「土難」の場合は碑石の損傷を少なくし、碑面の保存に結果したという意味合いもないではないが、この場合の「水難」は、長期にわたって流水が激しく碑石にうちあたり、碑面が欠損したのだという。

以上二つの受難説は、それを「高句麗碑出土記」の立場で整合的に解釈すれば、大略、つぎのようになるであろう。すなわち、碑石の一部は発見当時も土中に埋もれていたのだから、長

期にわたった「水難」のあとで、またもや「土難」に罹ったことになる。その実際をイメージすれば、はじめ碑石は渓流に沈んでいて、それを川底からひきあげて、小丘の頂上に運びあげて、そして土中に深く埋納したのである。川底からの引き揚げと土中への埋納とは一連の意図をもって行なわれた、一連の作業のようにおもわれる。対照的な水と土とが彩なした、いわば水陸二重の受難説である。

しかし、巨大さで有名な王碑のことであり、およそ三〇トンに達するというその重量を考えれば、それはそれで大工事だったはずである。そこで不思議におもうのは、このような大工事を断行した意図とその目的、それを企画し実施したある集団、その集団の性格等について、残念ながら、わたしには思いあたるふしが全くない。だれが、いつ、何を目論んで断行したのだろうか。

横井が紹介した二重受難説は、そのあと菅政友《かんまさとも》・那珂通世《なかみちよ》・三宅米吉《みやけよねきち》たち、最初期の王碑研究を主導した碩学たちにも影響した。ちなみに、中国人の鄭文焯《ていぶんしゃく》・傅雲竜《ふうんりゅう》らも横井の「高句麗碑出土記」に着目し、王碑の情報をひろく海外に伝えたが、それは横井が記した受難説のままであって、それ以上のもの、それ以外のものは見あたらない。

2 「土難」説と「水難」説の始まり

上記の碩学三人のうち、「高句麗碑出土記」をそのまま引用した那珂の場合は別にして、菅・三宅の二人は「水難」説を顧みず、もっぱら「土難」説をとりあげた。たとえば菅の場合は、「此ノ碑ハ、……山脈ニヨリテ流レ下レル小流ノ傍ニ建テタルマヽニテ土中ニ埋レタリシヲ、去シ明治十五六年ノ頃ニヤ、掘出シタルナリトカ」とのべている。

横井のいう二重受難説は、「水」難と「土」難とを別個のものとみ、両者を同格にあつかって並立させていたのであるが、菅は「小流」と「土中」とを関連づけて「土中」の一つに絞りこみ、新たな「土難」説を主張した。つまり、さきに「水難」現場とされた小流が、ここでは「土難」現場を指示する〈起点〉と解釈されたのである。現場が単なる〈起点〉に格下げされた。この菅流独自の受難説は、しばらく日本において主流となり、それがそのまま祖述されていく。学界の大勢が横井忠直の二重受難説をそのままでは受けいれず、「土難」説に傾いたのには、それなりの背景があった。その背景には、酒匂景信がもたらした情報があったものとおもわれる。

酒匂は一八八三年、はじめて日本に広開土王碑の墨本、いわゆる「酒匂（景信）本」を将来した。酒匂は陸軍参謀本部の命をうけ、中国清朝の軍事情勢を偵察するため、秘かに満州地方に派遣された。かれは集安にたちよって、たまたま王碑の存在を知り、その墨本一部、およそ百三十枚の墨紙を入手して帰国した。

帰国したあと、酒匂は参謀本部に復命書（報告書）を提出したはずである。その情況は明らかでないが、横井忠直はとくに洞溝（集安）の広開土王碑に着目して、それに関連する部分を『碑文之由来記』にまとめ、それをさらに『高麗古碑本之由来』として整理した。これまでの調査によると、後者がよった原典は前者であって、その前者は当時の現地の情況を伝えていて貴重である（第二章参照）。横井は帰国した酒匂に密着し、いろいろ取材しながら、とり憑かれたように王碑の研究に打ちこんだ。

当時の情況からみて、横井の「高句麗碑出土記」の典拠をたどってゆけば、それは横井の『碑文之由来記』につき当たる。それなら当然、横井の二重受難説は『碑文之由来記』まで溯るはずである、こう考えるのが自然である。ところが、じつはそうではない。『碑文之由来記』は王碑の受難について、

碑石ノ位置ハ、……山脈ヨリ下流スル一小水路ニアリ、土人ノ言ニ依レハ、此碑石地中ニ埋没シ、三百余年前ヨリ漸ク現出シテ、今ノ有様ニ至レリト云フ。（句点は武田）

とするすだけである。ここには「水難」説はみあたらず、「土難」説を見いだすだけである。ただ、「一小水路」という表現があるが、それは、ここでは、碑石の位置をしめす〈起点〉にすぎない。ここに書かれた内容は、さきに掲げた菅政友の記述と同じであり、横井の「高句麗

碑出土記」とは違うのである。
もともと『碑文之由来記』は、酒匂景信の情報や報告を整理したものであるが、しかしかれの体験と伝聞とを峻別し、横井もはっきり書きわけていて、客観的な事実関係の記述はじつに明快である（第二章二参照）。したがって、酒匂は現地で「土難」説だけを耳にしたものとおもわれる。後になって、それを「土難」「水難」の二重受難説に仕立てたのは横井の不手際であり、単なる杜撰《ずさん》な過ちであった。

3　スクープされた「水難」説

いま、碑石「水難」説は幻影と化したばかりである。だか、どうも「水難」説は横井専用のもの、かれの独創になったものではなさそうである。青江秀《あおえひで》はすでに『東夫余永楽大王碑銘解』（一八八四年執筆）において、つぎのようにしるしていた。

此頃某新聞ニ曰ク、満州盛京《まんしゅうせいきょう》省ト朝鮮國トニ境スル鴨緑江ノ上流ニテ、古来水底ニ埋モレタル一大石碑ノアルヲ、此頃盛京将軍ノ聞ク所トナリ、多クノ人工ヲ費シ、遂ニ之ヲ掘リ出シ、石面ヲ洗浄スル折柄、……。（句点は武田）

ここに「土難」説は登場せず、「水難」説だけ書かれていた。それも碑石が古来より、鴨緑江の水底深く埋もれていたものと読みとれる。水底から掘りだしたのは盛京将軍、掘りだした時期はつい先だって、碑石発見の直後だったということらしい。

冒頭にいう「某新聞」とは、調査のすえ、一八八四年（明治十七年）六月二九日付けの『東京横浜毎日新聞』とわかった。新聞の日付けは青江が『東夫餘永樂大王碑銘解』の末尾に識した「明治十七年七月」よりわずかに早く、また新聞の文章はひらがな混じりのルビ付きながら、ほとんど青江のそれと同文である。してみれば、青江の王碑発見の経緯にかんする説明と、王碑が罹った「水難」の記述とは、じつは、青江が新聞記事を引用したものであった。

問題の「水難」説の出処は、同紙新聞記者のスクープだったらしい。ただし、その根拠ははなはだ怪しいもので、当時の周囲の情況から孤立した感じである。そのためか、この「水難」説を採るものは、青江のほかにはいなかった。横井の「高句麗碑出土記」が発表される前の年、邨岡良弼《むらおかりょうすけ》は例の『碑文之由来記』の所説にたちかえって、「土難」説だけをとりあげた（『如蘭社話』八、一八八八年）。そのあとも、すでに指摘したように、ただその「土難」説だけが受けつがれていくのである。

4　今西龍・池内宏の「土難」「水難」説批判

酒匂が現地洞溝でインタビューしたとき、「土難」説で応えた現地人の意図等は知るよしもない。ただ、『碑文之由来記』に書かれたとおり、酒匂はそう聞いたのである。聞いた酒匂が発信した「土難」説に、すぐに「水難」説が加わって、やがて、その両説をないまぜにして二重受難説が登場し、しばらくして「土難」説に収斂していった。

それら各説の内容や出典等については、すでにそのつど私見をつけておいた。「土難」説には「現実感にとぼしい」といい、「水難」説の「根拠ははなはだ怪し」いとのべた。「水難」説の出処は、スクープ記者の勇み足であった。二重受難説にはもっと手厳しく、それは「不思議」であり、そのような「大工事」の施工主体やその意図と性格には「思いあたるふしがない」と評し、結局、それは「単なる杜撰な過ち」だったと断定した。つまり、わたしからすれば、以上の諸説はすべて疑わしいのである。

それら受難説への批判的な検討は、これまでなおざりにされてきた。はじめて検討したのは、一九一三年に現地入りした今西龍《いまにしりゅう》教授である。今西はつぎのように指摘した。

亦其〔碑石の〕位置を見るに、如何に洪水あればとて渓流の及ぶべき地点にあらず、其碑の底部は周囲よりも僅に一尺許り低きのみにして、此碑〔土中に〕深く埋まり居りしなるべきなり。（「広開土境好太王陵碑に就て」前掲）

つまり、きっぱりした「水難」説批判である。他方、「土難」説については「出土記」を援用して、朝鮮朝の「世宗王代よりも後となりて、祟を畏るゝとか或は他の理由よりして碑の周囲に土を封じて之を故意に蔽ひしもの、近年に至りて封土流出して再び露出するに至りしものと解せざるべからず」といい、「土難」説はそのまま承認した模様である。

今西の「水難」説批判は、日本に流布した受難説に再検討をせまるものであり、その批判を支えたのは現地・現物の調査であった。それまでは、およそ三〇年前、現地での倉卒の間に、酒匂が体験したという所伝に従うか、それから派生した所説をとるか、そのほかの選択の余地がなかったのである。さらに今西の批判をおし進めたのは、一〇年あまり後の池内《いけうち》宏《ひろし》教授であった。論文「広開土王碑発見の由来と碑石の現状」はつぎのようにしるしている。

横井氏の出土記に、旧と土中に埋没していた此の碑石が、三百年前から段々顕はれはじめたといひ、又た久しく渓流に激せられた為めに欠損する処が多いといふが如きも、また甚だ疑はしいのであって、碑石の所在地に対する的確なる知識を有するものは、附近の地形から判断して必ず之を否認するであらう。余も固より同様である。(「史学雑誌」一九一一、一九三八年)

現地を踏査した池内は、〈碑石の所在地に対する的確なる知識を有するもの〉の立場から、あらためて「水難」説を否定したうえ、今西が了承した「土難」説をも一蹴した。さらにいえば、一九一八年に現地に入り、碑石を調査した黒板勝美《くろいたかつみ》教授は、その知見によって、かねて、碑石の西南隅の上部の損壊部分は碑石の「倒壊」に因るとのべていた。新たな「倒壊」説の登場かとみえた。だが、これも池内の一蹴するところとなった。

わたしの意見では、「水難」「土難」や「倒壊」による受難説にたいして、池内の明快な批判に賛同する。現地・現物の調査や研究がすすむほどに、ますますその批判内容の揺るぎなさが確信されてくる。まして、集中力を欠かした結果なのか、それらをないまぜにした二重受難説のごときは論外である。ふりかえれば、不確かな情報源から派生した各種の受難説が改められるまで、およそ半世紀を要したのであった。その根幹には酒匂将来本の白抜きの空白部分があり、それに対応する碑石自体の損壊部分があったのである。

三、「火難」説の始まりとその伝継

1　葉昌熾の「野焼」説

一方、中国では、現地を発信源として「火難」の風聞が流布していった。現地・現場の状況が明らかになるにつれて、最初期の日本で喧伝された「土難」説・「水難」説等がしだいに色褪せてゆく。それにたいして、中国発の「火難」説はますます実態化していった。

「火難」説を最初に著録したのは、葉昌熾《しょうしょうし》の「奉天一則」であった。かれは王碑の発見年次を正しく「光緒六年」、一八八〇年とするなど、当時の状況をかなり的確に把握していた。かれはまた、「野焼」にふれている。

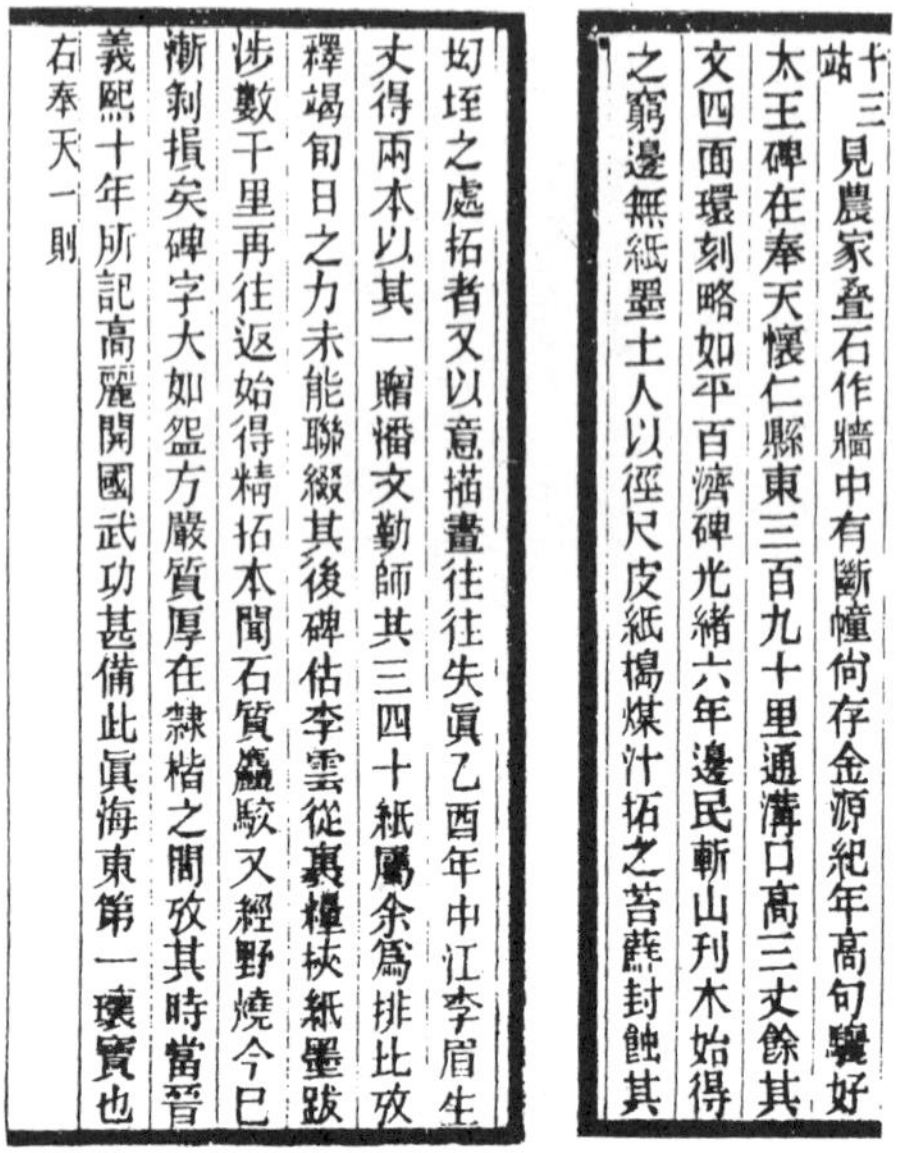

十三站見農家壘石作牆中有斷幢尚存金源紀年高句驪好
太王碑在奉天懐仁縣東三百九十里通溝口高三丈餘其
文四面環刻略如平百濟碑光緒六年邊民斬山刊木始得
之窮邊無紙墨土人以徑尺皮紙搗煤汁拓之苔蘚封蝕其
坳垤之處拓者又以意描畫往往失眞乙酉年中江李眉生
丈得兩本以其一贈潘文勤師其三四十紙屬余爲排比攷
釋竭旬日之力未能聯綴其後碑估李雲從裹糧挾紙墨跋
涉數千里再往返始得精拓本聞石質麤駮又經野燒今已
漸剝損矣碑字大如盌方嚴質厚在隷楷之閒攷其時當晉
義熙十年所記高麗開國武功甚備此眞海東第一瓌寶也
右奉天一則

葉昌熾「奉天一則」

其の後、碑估《ひこ》の李雲従《りうんじゅう》は、糧を裹《つつ》み紙墨を挟みて、数千里を跋渉し、再び往返して、始めて精拓本を得《う》。聞くならく、石質は麤駮《そはく》たり、又た野焼を経、今、已《すで》に漸やく剝損《はくそん》せり、と。

其後、碑估李雲従、裏糧挟紙墨、跋渉数千里再往返、始得精拓本。聞、石質麤駮、又経野焼、今已漸剝損矣。

(『語石』、一九〇九年)

碑石が「今」すでに剝損していたわけは、石質が堅固でなく緻密でないうえに、「野焼」に罹ったからだという。「今」は文頭の「其の後」にあたり、北京瑠璃廠の「碑估の李雲従」が「始めて精拓本を得」た時だというから、それは王碑墨本の作成史上で有名な一八八九年に間違いない。葉昌熾が「野焼」による碑石の受難を知ったのは、そのころ、かねて顔見知りの拓工、李雲従から聞いたのであろう。現地の碑石「火難」の情報が、ようやく北京に届いたのである。

もっとも、ふつう「野焼《のやき》」といえば、農民が来春の作付けに備えて、枯草類を燃やす冬期恒例の農作業である。この場合は、現地の農作業にはじまる「野焼」が延焼して、たまたま碑石を襲ったことになる。してみれば、王碑が碑石であるとわかって放火したわけではない。あとで話題になるような、墨本作成者が碑字を読み、碑文を釈読するために、碑石に絡まる苔蘚が邪魔になり、邪魔な苔蘚を焼却したというのではない。外的要因による、偶然の「火難」説である。

しかしながら、葉昌熾のこの「野焼」説は、後につづく「火難」説の先駆的な記述であり、その意味で記憶されてよいであろう。

2　楊守敬・曹彝卿の「火難」説

葉昌熾が「火難」説を著録したころから、中国ではもっと確かな「火難」関連の情報が伝えられ始めた。楊守敬《ようしゅけい》、顧爕光《こしょうこう》、談国桓《だんこくかん》らの面々が、それぞれ碑石の「火難」について著録した。もっとも早かったのは楊守敬の「高句麗広開土好太王談徳碑跋」である。

光緒壬寅、旧友の曹彝卿《そういけい》〈廷杰《ていけつ》〉より寄来せる〈広開土王碑拓本〉二通は、是れ初拓本なりと謂う。曹君の東三省に宦遊《かんゆう》すること二十余年、固より信ず可《べ》きなり。展《の》べて之を読むに、欠失の字有りと雖も、而《しか》も所存の者は明晰晴朗《めいせきせいろう》にして、旧得のものと大いに異なり、日本人釈文の誤を正すに足る。又た多く十余字を出《いだ》す。書を以て之を問うに、曹君云えらく、碑の初めて出でし時、人は争いて之を拓す。土人は其れ禾苗を践踏さるるを以て、牛糞を以て其の上に涅《どろ》ぬり、火を用ちて之を焼く。故に剝蝕す、と。（〈　〉は原注）

光緒壬寅、旧友曹彝卿〈廷杰〉、寄来二通、謂是初拓本、曹君宦遊東三省二十余年、固可信也、展読之、雖有欠失之字、而所存者明晰晴朗、与旧得大異、足正日本人釈文之誤、又多出十余字、以書問之、曹君云、碑初出時、人争拓之、土人以其践踏禾苗、以牛糞涅其上、用火焼之、故剝蝕。（『高麗好太王碑』、一九〇九年）

楊守敬の情報源は曹彝卿であり、「光緒壬寅」（一九〇二年）に受領した曹氏の手紙であった。手紙は碑面の損傷が「火難」によるものだと明言する。また、その時期は「碑の初めて出でし時」、つまり碑石発見の直後だったという。その具体的な状況については、「牛糞を碑石の上に涅《どろ》でするように塗りつけて、それに火をかけて碑面を焼」いたという。

火を放ったのは、現場の「禾苗を践踏さ」れたからである。現地人の怒りが碑石に向けられた。中国では、かつてよく聞くはなしであった。すなわち、碑石が発見されて有名になり、名碑の誉れが高くなればなるほどに、拓本作成の関係者や参観者らが参集し、現地の田畑に入りこみ、農作物をふみ荒らす。有力者が乗りだしてくると、もっと困ったことになる。軍隊が出動する、現地人も徴発される。名碑が転じて禍根になる。それなら、いっそ、なくなった方がいい、……。

広開土王碑の周りでも、そうした情況が起こっていたのかも知れない（第二章三参照）。本章冒頭に引いた『高句麗永楽太王墓碑讕言』は、「拓本作成者や参観者が現地に行けば、必らず農作物を損ねてしまう。すると農民はそのことを憎んで、碑面に牛糞を塗り火をつけて、焼いてしまった」としるしていた。『東三省古迹遺聞』もまた、「拓本を請求する有力者が多いので、知県らはほとほと厭になって、火をつけて碑石を焚いた」とのべている。

前者は現地の農民の立場から、後者は上司や有力者に責め立てられる知県クラスの観点から、「火難」をひき起こした原因をあげている。それが単なる風評だったとはおもえないが、ここで、とくに指摘しておきたいことは、碑石が「火難」に罹った事実、そして碑面や碑字が損壊した事実である。

3　顧燮光・戴葵甫と談国桓の「火難」説

「火難」による損壊情況は、顧燮光の「夢碧簃石言《むへきいせきげん》」や談国桓の「手札」でも語られる。「夢碧簃石言」の冒頭は、「戴君葵甫《たいくんきほ》は、余の為めに好大王碑について言う」云々に始まって、続いてつぎのようにいう。

光緒元年〈葉氏の語石は六年に作る〉、東辺の荒地を開墾し、始めて碑面を発見す。〈碑面は〕蒼苔《そうたい》もて漫没し、剔除《てきじょ》すること極めて難し。土人は糞を以て碑面に塗り、乾くを俟《ま》ちて火を縦《はな》ち、之《これ》を焚く。蒼苔去りて、碑は裂けたり。（〈 〉は原注）

光緒元年〈葉氏語石作六年〉、開墾東辺荒地、始発見碑面、為蒼苔漫没、剔除極難、土人以糞塗碑面、俟乾縦火焚之、蒼苔去而碑裂矣。（『非儒非侠斎金石叢書』一九一八年）

顧燮光の情報源となった戴葵甫（裕忱《ゆうしん》）は、かつて査学として現地の集安を訪れたことがあり、かれが語った話は当時の見聞を語ったものであろう。文章の執筆は、同文後半に『神州国光集』第九集（一九〇九年）をあげているので、それより後のことになる。

碑石の「火難」は、碑石を「始めて発見」した「光緒六年」（元年は六年の誤写）のことだったようで、やはり、それは明らかに人為的な災難であった。「現地人は家畜の糞を碑面に塗りこめ、それが乾くのを待って火を放ち、そうして碑石を焚いた」といい、「蒼苔は除去されたが、碑は裂けてしまった」と慨嘆する。描写は一層詳しくなり、それだけ説得力をもってくる。

そこで注目したいのは、その「火難」が降りかかった理由である。戴氏がいうには、火をつけたのは、「碑面が絡まる蒼苔の中に漫没して、それを除去する作業はたいへん難しい」からであって、碑面を蔽う苔蘚を除去するためである。

では、なぜ苔蘚を除去しようとしたのだろうか。戴氏は明言しなかったようであるが、〈碑面に絡まる蒼苔の中に漫没して〉いたものを目視するためであり、確認するためである。それは何か。もちろん、碑面に彫られた碑文や碑字のほかにはない。

かれらは前記した現地人とは異質である。墨本作成に反発するよりは、作成にかかわり、推し進める立場をとった。これと同じ情況は、談国桓の「手札」にも描かれている。

> 聞くならく、此の碑は、前数年倉父《そうふ》の某有りて、苔蘚の厚きに過ぎ、易く拓せざるを以て、馬矢《ばし》を用って之を焼く。而《しか》るに碑石は本と粗劣にして、此の煆煉《たんれん》を経て、恆に片片として墜《お》つ。碑は乃わち、此れ自《よ》り煆《やけこぼ》てり、と。物の成敗に数有り、惜しき哉《かな》。
>
> 聞、此碑前数年有倉父某、以苔蘚過厚不易拓、用馬矢焼之、而碑石本粗劣、経此煆煉、恆片片墜、碑乃自此煆矣。物成敗有数、惜哉。（『遼東文献徴略』、前掲）

ここでは、放火の狙いが明記される。「碑面にとり付いた苔蘚が厚く繁茂していて、碑字は容易に採拓できないので、馬矢（馬糞）を使って碑石を焼いた」のであった。狙いは拓本作りであった。「倉父」とはもともと卑しい田舎おやじをいい、ここでは拓本作りに励んだ現地人をいう。かれは碑側に住んだ拓工一家の初天富であったとおもわれる（本節4、および第六章参照）。

談氏はさらにつづけて、「もともと碑石が粗劣なうえに、碑石に此の煆煉（焼きねってきたえること）が加えられてからは、碑面が次々に片片と剥離し落下した」といい、火難の情況を詳細にえがいている。そして、「碑はそこで、このあと燬《やけこぼ》れてしまった」と慨嘆する。

印象的なのは、「つねに（次々に）片片と墜つ」のくだりである。碑面のそこかしこに、広くまた浅く食いこんだ苔蘚類の、その根部にまで火がとおるたびに、碑表が小々片々とはじけ飛び、はらはらと落下するさまが髣髴《ほうふつ》する。

ここにきて、当初の「野焼」説に比べると、「火難」の時期や目的や諸状況がはっきりして、だいぶ碑石受難の様相が明らかになってきた。ただし、それら著録者たちはだれも現地を踏査しなかった。耳にした伝聞に満足し、その伝聞を発信していただけであった。

4　その後の「火難」説、関野貞・今西龍と初天富

その〈伝聞発信〉の固い壁は、一九一三年の関野《せきの》貞《ただし》教授と今西龍教授らの現地踏査によって破られた。かれらは高句麗遺蹟調査のために集安にいたり、つぶさに広開土王碑の現地、現場の状況を観察し、いわば〈碑石の所在地に対する的確なる知識〉をふまえて調査した。関野は論文「満洲輯安県及び平壌附近に於ける高句麗時代の遺蹟」で、初鵬《しょほう》度《ど》と称する者の証言をしるしていう。

彼今六十六歳にして、三十年前より此処に在り。当時知県の命により拓本を作らんとせしに、石面に長華（苔）あり、火を以て之を焚きしに石の隅角欠損せり。石面粗に過ぎ拓本

の文字分明を闕くを以て十年許《ばかり》前より文字の周囲に石灰を塗りたり。爾後毎年石灰を以て処々補修をなすと。（『朝鮮の建築と芸術』、一九四一年）

ここにおいて、碑面に「石灰」を塗布し、石灰で碑字を「補修」した事実が確認された。いわゆる「石灰仮面」を暴いた最初の文言である。この文言は同行した今西が碑石に就いて熟覧し、直接調査した結果をもふまえた記述である。その今西自身は、またつぎのようにいう。

今此碑の管理人と称すべき初鵬度と称する六十六歳（大正二年）の老人、其周に足場を常設して一人の工人を傭ひて絶えず拓本を作成し居れり。……此老人の談に依れば此碑三十年前までは石上に長花（苔）茂生し文字の遺存するや否やも不明なりしを以て彼れ知県の命を奉じて長花を焼去し文字を出せしが其際碑の一部毀損せり、以後此碑側にありて拓本の作成に従事すと。（「広開土境好太王陵碑に就て」、前掲）

初鵬度は王碑の側に住みつき、もっぱら王碑の拓本を作成し、それを販売して生業をたてている拓匠であった。王碑に一番密着していた当事者であり、かれから直接採録した証言は、すこぶる信頼度の高いものである。しかも、その証言は従来の諸文献に数倍して刮目し、熟読するに足る内容である。ただし、後でわかったことであるが、かれは初鵬度でなく、実名は初天《しょてん》富《ふ》であった。

関野・今西両人の記述内容は、中国伝継の「火難」説の系譜につらなって、はじめて日本旧来の「土難」「水難」系の受難説から断絶し、それらを全面的に否定したのである。受難の時期は、証言した大正二年から数えて「三十年前」、つまり一八八三年ごろになる。まさに酒匂景信が現地にはいり、王碑の墨水廓塡本を取得した年に合致する。ここにおいて、迫ってくる酒匂と対決し、やむなく墨水廓塡本一部を譲渡した工人の姿がよみがえる。その工人こそ、初天富自身だったのではあるまいか。

ただし、碑石が一八八三年に罹災したとみるのは妥当でない。多少の前倒しを見こむ必要がある。すなわち、従来知られた墨水廓塡本の酒匂景信将来本にははっきりした「火難」の痕跡があるが（武田「広開土王碑火難説の批判的検討」、「慶北史学」二三、二〇〇〇年）、同じような痕跡は、近年発見された潘祖蔭《はんそいん》氏旧蔵の墨水廓塡本にも認められる。しかも、すでに一八八一年に、李超瓊《りちょうけい》氏は同類型の墨本を取得していた事実も判明した（徐建新『好太王碑拓本の研究』、東京堂出版、二〇〇六年）。「火難」の痕跡が一八八一年まで溯ることはほとんど確実である。とすれば、発見からその翌年にかけて、碑石は早くも「火難」に罹っていたのであり、墨水廓塡本は受難の後に作成されたという事実が判明する。

つぎは碑面の罹災した位置であるが、今西はただ「碑の一部」とし、関野は碑石の「隅角」というだけである。「隅角」は重要な手がかりだが、その位置は特定されていない。両氏は罹災位置の問題に、それ以上の関心をもたなかった。

しかし、証言にみるとおり、焼却の理由やその状況で明らかにされた事実が少なくない。まず、懐仁県知県が墨本の作成を命じ、碑字を読みとるために碑石に絡みついた長華（苔蘚）に火をかけて、これを除去したのだという。手荒な手法ではあったが、苔蘚を焼去してはじめて碑字が読めるようになり、そこで始めて正整な墨本が作成されたのである。

5　その後の「火難」説、中野政一およびその他の証言

もう一つ、関野・今西と同じ一九一三年、やや遅れて陸軍少佐の中野政一氏が集安を訪問した。そのときの体験記を紹介しておこう。中野氏は日記『鴨緑行』の一一月六日条に、つぎのようにしるしている。

午後一時頃通溝ニ着シ、輯安県知事宅ニ至ル。……〔広開土王〕碑ノ話ニ移リタリ。碑ハ光緒二年の搨本《しょうほん》ハ中々能ク出来居リシガ、牛糞附着シタルトキ火ヲ掛ケタル故、はねテ欠ケタル所出来タリト謂フ。（「朝鮮学報」一三二、一九八九年。）

当時の集安県知県は趙孚《ちょうふ》氏であり、中野少佐が聞いた話も中国伝来の碑石「火難」説であった。牛糞を塗りつけて、碑石に絡んだ苔蘚を焚焼したという、例の話である。話題は焚焼の時期や位置、その理由には及ばなかったが、「光緒二年の搨本」のはなしがでた。

調べてみると、その正体は中国最初期に作成された墨水廓塡本であり（武田「幻の名拓《光

緒二年本》の正体」、「汲古」一五、一九八九年)、その墨水廓塡本には碑石が「はねて欠ケタル所出来タ」焚焼痕がみられたという。やはり、碑石発見の直後に火がかけられ、すでに墨水廓塡本の作成に先だって、苔蘚が焼去されていたのである。

その後の注目すべき関連情報には、現地の関係者三人による生々しい証言がある。証言者は拓本作成を家業とした初一家(天富・均徳の父子)と親しかった人々であり、現場で拓本作成に携わった人をふくんでいる。かれらの証言は第二次大戦後のものであるが、中国人学者が周到に採集したものであって、信憑性が高いことはいうまでもない(王健群『好太王碑の研究』、雄渾舎、一九八一年)。しかし、碑石が受けた「火難」に限っていえば、かれらの証言は簡略にすぎ、ほぼ同じ内容であって、関野・今西両人の報告を出るものではない。

四、碑石受難説の展開、そして広開土王碑との対話

1 碑石受難説の展開とその真偽

これまで広開土王碑の受難をめぐって、日本と中国において流布した受難説、すなわち「土難」「水難」「火難」など諸説の内容、それらの系統、相互関係などを整理して、ときにはその真偽に立ちいって検討した。その概略をしめせばつぎのとおり。

まず第一に、最初期の日本における「土難」説・「水難」説や二重受難説の内容と、その限界についてである。一八八三年に現地入りした酒匂景信は、墨水廓塡本を将来するとともに、それに付随して、碑石受難の情報をもたらした。酒匂が現地で聞いた受難説は、もともと「土難」説だけであった。

ところが、「土難」説から「水難」説が分岐して、それらを混合した「土難・水難」二重説すら提唱された。しかし、それらは謬説に過ぎず、「土難」説自体も根拠のない風説であった。ふりかえってみると、日本の学界はおよそ三〇年のあいだ、ただ一度受け入れた情報に翻弄されたつづけたのであり、池内宏が明確に否定するまでに、さらに二五年を要したのである。

第二に、中国における「火難」説と、その限界についてである。葉昌熾『語石』の「野焼」説を手はじめに、碑石が発見された直後から、中国ではもっぱら碑石の「火難」説が伝継されてきた。一つは墨本作成に反発する放火であり、もう一つは墨本作成を推進する焼却であって、推進派は正整な墨本の作成に専念した。

正整な墨本を作成するには、碑面の碑字を読まなければならない。そのためには絡みつく苔蘚を除去しなければならず、そのために牛馬糞をぬって火を放った。碑石が損壊し、碑面が損傷し、碑字が剝落したのはやむをえない。文人・墨客らは慨嘆してやまなかったところである。苔蘚焼却の「火難」説が広がった。その後もつづいて詳細な情報が伝えられ、著録された。だが、著録者たちは現地に入らず、伝聞を伝聞して満足した。そこに大きな限界がみえた。

そして第三に、関野貞・今西龍らによる新局面の展開についてである。一九一三年になって、それら日本人学者や軍人らが現地入りし、ようやく碑石「火難」説の具体的な実態がとらえられ、とくに拓工が碑面に石灰を塗り、碑字を補修した事実が確認されて、それが学界共通の基本知識となった。しかし、火難を被った具体的な時期や碑面上の罹災位置等は調査対象にならず、今後の課題として残っている。

碑石受難の問題は罹災の実情解明にかかわるだけでなく、各種墨本の作成事情や碑文の釈文問題とも密接に関連していて、きわめて重大な研究課題である。わたしはその課題について、論文「広開土王碑火難説の批判的検討」（前掲）で考察してみたが、今後もさらに追究する必要があるとおもう。

2　横井忠直の広開土王碑との対話

さて、本章において、また広開土王碑にアクセスし、それと真摯に対話する多くの人々に出会うことになった。「土難」「水難」説の誤りを指摘し、現地踏査をふまえて「火難」説に新たな方向を拓いた関野貞・今西龍の両教授、池内宏教授らの姿がみえた。

だが、わたしの印象につよく残ったのは、憑かれたように王碑研究に打ちむ横井忠直の姿である。かれの王碑研究は、末松保和《すえまつやすかず》氏の要約によれば、はじめて日本に王碑墨本が将来された年の翌一八八四年、早々と墨本研究の成果をまとめ、和文の第一稿本『高句麗古碑考』（同年一二月執筆）を書き、その後も推敲を重ねて第二・第三稿本を書きつづけた。

それが一八八八年になって和文稿本の改訂を断念し、突如として漢文稿本にとりかかり、漢文第一稿本の『高句麗古碑考』を書きあげて、同年のうちに漢文第三稿を完成した（末松「好太王碑と私」、『高句麗と朝鮮古代史』吉川弘文館）。稿本の発表を急いだのであろう。その漢文第三稿こそ、例の「高句麗碑出土記」の原稿であり、最初期の王碑研究に大きな影響をあたえた文章であった。

ちなみに、当時の東アジア地域における漢文は、あたかもヨーロッパ古典期のラテン語や現今の英語のように、各時代のしかるべき文化世界に共通する文字であり、文章であった。横井の漢文第三稿を掲載した『会余録』の編纂・刊行団体が、ほかならぬ〈亜細亜協会〉と称した意味あいもまた、そのあたりに認められよう。『会余録』はアジア向けの発信媒体と考えられ、そのように期待されていたのである。

各々三種の和文稿本の作成から漢文稿本まで、およそ五年におよんだ横井の王碑研究は、その後に到達した研究水準の高みからすれば、犯した所説の矛盾、誤謬や思いこみの偏りなど、どうにも覆いきれるものではない。しかし、かれの一連の王碑研究は、わずかに先んじた青江秀の『東夫余永楽大王碑銘解』（一八八四年七月執筆）をふくめて、同時代における内外人士の追随を許さずに、量質ともに群を抜く水準を示していたことは事実である。

たしかに、かれは現地の洞溝（集安）の状況は知らず、碑石や碑面・碑文の詳しい実情も知らなかった。しかし、かれは現地の証人たる酒匂景信を介して広開土王碑の意義を確信し、王碑の魅力に取りつかれて酒匂と対話し、あるいは墨紙一三〇枚を通じて王碑と対話しつづけた先駆者であった。日本最初期の王碑研究を切り拓いた横井忠直のことは、わたしはもうすこし忘れずにいたいとおもっている。

第五章　中国最初期の「作文」者の系譜
――栄禧・王彦荘・楊同桂の場合――

一、広開土王碑「作文」の系譜――問題の所在――

中国最初期の王碑研究者のなかで、出色の成果を残した王志修（少廬）氏は王碑に問いかけ、王碑と対話しながら「作文」した。察するところ、例えば、クロスワード・パズルを前にして、いざ挑戦しようとする者の心境に近かったのではなかろうか。

王氏が奉天府の倉庫で王碑の墨本（墨水廓塡本）を見たときは、黒と白のコントラストが視界いっぱい広がって、おもわず目をみはったに違いない。黒地の基調に白地がのびて、奇妙な白黒模様を描いていたからである。

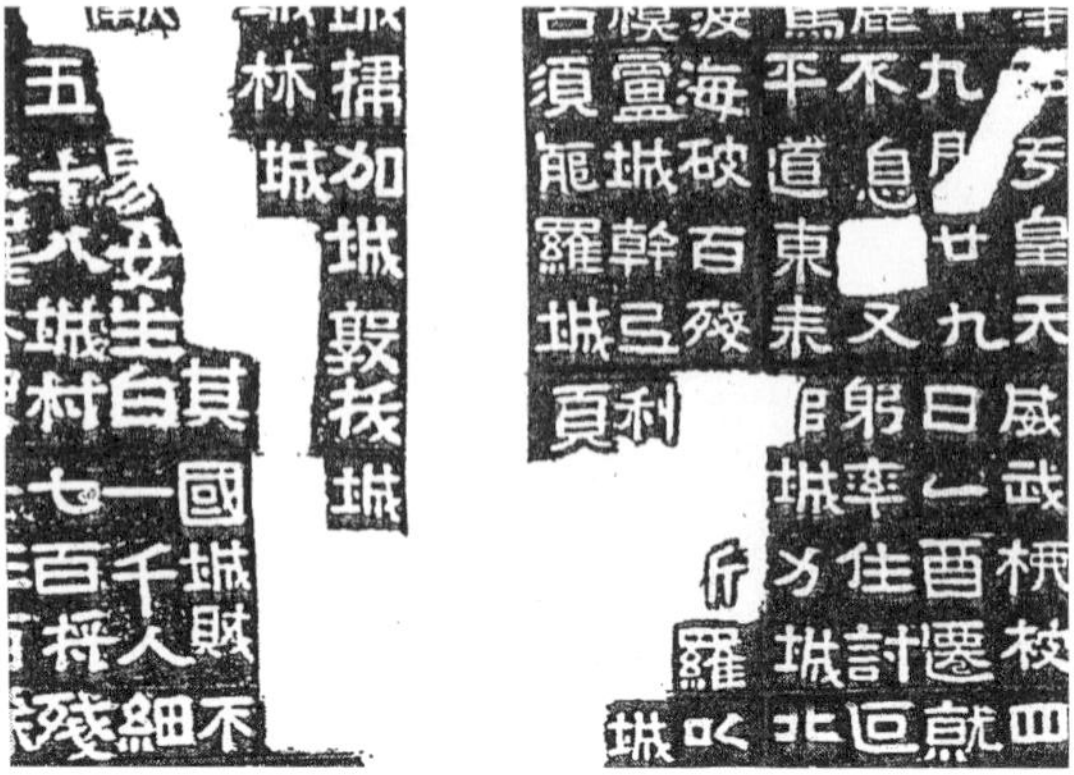

墨水廓塡本の黒と白のコントラスト（酒匂景信本による）

広く太く、あるいは細く長く延びた白地の部分は、いうまでもなく、王碑の中の釈文不能の碑字に対応する。それなら白地の部分は埋めつくそう、碑面の碑文は全部読もう、……。王氏の最初の関心が、やがて押さえきれない願望に転換する。

かねがね王碑に興味をもち、墨本資料を目にした人ならば、だれしも、王氏の心情に共感するであろう。もちろん、わたしもその一人である。かつて、中国最初期において、王氏と同じ願望をもち、果敢に実行する人々がいたのは不思議でない。栄禧《えいき》氏、王彦荘《おうげんしょう》（濬《しゅん》）氏、楊《よう》同桂《どうけい》（伯馨《はくけい》）氏らの面々である。本章では、とくにかれら三人に注目する。

本書で使う「作文」の表現は、当て字で綴った作文をいい、具体的にいえば、〈未釈字とみなす字格に当てた、根拠のない当て字〉をいう。人間本来の好奇心や個人的な関心にもとづいて、素直な願望や無心な解釈を文字に託した、ちょっと知的な冒険である。

しかし、かれらの基本的な態度は、「作文」に関するかぎり学術的ではない。かれらの目的は文意を前後に通してみることであって、必ずしも碑字の正釈如何にこだわらない。かれらは学術研究と無縁な部分に入りこみ、「偽釈」「偽作」に隣あわせ、つねに学問的な王碑研究に逆らう危険に直面する。だが、なにより、かれらは熱心に王碑と対話した。かれらは真摯な対話者たちであった。本章では、熱心で真摯な対話者たちを追跡し、素直で無心な「作文」者群像とかれらの系譜を追究する。

二、栄禧の『古高句麗永楽太王墓碑文攷』とその影響

1　『古高句麗永楽太王墓碑文攷』の日本伝来

酒匂《さかわ》景信《かげあき》氏は一八八三年、日本に墨水廓塡本（酒匂本）一本を将来した。それが中国の現地集安から発信された広開土王碑の第一次情報だったとすれば、第二次の情報は一九〇四年に伝えられた栄禧の『古高句麗永楽太王墓碑文攷』である。

それまでおよそ二〇年間、「酒匂本」をおおう白い空格（未釈字）に悩まされてきた人々は、その栄禧による王碑の釈文を目にして、王碑研究の新しい展開を期待したことであろう。一九七字にのぼった酒匂本の空格は、一気に五字まで激減した。栄禧自身が「完璧」だ、と自

慢したのも無理はない。

栄禧は一八五四年頃の生まれ（一説に一八六五年）、長白の満州正白旗の人。監生で出身し、承徳県知県に始まって知県・知州を歴任して、奉天省の地方官僚として活躍した。日清戦争では敗北を喫したが、一九〇一年に寛甸県《かんでんけん》知県に再任され、〇三年に『古高句麗永楽太王墓碑文攷』を執筆して、深く広開土王碑にかかわった。日露戦争のころ、大原里賢らの日本軍関係者に接触し、そののち関口隆正《せきぐちたかまさ》らとも交歓した。

栄禧の『古高句麗永楽太王墓碑文攷』は、同書に「光緒二十九年寿星在癸卯嘉平朔六日」と記されていて、西暦一九〇三年、その年陰暦一二月六日に執筆されたことがわかる。つぎにみるように、書名は必ずしも一定していないが、本書の基本は「高句麗永楽太王墓碑文」（以下「墓碑文」という）と「高句麗永楽太王墓碑讕言《らんげん》」（以下「讕言」という）から成っている。

前者の「墓碑文」は、「完璧」と自賛した広開土王碑の釈文である。かつて談国桓が「栄観察禧、亦た考訂の文有り」（「手札」）と記したのはこれであった。後者の「讕言」は〈でたらめのことば〉という意味であるが、やはり注意して読まなくてはならないようだ。後述するように、寄せられた批判に一理あるものも少なくないからである。

各種の『古高句麗永楽太王墓碑文攷』が日本に伝えられた。知られる冊子は次のとおり。

①東洋文庫本『古高句麗永楽太王墓碑文攷』、筆写本、明治三八年（一九〇五年）六月、

本間《ほんま》九介《きゅうすけ》筆写、幣原坦《しではらたいら》旧蔵。
②九州大学図書館本『高句麗永楽太王古碑』、活字本、明治四一年、萩野文庫旧蔵。
③東京大学東洋文化研究所本『（仮称）高句麗永楽大王墓碑』活字本、明治四二年。
④水谷悌二郎氏旧蔵本『高句麗永楽太王并碑文』、油印本、年次不明。

①の筆写本は、栄禧の執筆から一年半後の筆写であり、伝来の早かったことを裏書きする。②と③の活字本は、大森松四郎氏らが広開土王碑「搨本《とうほん》予約募集」のために作った広告パンフレットであり、賛助者には犬養毅《いぬかいつよし》・徳富猪一郎《とくとみいのいちろう》（蘇峰）・河東碧梧桐《かとうへきごどう》、中村不折《なかむらふせつ》をはじめ、各界のオピニオン・リーダーたちが名をつらねている。

なかでも異色なのは、水谷悌二郎氏が入手した④の油印本（水谷本）であって、どうやら中国で制作されたものらしい。水谷氏のメモに、「（江田勇二）氏の鑑識では、たしかに彼の紙料であり、筆蹟も彼方のだ」とある。「彼」も「彼方」も中国を指す。江田氏はよく中国にでかけ、漢籍に詳しい古書店主であり、かねて水谷氏が信頼していた人物であった。

このように見てくると、当時の日本では、栄禧の『古高句麗永楽太王墓碑文攷』に寄せられた期待のほどがみえてくる。

2 『古高句麗永楽太王墓碑文攷』の日本への影響

栄禧の名が知られたのは、日露戦争のさなかの一九〇四年、大原里賢少佐が奉天省懐仁県で『古高句麗永楽太王墓碑文攷』を入手してからである。寛甸県知県の栄禧が本書を書きあげて、その翌年に大原に贈ったのである。

大原の蒐集は、いわば本書伝来の第一波であって、まもなく複写し流布された。一九〇五年発行の雑誌『世界雑誌』は、大原が本書を複写して、同好の士に頒布したと伝えている。前掲した①東洋文庫蔵本は、本間氏が大原本によった筆写本である。西川権氏が珍重したのも「大原少佐の蒐集本」であった。

本書伝来の第二波は、一九〇八年だったとみて間違いない。今度の仲介者は関口隆正氏であった。かれは日露戦争の従軍通訳をつとめたが、奉天省安東県において栄禧と出会って面談し、そのあとで著者から本書を贈られた。第二波につづいて、②や③にみるように余波の波紋が広がった。たちまち栄禧の評判が高まった。

栄禧の『古高句麗永楽太王墓碑文攷』を重用した一人が西川権である。かれは『日韓上古史ノ裏面』(偕行社、一九一〇年)を書き、王碑を論拠にして古代東アジア史を論断した。例えば、みたび永楽一七年条をあげながら、そのつど「以下八字、酒匂本又残闕ス、栄禧本ニ由ル」などと注記した。栄禧本を決め手にした論断は、そのころ寄せられた過大な期待を象徴する。しかし、「栄禧本ニ由」ったという「八字」の実体は、じつは根拠のない「作文」だったと判明する。

一九一三年の冬、碑石を実見した中野政一《なかのまさいち》陸軍少佐もまた、栄禧本に惹かれた一人であった。その年一一月五日、かねての宿願がかなって王碑と対面した。対面してみて驚いた。当日の日記によれば、碑石は「不器用ナル」不正四角柱状、碑面に小穴があき、所々に凹凸があった。もっと驚いたことには、拓匠が碑面の凹所に石灰を塗りこみ、字を刻っては石摺りする。少佐が憤慨したのは当然であった。

肝心の碑文といえば、「矢張、不明ノ所ハ不明ニシテ、到底読マレザルモノナリ。支那ノ栄禧氏ハ何ニヨリテ不明ノ文字ヲ塡実セシヤ、疑問ナリ」と書いた。本当に、どうして不明の碑字が読めたのか。寄せた期待のぶんだけ、大きな疑問がふくらんだ。

一九一八年の現地調査でも、黒板勝美《くろいたかつみ》教授は王碑釈文（墨書）を携帯した。末松保和先生は、「それは栄禧の「高句麗永楽太王墓碑文」との対校文字であ」り、「栄禧の釈文を書き加えられたのは、欠字の最もすくない独特の釈文として注目されていたからであろう」と解説する（『黒板勝美遺文集』、吉川弘文館、一九七四年）。栄禧の評判は、学界の先端をきった黒板教授をふくめて、当時の斯界の常識になっていた。

異色だったのは、権藤成卿《ごんどうせいきょう》の『南淵書《なんえんしょ》』（一九二二年）であろう。当時から偽書かといわれた同書だが、権藤も栄禧を気にしていたようである。たとえば、永楽六年条の城名について、「清人《しんじん》栄禧、濫《みだ》りに之を補う、……栄禧の杜撰《ずさん》なること、甚だしと謂うべし」と批判した。「作文」への批判はそれはそれ。一体、〈濫りに之（空格）を補〉った己《おのれ》の「偽文」はどうなのか、天に唾する行為である。

3 『古高句麗永楽太王墓碑文攷』の他地域への影響

栄禧の日本での評判にくらべて、その他の地域の情況は確かめにくい。さきにあげた水谷悌二郎氏蔵の「油印本」は、どうやら中国人が制作したものらしいが、だれがいつ、どこで作ったものかは不明である。

また、談国桓の「手札」の「栄観察禧考訂の文」という文言は、栄禧の名前が斯界で取り沙汰されたことを示唆している。しかし、いまのところは『古高句麗永楽太王墓碑文攷』の中国刊本等は見当らない。あるいは「晋高句驪好太王碑」（『奉天通志』巻二五四、一九三四年所収）は栄禧等の釈文を換骨奪胎したもので、「作文」系譜の末端に連なるものとおもわれる。

他方、朝鮮方面では、一九〇八、九年ころから着目され始めたようである。金永万《きんえいまん》氏の論文「増補文献備考広開土王碑銘について」（『新羅伽倻文化』一二、一九八一年）によると、「酒匂本」が知られたあと、つぎに「日本で出版された栄禧本」が伝えられた。その「栄禧本はわが国の新聞・雑誌にも一九〇八～〇九年ころ幾つか紹介されたようである」といい、『大韓毎日申報』『西北学会月報』の名をあげている。また、「滄江金沢栄《そうこうきんたくえい》が一九〇九年に入手したものもそれであり、申采浩《しんさいこう》が見たのもそれであった」という。

『大韓毎日申報』や『西北学会月報』は、そのころ愛国啓蒙運動を展開していたメディアである。西北学会は栄禧本を入手するや、「読高句麗永楽大王墓碑謄本」（同月報一の九、一九〇九年二月一日）と題して報道したが、四年前に発行された日本の雑誌『世界雑誌』を参照して、「日本人佐川《さかわ》氏《し》が発見して之を搨写し、清儒栄禧氏が参攷して之を注明し、東京博物館に置き、世界雑誌に記載され」云々と紹介した。

「佐川氏」は酒匂景信のことである。かれは突如として碑石の発見者となり、墨本の作成者に変身した。かなりの程度の大雑把さである。ちなみに、『西北学会月報』はつづいて中国人による碑文の刀削や、日本人の加工等の噂話にふれている。

金沢栄（一八五〇～一九二七年）は『韓国歴代小史』（一九〇九年）を刊行し、栄禧本の伝来に関してつぎのようにいう。日露戦争中の一九〇四年に、「兵站監《へいたんかん》の大原少佐、懐仁に駐するとき、篠峰《しょうほう》氏は解せる所の本を以て大原に贈る。……大原の是の本を得、博物館に送るに及び、館中益々之を貴び、多く印し以て布けり。隆熙二年、韓邦人日本に游び、一本を得て以て来る」（もと漢文）という。「大原」は大原里賢、「篠峰」は栄禧の号である。「隆熙二年」は大韓帝国の年号で、西暦一九〇八年に相当する。

また、申采浩（一八八〇〜一九三六年）は朝鮮民族史学の鼻祖であり、かれもそのころ栄禧本を入手した。以上を概観してみると、栄禧本の朝鮮方面への伝来は、大原里賢による日本伝来を媒介にして、一九〇八年ころに始まり広まっていったとおもわれる。

4　栄禧と大原里賢・関口隆正

(1)　栄禧と大原里賢

栄禧の『古高句麗永楽太王墓碑文攷』の流布情況やその影響をたどってみると、かれの著作を歓迎し、もっとも重視したのは日本人にほかならない。その背景には、日本最初期の研究情況や、栄禧と日本人との密接な関係、それに栄禧独特のパーソナリティーが加わったようにおもわれる。

日本では、比較的早い時期に「酒匂本」による王碑研究が緒について、すでに碑字の欠落が問題となり、どうにも越え難い厚い壁が自覚されていた。一種の閉塞情況である。それを突破すべき方向性が示唆された。それが栄禧本であり、「完璧」を標榜したかれの釈文である。

栄禧が最初に接触した日本人は、従軍通訳官の佐野直喜《さのなおき》氏か、兵站監の大原少佐であり、それは一九〇四年のことであった。佐野は日露戦争時に寛甸県に駐留し、そのとき栄禧に関口隆正の『日本形勝叢談』（一九〇三年）を贈呈した。栄禧はそれに拠って、まだ見ぬ日本の風物詩を詠いあげて、やがて『東瀛《とうえい》百詠詩草』二巻（一九〇八年）を刊行した。

また大原は、佐野との因果関係、先後関係については不明だが、そのころかれも栄禧と接触した。『世界雑誌』は「昨年（一九〇四年）日本満州軍が其地方を占領した際、栄禧が其判読した碑文を浄写し、兵站監大原少佐に贈」ったと伝えている。その「判読した碑文」こそ栄禧の釈文、「墓碑文」にほかならない。

大原里賢は高知の人。『改正官員録』や『職員録』（明治一九〜二四年）に、「編纂課長、陸軍歩兵少佐、従六位勲五等」とある。ながらく陸軍参謀本部編纂課の要職にあって、朝鮮より清国・沿海方面にいたる地理政誌を総括し、その僚属の一人に横井氏がいた（佐伯有清『広開土王碑と参謀本部』一九七六年）。最初期の王碑研究をリードした、あの横井忠直である（第四章参照）。

大原は職務のうえでも王碑の研究に注目し、研究情況に通じていたのは当然であり、かれが栄禧本を重視したこと、その入手や流布に力を入れたことも意外ではない。その後、王碑自体の日本搬入をはかったが、ついに実現しなかったのは幸いであった。

(2)　栄禧と関口隆正

関口隆正は、静岡の人、一八五六年生まれ、号は耕堂。元老院の関口隆士の養子となり、安《やす》井息軒《いそくけん》らに漢学を学び、のち中国に渡り、日清・日露の戦役には通訳官として従軍し、のちに旅順高等学堂教授となり、七一歳をもって他界した。主な著書に『日本形勝叢談』(一九〇三年)、『満洲鉄道唱歌』(一九一〇年以前か)、『満洲産物字彙《じい》』(天影堂書房、一九一〇年)があり、それらはしばしば広開土王碑にふれている。

栄禧が関口と出会ったころの情況は、「三古碑」(『満洲産物字彙』附録)に書かれている。概略はのべたとおりだが、両者の交歓部分に限って引用しておこう。

……、後ち安東県に転居するに及び、署寛甸県知県栄禧といふ者あり。余が著す所の日本形勝叢談に拠り、好太王碑本の早く日本に伝はり居るを知り、特に来て余を軍政事務所に訪ひたり。余は大に其奇遇を喜び、桜渓《おうけい》の徴など出し示せば、栄禧も我古碑攷あれば参考書に贈るを約す。其後東瀛百詠と共に送付せり。……、〔栄禧は〕頃ろ東瀛百詠を印行して、余に其十本を贈る。余は乃ち京都大学等に寄贈したり。(句読点は武田)

両者の直接交流が始まった。はじめに、栄禧は佐野直喜から関口の『日本形勝叢談』を贈られて、それが機縁で栄禧が関口を安東県に訪問し、関口は栄禧に中村「桜渓の徴」等を示していた。そのあと栄禧は関口に「碑攷」と「東瀛百詠」を送り、その後ふたたび「東瀛百詠」を贈っている。

かれらの交流の様子は、関口が『東瀛百詠詩草』（東京大学総合図書館蔵）に付した「跋文」（漢文、一九〇八年）でも確かめられる。栄禧の来訪は「乙未（一九〇五年）の秋」、関口の転属先の安東県であった。関口が示した「桜渓の徴」は、中村忠誠氏（号は桜渓）の『高句麗古碑徵』であった。栄禧が送付した「碑攷」は、跋文にいう「高句麗古碑攷」、すなわち『古高句麗永楽太王墓碑攷』（栄禧本）にほかならない。また「東瀛百詠」は『東瀛百詠詩草』であって、初出のそれは筆写本、後出のものは排印本であった。

跋文によれば、栄禧は一九〇八年に、関口に排印本『東瀛百詠詩草』を献呈した。関口は受贈した排印本一〇本を「京都大学等」に寄贈した。わたしが目にしたのは、関口が南葵文庫《なんきぶんこ》に寄贈した排印本であり、関東大震災で全滅した附属図書館復興のために、ふたたび東京帝国大学に寄贈されたものである。

栄禧のかすかな痕跡は、関口の『満洲産物字彙』にも残されている。一つは、栄禧が贈った七律四章の詩稿である。「大清光緒三十四年（一九〇八）八月念四日、長白筱峯栄禧」が吟じて、関口に排印本『東瀛百詠詩草』と同時に呈したものである。

もう一つは、関口の帰国後になるが、栄禧が『満洲鉄道唱歌』に寄せた書であった。『満洲産物字彙』の末尾に広告あり、広告の「近刊書目」に『満洲鉄道唱歌』が載っていて、それは

「桜渓中村先生序／清国候補道栄禧君書／耕堂関口先生著」という新著であった。新著に名を列ねた三人は、広開土王碑を介して結ばれた間柄であった。

5 「完璧」をめぐる期待と批判

栄禧の『古高句麗永楽太王墓碑文攷』が評判をよび、二〇世紀初頭の日本を中心に普及した。たとえば同書所収の「高句麗永楽太王墓碑讕言」（以下「讕言」）の一節に、

余、光緒八年壬午に於いて、曾て山東《さんとう》布衣の方丹山《ほうたんざん》を倩《たの》み、往きて〔碑文を〕搨《す》らしめ、完璧を獲るを得たり。

とあり、栄禧が初めて「完璧」な拓本を獲得したという。完璧な拓本に依拠した釈文は、同書所収の「高句麗永楽太王墓碑文」（以下「墓碑文」）に示された。この栄禧の「墓碑文」もまた、史上最初の「完璧」な釈文のはずである。人々が「完璧」釈文に驚喜して、期待を寄せたのも無理はない。にわかに栄禧本に期待する気運が高まった。

しかし、やがて、静かに、栄禧本への批判が動きだす。もっとも早く、鋭く迫ったのは在野研究者の水谷悌二郎《みずたにていじろう》氏であった。水谷氏は『好太王碑文研究序説』（「稿本A」、一九四八年執筆、未刊）（第七章参照）において、綿密詳細に対校したうえで指摘する。

栄氏の墓碑文は此王彦荘《おうげんしょう》の録文に拠るらしく、全部が栄氏の創作に係る訳《わけ》ではないらし

い。而も贋文《がんぶん》以外の現存碑文の部分に於ても誤脱衍文が多く、甚だしどけない、手際の悪いものである。……、栄氏墓碑文はⅠ・7―21過、Ⅰ・7―39牛、Ⅰ・7―41群、Ⅱ・3―31怒、Ⅲ・6―25討、Ⅲ・6―32城、Ⅲ・7―6覆、Ⅲ・8―3凡、Ⅲ・11―37岑等の諸字を誤らず、原碑文の通りに出して居るのは、雙鈎本とは違うので、拓本に拠ったのであらう。

いかにも含蓄のある指摘であるが、これだけではとても難解な叙述である。指摘された「墓碑文」の特徴は、わたしなりに整理すればつぎのとおり。⑴「墓碑文」の基本は「雙鈎本」（「墨水廓塡本」）に拠ったこと、ただし、⑵少数ながら、「墨水廓塡本」とは違う「拓本」に依拠した「原碑文〈九字〉」が存在すること、しかし、以上のほかに、⑶「王彦荘の録文」に拠った「贋文」（わたしのいう「作文」、なお「作文」等の概念については本章五参照）がふくまれること、⑷「贋文」のほかにも誤脱衍文が多いこと。

すなわち、⑴にいう基本的な共通性はどちらともとれようが、⑶と⑷は「完璧」さと相容れない。⑶では「作文」が摘出された。それも、他人（王彦荘）の「作文」に拠ったものであったという。⑷では誤脱衍文の多さが指摘された。

それでは、⑵にいう「拓本（原碑文）」こそ「完璧」拓本の証ではなかろうか。それにしても、わずかの〈九字〉では少なすぎる。しかも、あらためて諸資料と対校してみれば、【付表1】

にみるように、〈九字〉のすべてが王彦荘の「作文」と同じである（本章末尾の「付表」参照）。要するに、栄禧が自賛した「完璧」に対する批判は、おのずから「完璧」の否定にゆきつくほかないのである。

三、栄禧・王彦荘の「作文」とその系譜

1　栄禧の釈文「墓碑文」の典拠

水谷氏の「稿本A」（『好太王碑文研究序説』）が指摘した栄禧批判は鋭く、徹底したものであった。さきに紹介したとおり、もはや「完璧」拓本や「完璧」釈文どころの話しではない。まして、その相当部分は「贋文」である。そのうえ「誤脱衍文」も数多く、水谷氏によれば、「甚だしどけない、手際の悪い」しろものである。

そこで、栄禧の釈文「墓碑文」の性格、とくにそれが依拠した典拠の実体に注目したい。水谷氏は(a)「贋文」が拠った「王彦荘の録文」、(b)「墨水廓塡本」の雙鈎本、(c)原碑文の「拓本」を指摘する。水谷氏のいう(b)「墨水廓塡本」の実体は、すでに周知の「酒匂本」と同類型のものである。(a)にいう「作文」の総体的な解明は、これから立ち向かう本章の課題である。

もう一つ、残る(c)「拓本」というものの実体は何であろうか。水谷氏は「墓碑文」を「酒匂

本」と対校して、互いに異なる〈九字〉を摘出した。それらの「墓碑文〈九字〉」のうち、「過」字〔Ⅰ7―*21*〕と「覆」字〔Ⅲ7―*06*〕は、「酒匂本」とは当然違うが、「墓碑文」釈文とほぼ同じころ拓出された【C1―2型】石灰拓本、例えば「辻元謙之助《つじもとけんのすけ》氏旧蔵拓本」（一九〇五年入手）とも違っている。文字例は二字だけであるが、石灰拓本と異なるぶんだけ、その他の資料に拠った可能性がある。その意味で、わずかながらも「原石拓本」の可能性がないではない。

もっと可能性があるのは「石灰拓本」である。「墓碑文」が「辻元本」と通じる文字が七字あるのに対して、「辻元本」が「酒匂本」と通じるのは四字か三字である。これでいえば、「墓碑文」が「石灰拓本」に依拠した度合いは、「石灰拓本」と「酒匂本」とのそれより大きいものとおもわれる。つまり、「石灰拓本」に依拠した可能性が少なくない。

「墓碑文」の典拠についてまとめてみれば、その基本部分は「墨水廓塡本」に拠り、「王彦荘の録文（作文）」をも重用しながら、一部は「石灰拓本」を参照した可能性がある。おもうに、「原石拓本」はただの可能性にとどまるものであろう。

以上、栄禧の釈文「墓碑文」の典拠を論じてきた。水谷氏が列挙した「墓碑文〈九字〉」を対象とし、各種資料の対校結果を整理して【付表1】を作成した（本章末尾の「付表」参照）。

2　栄禧・王彦荘の「作文」問題

そこで、栄禧が重用した「王彦荘の録文」を取りあげたい。すでに引用したように、水谷氏は「栄氏の墓碑文は此王彦荘の録文に拠るらしく、全部が栄氏の創作に係る訳ではないらしい」と指摘した。栄禧の釈文が根拠のない「創作」であり、ひとを欺く「贋文」であると看破した。とすれば、それは「王彦荘の録文」もふくめた「贋文」批判にほかならない。

本ものに似せて作った文字、それが「贋文」である。通常、相手（真実）を欺いて、己を利する意図がある。栄禧や王彦荘の釈文が「贋文」であるならば、王碑研究に与える衝撃は避けられず、王碑研究の前面に「贋文」問題が浮上する。

総じて似せものの問題、「贋作」や「贋物」の問題は、なにも美術・工芸など芸術の世界に限ったことではない。学術の分野も例外でない。広開土王碑についてもまた然りである。周知のとおり、先には、物議をかもした権藤成卿の『南淵書』が知られるが、近くは、李進熙氏の提唱した「すり替え」偽造説の記憶が新しい。王碑の研究は似せもの問題と無縁できたのではない。むしろ、どっぷり真贋論議に浸って今に至っているのである。

王碑の真贋論議は重大であるが、同時に深刻かつ微妙な問題をふくんでいる。これまでの真贋問題の経緯をかえりみて、わたしは「贋文」といわれるもの、〈本ものに似せて作った文字〉について、いくつか類別すべきだと考えている。贋作者が試みた釈文の前提になった意図、その目的や手法、その結果としての特徴等に着目して、さしあたって「贋文（偽釈）」、「作文」、「誤文（誤釈）」の三類に分けるのがよいとおもう（本章五参照）。

わたしのいう「作文」は、いずれにしても、似せて作った「誤釈（誤文）」であるが、だれかを欺くための「偽釈（贋文）」には当らない。栄禧と王彦荘の釈文は、第二類の「作文」概念に対応する。

さて、かれら二人の「作文」は、もともと釈文不能の字格に当てた文字であり、主として第Ⅰ～Ⅲ面に分布する。とくに「作文」が集中したのは第Ⅱ～Ⅲ面の隅角部であって、そこは碑面が風化や火災等で広範囲にわたって損傷し（第四章、および武田論文「広開土王碑火難説の批判的検討」参照）、「作文」するのに格好な空白の字格が連続する。

もっとも長い「作文」は、三行にわたって五九字、「城」Ⅱ10―*28*～「國」Ⅲ2―*04*が連続する。しかも二人の「作文」は、【付表2】対校表に示したように、全文すべてが同文である（本章末尾の「付表」参照）。「作文」にいわく、

城復盡城、掃其煙塵、林木燒燬無餘、官兵移師百殘圍其城、百殘王懼復遣使、献五尺珊瑚樹二、朱紅寶石筆牀一他倍前、質其子勾拏、太王率歩騎還國（読点は武田）

二人が綴った同文の「作文」は、すでに【付表1】の「墓碑文九字」に即して確認したが、それは【付表3】の「釈文一四字」対校表に即して、かさねて追認できる事実である（本章末

尾の「付表」参照)。

3　王彦荘の『奉天省輯安県古跡高句麗王碑文』とその特徴

王彦荘が作った「作文」は、栄禧が記した王氏の「備録」し「攷訂」した「文」、また水谷氏が記した「王彦荘の録文」の中の文字であり、王氏の『奉天省輯安県古跡高句麗王碑文』に収録されている。

同書は王彦荘（濬）が批点し、高永興（松山）が校正した小冊子（全一〇葉）である。刊記や跋文等がないので、本書の由来や王氏の所見はわからない。注目の釈文は「高句麗王墓碑誌銘」（八葉、以下「墓碑誌銘」という）と題してかかげられ、ほかに「通考」二編を収めている。釈文「墓碑誌銘」の特徴は末尾に書かれた総字数、すなわち「計一千七百九十九字」の一句に認められる。

この一句について、末松保和先生はつぎのように解説する。「この数字は彼の釈文において、満足に読めたとする字のみを数えたもので、そのほかに欠字が五字あることを示しているから、加算すれば〔王碑本来の総字数は〕一千八百四字となる」（論文「高句麗好太王碑の流れ」、〔 〕は武田）。わたしの検算によれば、王氏が満足に読んだ実質的な碑字は「一七八六字」にとどまり、「計一千七百九十九字」に届かない。しかし、ここで注目したいのは、王氏が碑文本来

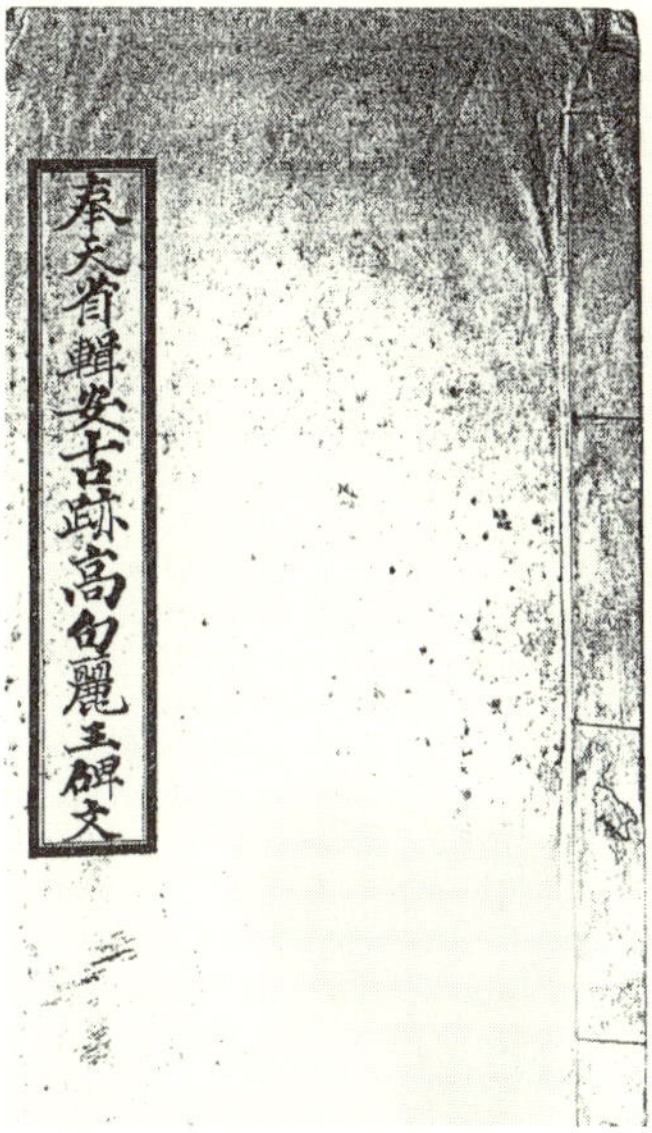

◀王彦荘批点『奉天省輯安県古跡高句麗王碑文』表紙

の総字数を「一千八百四字」と算出していたことである。そこからみえてきた問題点は、一つは第Ⅲ面第1行の碑文のことである。王氏があげた「一千八百四字」は、1804字（碑文の総字数）÷41字（一行の字数）＝44行（総行数）に基づく数値であり、その前提は総行数

本文▼

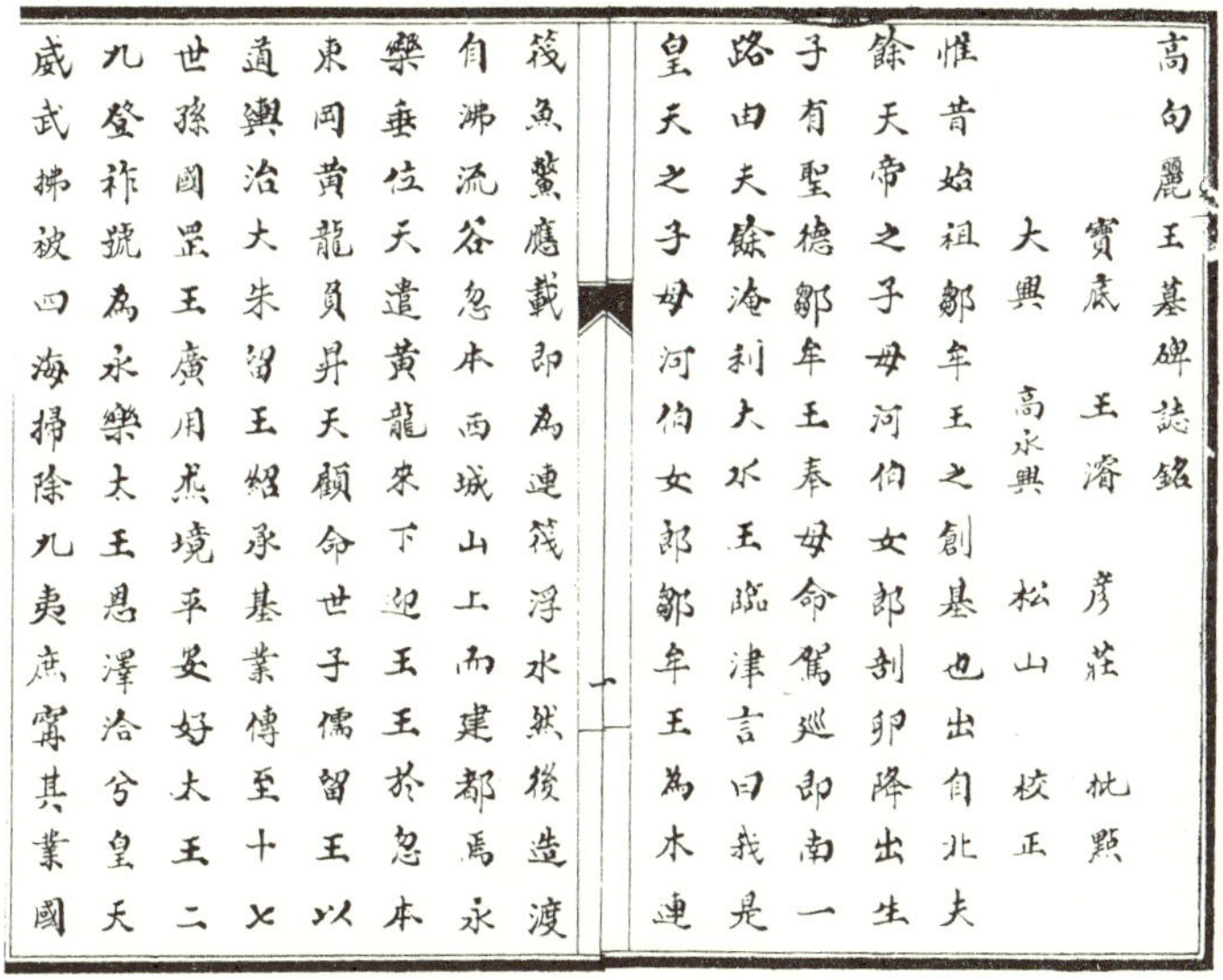
高句麗王墓碑誌銘
實底　王濬　彦荘　批點
大興　高永興　松山　校正
惟昔始祖鄒牟王之創基也出自北夫
餘天帝之子母河伯女郎剖卵降出生
子有聖德鄒牟王奉母命駕巡郎南一
路由夫餘淹利大水王臨津言曰我是
皇天之子母河伯女郎鄒牟王為木連
筏魚鱉應載即為連筏浮水然後造渡
自沸流谷忽本西城山上而建都焉永
樂垂位天遣黃龍來下迎王王於忽本
東岡黃龍負昇天顧命世子儒留王以
道興治大朱留王紹承基業傳至十七
世孫國罡王廣開土境平安好太王二
九登祚號為永樂太王恩澤洽兮皇天
威武拂被四海掃除九夷庶寧其業國

の「四四行」である。

行数「四四行」は王碑の実態を知り、王碑を研究するには必須の知識である。それまでは、例えば横井忠直の「高句麗碑出土記」(『会余録』五)が酒匂景信将来本を四三行に復元し、それがながらく通行した。だが、「四四行」の事実は、二〇世紀を待つことなく、すでに王彦荘氏の知るところであった。

いち早く王氏が知ったのは、栄禧が「王君彦荘、……是碑を目観《もくと》」(「譋言」、前掲)した(実際に見た)といい、あるいは、「王氏が用いた拓本には、……正確に読める文字はなきにもかかわらず、一行の存在そのものは否認し得ない痕跡が認められたからであろう」、そして「この後間もなく、第三面の首行として、新たな一行が確認されるのである」(前掲「高句麗好太王碑の流れ」)。総行数「四四行」は、一九一三年の関野貞・今西龍の現地調査で確認された。

もう一つの問題点は、例の王氏の「作文」のことである。周知のとおり、王碑は自然石を用い、各面の広狭が一定せず、そのため、必ずしも毎行四一字の原則が守られず、あえて刻字しなかった字格もある。それを「水谷悌二郎釈文」(前掲『好太王碑考』)で調べれば、碑面が物理的に許容する字格は「一七七五字」ほどである。王氏の釈文「一七八六字」は字数の限界を超過して、はなはだ非現実的な字数である。

また、同じく水谷氏によれば、風化等の損傷で釈文不能の碑字は「二〇八字」にのぼるが、なんとか読まれた碑字は、推定した釈文を含めたうえでも、わずかに「一五六六字」を数えるだけである。それに対して、王氏の「一七八六字」は二二〇字ほど超過する。こうなると、いよいよ非現実性が明確になるというほかない。

そのような非現実性を呼び込んだ理由は明白である。王氏が「あえて意をもって字を改めたり」、とくに「欠損の部分は、文を作って、前後の文に連絡せしめた」(前掲「高句麗好太王碑の流れ」)からであり、かなり自在な「作文」づくりの結果にほかならない。

王氏ははやくに第Ⅲ面第一行の存在を知り、総行数「四四行」の実態を察知することはしていたが、碑文の実態に迫るよりは、碑文の空白を相手にして「作文」づくりに励んでいたようにみえる。

4　栄禧・王彦荘の「作文」の系譜関係

さて、その王彦荘の「作文」は、栄禧のそれと酷似する。それでは、どちらが早かったのだろうか。そこで問題は、両者の間の先後関係であり、両者の系譜関係である。

はじめて両者の系譜にふれたのは、やはり水谷悌二郎氏のようである。これまで紹介したように、水谷氏は論文「好太王碑考」で、「栄氏の墓碑文は此王彦荘の録文に拠るらしい」云々(『書品』百、一九五九年、のち著書『好太王碑考』所収)とのべて、王彦荘が栄禧に先行し、栄禧の「作文」は王氏の「作文」に拠ったもの、ほとんど写しとったものだと考えた。

そのように考えたのは一九三九年までさかのぼる。水谷氏は『昭和一四年度日記帳』に、「栄禧氏ノ一種特異ナル此釈文〔すなわち「墓碑文」〕ハ、或ハ此王〔彦荘〕氏ガ原碑石ヲ摩挲《まさ》シテ作レリト云フ釈文ニ根拠シタルモノニハアラザルカ」（正月二四日条、〔　〕は武田）と記し、また一九四八年執筆の「稿本A」（『好太王碑文研究序説』）でも、「疑ふらくは、栄氏は（中略）所謂《いわゆる》王彦荘氏録文に拠っ」て釈文したものだと推定した。

また末松保和先生は、水谷説をなぞるかのように、王彦荘の『奉天省輯安県古跡高句麗王碑文』は「一九〇三年以前に書かれたもの」と推断し、「〔栄禧は〕王彦荘氏の書に触発されて、王書を増大したものである」と考えた（前掲「好太王碑文研究の流れ」）。

この「一九〇三年」という文言は、栄禧と王彦荘の経歴上、特別な意味をもつ年であった。王氏は一九〇〇年を前後するころ、奉天方面の各県の巡検に任じられた。巡検とは知県の補助官であり、とくに県内の各地に置かれた属僚であって、当地の治安等を担当した。王氏は一八九九～一九〇〇年に懐仁県の通溝巡検に任じられ、一九〇三年八月～一九〇四年正月には、寛甸県の二竜渡分防巡検として勤務した。

周知のとおり、寛甸県は当時の懐仁県に南接した。懐仁県の通溝こそ、その後に創設された輯安県（いま集安市）、つまり広開土王碑が屹立する現地である。通溝巡検の王氏が管下の通溝の事情に精通し、現地の王碑を知っていたとみて問題ない。さらに、その王碑に関心を寄せて、王碑を調査し研究していたとみて間違いない。かれが残した釈文「高句麗王墓碑誌銘」（『奉天省輯安県古跡高句麗王碑文』所収）こそ、その営為の証にほかならない。

一方、栄禧は同地方の知県を歴任し、一九〇一〜〇六年に、二度目の寛甸県知県を勤めていた。そのうち一九〇三〜〇四年の五か月は、知県の栄禧が巡検の王氏に対して、上官として直接臨んだ時期である（以上、『寛甸県志略』民国四年）。してみれば、栄禧が王氏と出会った場所は寛甸県、年次はまさしく「一九〇三年」にほかならない。

栄禧が「讕言」を書いたのは、「讕言」末尾に記されたとおり、「光緒二十九年寿星在癸卯嘉平朔六日」、すなわち「一九〇三年」の「嘉平」の月、すなわち「一二月」である。「讕言」を完成したのは寛甸県、それも部下の王氏が着任した「八月」より後であり、その王氏が離任したのは次の月、つまり翌年「正月」のことであった。

以上を整理すると、つぎのようになる。(a)「一九〇三年」以前、懐仁県通溝巡検の王氏が管内の王碑を知り、王碑の釈文（「作文」をふくむ）に取り組んだ。(b)「一九〇三年」八月、王氏が寛甸県二竜渡分防巡検となり、上官たる知県の栄禧に出会って知りあった。(c)四か月後の同年一二月、栄禧が「讕言」を書きあげた。(d)それから一か月後の翌「一九〇四年」正月に、はやばやと王氏が巡検の職を離任した。

「一九〇三年」を前後して、両者の関係が浮上する。二人の立場は一貫して対照的であり、見方によっては対立的といっても過言でない。地方官僚のなかでの古参者と新任者、上司と部下。王碑研究としての「讕言」と「高句麗王墓碑誌銘」、「完璧」と「闕略」、批判者と被批判者等など。それにもかかわらず、両者が残した「作文」の共通性。このように見てくると、王彦荘が先行し、栄禧が後行したと判断するのが穏当であろう。

そのような前後関係は、じつは、栄禧も認めていたようだ。「讕言」は王氏の「攷訂の書無きを惜しみ」、厳しく「〔王〕彦荘初本の闕略の甚だ多き」を批判した。栄禧のこの批判は、王彦荘の先行を前提にしてこそ成り立つ批判であり、したがって己の後行を告白する。ここにおいて「作文」者の系譜、《王彦荘➡栄禧》の系譜が確定する。

四、楊同桂の「高麗墓碑」とその系譜問題

1　楊同桂と釈文「高麗墓碑」

これまで、「作文」者の栄禧・王彦荘の跡を追ってきたが、ここでもう一人、楊同桂《ようどうけい》氏が登場する。また、水谷悌二郎氏の『昭和一四年度日記』を覗いてみよう。水谷氏は楊同桂の広開土王碑「釈文」をとりあげて、つぎのように批判する。

栄禧氏釈文ノ造字ヲ小字ニシ、楊拓明カニ見ユル字丈《だけ》大字ニシ、栄釈ヲ所々改釈シ、或イハ改悪シタルモノニ過ギヌ。（三月四日条「補遺」）

文中にいう「楊拓」は、楊氏が用いた拓本資料を意味するが、後でふれるように、その実体は最初期に流布した「墨水廓塡本」であった。楊氏の「釈文」は、かなり独特の形式と内容をもっていて、「大字」（一字一格）と「小字」（一字半格、割注）とを書きわけて、ふた通りの「釈文」を掲げている。いずれにしても、水谷氏によれば、「栄禧氏釈文」を「所々改釈シ、或イハ改悪シタルモノニ過ギヌ」とあって手厳しい。そこで、以下において、水谷氏が措定した「作文」者《栄禧➡楊同桂》の系譜について検討してみたい。

楊同桂は、字が伯馨《はくけい》、清朝末期の地方官僚。奉天方面の知府を歴任し、各地にわたって活躍し、当地の地誌類の編纂にもかかわった。かねて広開土王碑にも関心をよせていて、その釈文は「高麗墓碑」として纏められ、楊氏が光緒年間（一八七五～一九〇八年）に編集した『瀋《しん》故《こ》』（四巻）に収められた。生年は不明、一八九六年に他界した。

考察を進めるにつれて、楊氏の経歴や卒年が重要なポイントになってくるので、もう一押ししておこう。かれの経歴で注目されるのは、王碑所在地を管下に置く奉天支応局総理の在職期間である。これを多少大雑把にいえば、吉林府《きつりんふ》知府の時期（一八八一年～）と長春府《ちょうしゅんふ》知府（～一八九四年）の間にふくまれる（朱彭寿著『清代人物大事紀年』）。

とくに卒年については、顧雲《こうん》が寄せた「序」に、「乙未の歳、軍罷められ、遂に謝帰す。次の年、伯馨卒す」（『盛京疆域考』所収）とあって、「乙未」は日清講和条約が締結された年。その「次の年」は光緒二二年（一八九六）であり、それが楊氏の卒年である。

楊氏の「高麗墓碑」（『瀋故』所収）は『遼海叢書』（一九三三年刊）に収められて世に知られ、それは王碑の「釈文」と「按文」から構成される。「按文」は高句麗王系を追跡し、王碑の主人公が中国史書にみえる「高驪王安《こうらいおうあん》（広開土王）」であり、晋・太元一六年（三九一）に即位したと指摘して、いずれも正しく判定した。

「釈文」についていえば、墨水廓塡本をふくめて、最初期の各種資料を参照していて注目される。ただし、系譜を探るに重要な「高麗墓碑」の著録年次は未詳のままであり、それだけに、楊氏の「釈文」やその「作文」にかかわる問題点が少なくない。

2 「高麗墓碑」の形式といわゆる「本釈」の性格

楊同桂「高麗墓碑」の「釈文」は独特な形式をもっていて、同時に二種類の釈文が示される。まず、(a)〈一字一格に書かれた「大字」の釈文〉と、〈一字半格の「小字」で書かれた釈文〉とが交互に連続する。「小字」の釈文は、同一字格の(b)〈左側〉と(c)〈右側〉とに各々並んで注記される。ここでは、行論の便宜を考えて、大字の(a)を「本釈」と呼び、小字の(b)は「左注」、

(c)は「右注」と云うことにする。

「釈文」の一つは、「本釈」と「左注」とを繰り返し、(a)1→(b)1→(a)2→(b)2（以下略）のように連結して完結する。もう一つは、「左注」の場合と同じく、「本釈」と「右注」とが繰り返され、(a)1→(c)1→(a)2→(c)2（以下略）のように連結して、前者と異なる釈文が完成する。ここでは、前者を「釈文A」と呼び、後者は「釈文B」と呼んでおこう。

二種類の釈文A・Bが残された事由は不明である。おもうに、楊氏がいろいろ検討した結果、統一判定にいたった釈文は大字の「本釈」とし、判定が分かれた釈文は小字の「左注」と「右注」とに書き分けて、結局、両注を並記する形をとったものであろう。

さて、まず、その「本釈」の典拠であるが、各種資料と対校すれば、圧倒的な事実は「酒匂景信本（酒匂本、墨水廓塡本）」の釈文に同じだということである。すなわち、楊氏はもっぱら「墨水廓塡本」を典拠として、それをひき写したものとみて間違いない。

ところが、少数ながら、「酒匂本」と無縁の釈文群が混在する。一七か所の、四六字である。そこで目だっているのは、未釈字の扱い方である。周知のとおり「酒匂本」には未釈字が多いが、それに対して「本釈」には未釈字がない。四六字のうち、四一字（ほぼ九割）が「酒匂本」の未釈字に相当するが、「本釈」はそれらを全て釈文するのである。勿論、それらは根拠のない「作文」である。楊氏は典拠とした「墨水廓塡本」がどうであれ、未釈部分は「作文」しよう、読み通そう、そういう態度で臨んだものとおもわれる。

そのなかで、やや長文の二事例をみてみよう。一つは、八字「官～追→□～□」（Ⅱ9―*1*～*08*相当）の場合、もう一つは、一七字「肆～十→□～□」（Ⅱ10―*01*～*17*相当）の場合であるが、それぞれの「作文」は次のとおり（読み下しは武田）。

「八字」　官兵由新羅蹋踵追（官兵は、新羅に由って踵《くびす》を蹋《ふ》み、追い…）

「一七字」　肆殺戮盡人請救官兵復追倭倭敗死者十（…肆《ほしいまま》に殺戮す。人を尽して救いを請う。官兵、復た倭を追う。倭の敗死せる者十の…）

前後に文意を通そうとして、戦況について堂々と綴った文章である。しかし、いずれも王碑とは無縁の文字であり、それらは楊氏の「作文」にほかならない。第Ⅱ面末尾の狭まった隅角部分は、そもそもこれほどの長文を許容する余裕がないのである。

要するに、楊氏の「本釈」の実体は、「墨水廓填本」をひき写した釈文である。しかし、その中に「作文」をふくんでいた事実は見逃せない。一部の未釈字部分、欠落部分にすぎないが、すでに王碑の「作文」が始まっていたのである。

3 「左注」「右注」の典拠の実体

(1) 「左注」の典拠〈石刻〉の実体

つぎは所謂「左注」の典拠である。それを説明して、「高麗墓碑」は「照石刻形似補注者列左」と記している。「石刻の形の似たるに照し、補注する者は左に列《つら》ぬ」と読むのであろう。「左注」の典拠は〈石刻〉であった。

〈石刻〉とは、ここでは広開土王碑をいい、王碑を写しとった墨本を指すのであろう。だが、拓本なのかどうか不明である。ならば、「左注」に直接問うほかない。「左注」を一覧し、すぐにおもうのは、またしても「墨水廓塡本」との類似性である。「左注」の総字数は二三六（未釈の字格□をふくむ）。それらを「酒匂本（墨水廓塡本）」と対校した結果はつぎのとおり。

① 両者とも同じ文字……一九六（うち、全く同じ字が三〇、未釈字格が一六六）

② 両者類似する文字……一一（うち、字形の類似する文字が八、「酒匂本」の字画不全のものを未釈字とした字格が三）

③ 両者異なる文字……二九（うち、全く異なる文字が二、「酒匂本」の文字を未釈字とした字格が二七）

ここに示された圧倒的な事実は、「墨水廓塡本」に通じる文字の多さであって、①と②を合わせて二〇七にのぼり、八七％を上回る。

その反対に、③のうち、両者が「全く異なる文字」は二字である。一つは「酒匂本」の「碑」字→「左注」の「山」字〔Ⅰ7―25〕であり、もう一つは「□」→「恩」字〔Ⅱ7―36〕である。「山」「恩」の両字は正しい釈文であり、その限りで注目されるが、それらは最初期の「石灰拓本」に拓出されていた文字でもある。

以上を総じていえば、「左注」のいう〈石刻〉は「墨水廓塡本」を指していて、「左注」が「墨水廓塡本」を典拠にしたという基本的な事実は動かない。その意味で、「左注」の性格は「本釈」のそれと共通する。「左注」と「本釈」とが連結した釈文は所謂「釈文A」であって、もともと同一の完結した釈文だったものであろう。私見によれば、この「釈文A」こそ、楊氏が最初に完成した「釈文」であり、楊氏本来の「釈文」であるとおもう。

そこで想いおこすのは、「本釈」において摘出した「作文」である。「左注」には意図的な「作文」は見当たらないが、しかし、「左注」と「本釈」で構成される「釈文A」は、「本釈」の「作文」をふくんでいる。楊氏最初の「釈文A」は、もっぱら「墨水廓塡本」に拠りながら、すでに「作文」を必須の前提にして完成していたのである。

(2)「右注」の典拠〈抄本〉の実体

一方で、所謂「右注」について「照抄本補注者列右」とあり、「〈抄本〉に照し、補注する者は右に列ぬ」と読むのであろう。「右注」の典拠は〈抄本〉と呼ばれた釈文であった。

「右注」を見ていておもい当たるのは、《王彦荘➡栄禧》の「作文」者系譜であり（本章三参照）、かれらの「作文」は楊氏の「右注」と酷似する。「右注」の総字数は二三三六（未釈の字格をふくむ）。いま、王彦荘・栄禧の「作文」と対校した結果はつぎのとおり。

①　三者とも同じか、互いに通じる文字……二二二八

②　王彦荘と栄禧とが同じで、「右注」と異なる文字……八

①の「二二二八文字」は九七％。ほとんど三者とも同じ文字をもって、同じ文章を綴っている。すなわち、「右注」のほとんどが楊氏の「作文」とみて間違いない。

それに対して、②の「八字」の存在は、「右注」の独自性を示すようにも受けとれる。しかし、逐一検討してみると、それらは単純な誤記、脱字、苦しまぎれの当て字だったり、割付の誤りなどに起因する。そのうち「維昔」〔Ⅰ6―*40*～*41*相当〕の二字だけは、「右注」独自の文字である。だが、それとても、もともと無字の石面に当てた文字であり、無意味な「作文」であることにはかわりがない。

すなわち、「右注」が拠った〈抄本〉の実体は自在に綴った「作文」であり、「右注」の基本

的な性格は「作文」のひき写しである。

ここにいたって、「右注」の全容が現われる。「本釈」と連結し合体して、あらためて「釈文B」が登場する。「本釈」の基本的な典拠は「墨水廓填本」であり、それに対して「右注」は「作文」の〈抄本〉を典拠とした釈文である。おのおの対照的な性格をもっているが、両者に共通し、両者をつないでいたのは「作文」であった。

以上、まとめていえば次のようになる。楊氏は新旧二つの「釈文」を提示した。最初に示された「釈文A」に対して、新たに示された「釈文B」の特徴は、楊氏が一段と「作文」に傾き、「作文」を一層重視したところに認められる。

4 楊同桂の「作文」の系譜、王彦荘と王志修

(1) 楊同桂と王彦荘の「作文」の系譜

さて、つぎに問題にしたいのは、いまみた楊同桂の「作文」と、さきに指摘した「作文」者の系譜、《王彦荘➡栄禧》系譜との関連である。その基準となるのは、各々の「作文」の異同である。

それは【付表2】を見れば明らかである（本章末尾の「付表」参照）。【付表2】は例の「作

文五九字」の対校表であり、それにいう楊同桂の「右注〈抄本〉」の実体は、一段と「作文」を重視した「釈文B」である。それと王彦荘・栄禧の「釈文」とを対校した結果は、ほとんど全てが同字であり、同文である。例外に見えた事例はただ一つ、「×」〔Ⅲ1―26〕の欠字だけであるが、それはケアレスミスの脱字である。まさしく互いに瓜二つであり、たがいに密接な関係で結ばれていたことは疑いない。

それでは、系譜の前後関係はどうなのか。それについては、水谷悌二郎氏が一説をたてて、楊同桂が「栄禧氏釈文ノ造字ヲ小字ニシ、……栄釈ヲ所々改釈シ」云々といい、栄氏の先行、楊氏の後行を考えていたようである。しかし、それには疑問がある。

両者の系譜関係は、楊同桂と王彦荘の経歴や、卒年等を想起すれば見当がつく。さきに確めておいたように、楊氏の卒年は一八九六年である。王彦荘については、かれの懐仁県通溝巡検の在職期間をみればよい。王氏が広開土王碑と接触したのは通溝巡検のとき、一八九九～一九〇〇年の間である。

いずれにしても、楊氏が王氏に先行したことは間違いない。その楊氏を《王彦荘➡栄禧》の系譜に加上するのが自然である。したがって、ここにおいて、「作文」者《楊同桂➡王彦荘➡栄禧》の系譜ができあがる。

(2)楊同桂と王志修の「作文」の系譜

《楊同桂➡王彦荘➡栄禧》の系譜によって、ひとまず、楊同桂が系譜関係の頂点に立ったとみることにも一理ある。しかし、かれが「作文」者の元祖であり、先駆けとなったとみるのは早計であろう。

一つには、かれは「左注（釈文B）」の典拠になった〈抄本〉を前提としていたのであり、二つには、「本釈（釈文A・B）」そのものが「作文」をふくんでいたのである。元祖説の可能性がでてくるには、〈抄本〉は楊氏自身が書いたこと、かれ自身が「本釈」の「作文」を独力で作ったこと、以上を論証することが必要である。しかし、いまのところ、それは手元の資料だけでは判断しかねる難問である。

しかも、楊氏に先行する有力な候補がいないわけではない。楊氏と同時代を生きた王志修氏である。王氏の広開土王碑研究とのかかわりや、かれの「作文」については、さきに指摘しておいたとうりである（本書第三章）。なかでも印象にのこった「作文」は、「七七調で綴った連続二八字」（「古碑歌」による）である。

それらの二八字の「作文」は、幸いにも、【付表2】（本章末尾の「付表」参照）の「作文五九字」にふくまれていて、楊同桂・王彦荘・栄禧の「釈文（作文）」と対校することが可能である。「五九字」が叙述する事件の経過の概略は、高句麗が百済を攻めたてて、百済王が各種の貢物を献上するくだりである。そのなかで、王志修の「作文」二八字のうち、〈同じ字格〉に相当しかつ同じ文字が五字（五尺珊瑚二）であるのに対して、異なる文字は二三字にのぼる。さしあたり、かなり独自性が強いようにみえる。しかし、考えてみれば、「作文」者の第一の関心事は、「作文」して文意を前後に通じることであり、字格の異同は二の次のことであろう。その観点から〈同じ字格〉の条件をはずし、あらためて前後の文章について照合してみると、同じ文字の一六字（※を付す）に対して、異なる文字は一二字に半減する（なお、王志修の「朱」は「株」の異記、楊同桂の「×」は王彦荘らの「寶」の欠字とみて、各々同字としてあつかった）。事態は逆転して、独自性はかなりの程度弱まったとみてよかろう。

ここにおいて重要な事実は同じ文字、同じ文章を共有することである。王志修は楊同桂・王彦荘・栄禧の三人と同様に、「作文」作りにはげみ、互いに気脈を通じあっていたのであろう。大きくいえば、同じ傾向の「作文」者系譜に属していたのである。

それとともに、異なる文字の在り方に、王志修なりの独自性が認められる。同字同文の「作文」者《楊同桂➡王彦荘➡栄禧》の系譜に対して、王志修はかれらと同じ仲間でない。「➡」記号で示すような、互いに強く結ばれた直接的な系譜関係ではない。そのような間接的な関係、王志修をめぐる系譜関係は「↓」記号で示すのが適当であろう。

さて、その系譜関係であるが、問題の焦点は王志修と楊同桂との先後関係に絞られる。王志修は一八九三年に奉天府軍糧同知となり、九五年に広開土王碑の著述『高句麗永楽太王碑歌攷』を著わした（第三章三参照）。一方の楊同桂は、さきに一押ししておいたように、奉天支応局総理の在職期間は一八八一～九四年であり、卒年は一八九六年である。「奉天」と「広開土王碑」を媒介にして、楊・王の両者が共にした時期は、それを狭くみて一八九五～九六年の足掛け二年間、多少広くみて一八九三～九六年の足掛け四年間にすぎなかった。その間の具体的な交流情況はわからないが、そのことは竜を画くに点睛を欠くがごときものである。

先後関係の判断は、きわめて微妙である。いま、ここでは、仮定の上に立って、二案を提示することにしよう。その第一案は〈王志修が楊同桂に先行した場合〉であって、その場合は「作文」者《王志修→楊同桂➡王彦荘➡栄禧》の系譜が成立する。第二案は〈王志修が楊同桂に後行した場合〉であって、《楊同桂→王志修→王彦荘➡栄禧》の系譜が成立する。はたして、どちらが実態に近いのだろうか。

五、「作文」者群像の系譜関係――「誤釈」と「偽釈」の間――

1　「作文」者群像とその消長

いま、二つの「作文」者系譜の試案を示してみたが、それらはいわば直線的な継承形態のパターンである。しかし、例えば、第二案の場合についていえば、同字同文の「作文」で強く結ばれた「作文」者の系譜、つまり《楊同桂➡王彦荘➡栄禧》の系譜を重視して、いわばこの本流の《楊同桂➡王彦荘➡栄禧》系譜をそのまま動かさず、他方において、同じ楊同桂を起点として、傍流の《楊同桂→王志修》系譜と同時に併存していた情況も無視できない。

すなわち、本流と傍流が交差して、複線的・重層的な系譜関係の展開情況である。本流と傍流、直線的と複線的、単層的と重層的との複合的な情況のなかでの継承形態であり、系譜関係である。そこでおもうに、「作文」者たちの系譜関係は、交差しあう複合的情況のなかで形成され、継承されたものではなかろうか。

複合的情況での継承関係は、ある一定の範囲を限って行なわれ、その内部で行なわれたものと考えられる。そのキーワードは、さしあたって「奉天（盛京）」に絞ってよい。奉天はいまの遼寧省省都の瀋陽市である。清朝の奉天府は盛京将軍に対して民政機関として設置され、盛京将軍が一九〇七年に東三省総督と改称されたあと、民国に入って瀋陽県・奉天市等々に改められた。

これまで述べてきた「作文」者たちは、みな奉天またはその周縁地域にかかわった人々である。繰り返しになるが、もう一度列記すれば、楊同桂は奉天で官途につき、奉天支応局総理に任じられ、吉林・長春の知府（従四品）を勤めた地方官僚である。王志修は奉天府軍糧庁同知・

金州庁海防同知（正五品）、岫巌州知州等を勤めた地方官僚である。栄禧は奉天府治の承徳県知県を手始めに、鉄嶺県ほか各県知県（正七品相当）を勤めた地方官僚である。王彦荘は懐仁県通溝巡検や各県の巡検（九品相当）を勤めた地方官僚であった。

かれらは官品の上下、序列の高低は別にして、みな現地周縁の「地方官僚」であり、奉天方面の地方官僚であった。してみれば、清朝末期の〈奉天方面の地方官僚〉階層は、「作文」者を輩出する地域的階層的な温床であって、「作文」者たちに共通する政治的文化的な基盤を形成していたとみてよかろう。ちなみに、「作文」に加担した中央官僚についてはいまのところは知ることがない。

「作文」者群像を代表し、いっとき頂点に立った人物が栄禧であった。栄禧は一九世紀末期の楊同桂や王志修の後をうけて、《楊同桂➡王彦荘➡栄禧》の系譜をひき継いで、かれが作った「作文」は二〇世紀初頭、日本を中心に評判になり、かれの名は広く各方面に知れわたった。かれを受け継いだのは金毓黻《きんいくふつ》氏である。金氏の釈文「高句麗好太王碑」（金毓黻編『遼東文献徴略』、一九二五年）は、奉天地方で培われた伝統的な「作文」者群像の面影をとどめているようにおもわれる。

中国最初期の王碑研究において、奉天方面の地方官僚たちが着想し、かれらが手がけた「作文」は、碑文の実態から遊離した虚しい営為であったことは言うまでもない。王碑の研究がすすみ、碑石・碑文の情況が明らかになるにつれて、「作文」者の系譜が断絶したのは当然であろう。

しかし、かれらをつき動かしたのは素直な好奇心であり、かれらが真摯な態度で王碑に接し、王碑と対話しつづけたことは事実である。かれらが王碑研究の独自の軌跡を描いたことは確かである。かれら「作文」者群像の面々は、かれらなりに最初期の王碑研究の一角を担っていたものと評価したい。

2　「作文」概念と〈根拠のない当て字〉の三類別

王碑の未釈字（空格）が素直な「作文」者の好奇心を誘い、無心な「作文」者群像の系譜が形成された。これまで用いてきた「作文」概念は、「作文」者が〈未釈字とみなす字格に当てた、根拠のない当て字〉（本章一参照）と規定した。

〈根拠のない当て字〉といえば、想いおこすのは、かつて王碑や王碑の墨本をめぐって提唱された「意識的なすり替え」説（李進熙『広開土王陵碑の研究』、吉川弘文館、一九七二年）を始めとして、「変造」「偽作」「偽字」説など、日本軍人らがすり替え偽造したと批判する各種の碑文偽造説である。しばらく碑文偽造説の当否はさておいて、碑文偽造説のいう「偽造」や中国最初期の「作文」は〈根拠のない当て字〉を意味する点で共通し、その本質は非学術的なところに存在する。人間本来の「作文」願望を肯定しないわけではないのだが、あえて「作文」に加担しようとしないのはそのためである。

以上のような現状からみて、〈根拠のない当て字〉の問題は見過ごせない課題であり、もっと掘り下げて対処すべき現在的課題である。そうした観点から、一般的な〈根拠のない当て字〉の事例を念頭において、つぎの三類に分けて考えたい。そのさい、当て字をするプロセスにおいて、①その前提、とくに正釈（正しい釈文）への態度はどうか、②その目的または手法はどうか、③その結果はどうかの三点に留意する。

すなわち、第一類は「誤釈（誤文）」である。回避不能の事由により、結果において釈文を誤った場合であって、以下のようなプロセスをたどるのが普通である。①碑文の正釈を知ることなく、②したがって、碑文の正釈を真摯に求めて努力したが、③しかし、已の意に反して、結果において誤って釈文する。

第二類は「作文」である。これまで論じたように、未釈とおもう字格を主な対象として、各自のおもうままに作文したという事例であって、「作文」者本人は必ずしも正釈と誤釈の当否、根拠の有無には頓着せず、以下のようなプロセスをたどることが多い。①碑文の正釈を知らず、②なんらかの確かな根拠をもつことなく、ただ前後に文意が通じるように当て字して、③綴った作文に各自おのおの満足する。

第三類は「偽釈（贋文）」である。これは近来提唱された偽造説の核心的なコンセプトであって、それによって、日本軍部が意識的に偽釈した組織的、欺瞞的な行為だと批判した。つまり、①もともと正釈を知りながら（知らなければ「偽釈」のしようがない）、②自分の主張を至上とし、正釈をすり替え、意識的に誤って釈文し、③自分の主張を貫徹して満足する。そしてその満足感は、しばしば一定の集団ごとに均一化され、純化されて拡大してゆく傾向がある。

さきに、栄禧と王彦荘の釈文が第二類に属すると述べた（本章三参照）のは、以上の三類を前提にした指摘である。「作文」の精神的思想的な位相は、「誤釈」と「偽釈」の間に位置づけられ、その間で微妙にゆれうごくところに認められる。

3　広開土王碑偽造説の思想的位相

ところで、第三類の場合、広開土王碑偽造説の提唱者たちは、日本軍部がすり替え偽造したのは、日本古代史に不都合な歴史的事実の隠蔽をねらい、碑字に石灰を塗布し、本来の碑字をすり替えて、意識的に碑文を偽釈し、歴史を改竄し歪曲したのだと論断した。

一九七二年に現われた王碑偽造説は、発表されるやすぐに大きなセンセーションをまき起こした。日本を始めとして、たちまち国際的な規模で注目をあつめ、とくに韓国を中心に圧倒的な支持をうけた。その影響は大きく長くつづいたが、その証左のひとつが朝鮮・韓国で盛行した「当て字」競争である。

しかし、この偽造説は、もともと論拠を欠いた主張である。水谷悌二郎氏による画期的な「原石拓本」摘出の驥尾《きび》にふして、わたしも『広開土王碑原石拓本集成』（東京大学出版会、一九八八年）、論文「広開土王碑墨本の基礎的研究」（「東方学」一〇七、二〇〇四年）等を発表した。偽造説が主張するような「石灰」「すり替え」等の偽釈の具体的な行為にかかわるとされたもの、あるいは「隠蔽」「改竄」「歪曲」等の主観的、政治的な意図にかかわるとされたもの、そうしたものとは一切無縁な「原石拓本」を探求し、複数の「原石拓本」の実在を指摘した。

つまるところ、偽造説は「空中に築いた楼閣」（井上光貞氏）以上のものではない。とすれば、〈根拠のない当て字〉をめぐる問題情況は、にわかに大きく反転する。くだんの偽造説は、どのような機縁で着想されたのだろうか、どうして人々の共感を呼んだのだろうか、どうして国際的な規模で賛同され、長らく支持されてきたのだろうか、等々。もちろん、その要因は多様であり複雑であるが、私見によれば、その核心をつき動かしたのは情緒的な民族ナショナリズムであり、朝鮮民族主義イデオロギーの思想である。

偽造説の提唱者やそれを承けた申し子たちは、碑文の例の「辛卯年条」に集中し、「当て字」競争に熱中した。その熱中ぶりは、中国最初期の「作文」者群像を、はるかに凌いだようにおもわれる。しかし、それは程度の違いだけではない。両者間の程度の差やおよそ百年の隔たりよりは、もっと深刻な違いがある。

いまや他者批判の偽造説は逆転して、己の論理を第三類のうえに投影する。すなわち、「自分の主張を至上とし」、「自分の主張を貫徹して満足する」論理である。至上とする「自分の主張」とは、民族主義イデオロギーの思想にほかならない。ここに偽造説の思想的位相が映しだされ、反転して、偽造説それ自体がかかえこんだ現在的課題が浮き彫りにされるのである。

それに対して、中国最初期の「作文」者たち、つまり「奉天方面の地方官僚」たちの論理は素朴な好奇心によるものであり、個人的な衝動とともに、いささか知的な冒険に基づくものであって、情緒的集団的な「民族主義」でもなく、政治的教条的な「イデオロギー」でもない。ここに第二類と第三類との違いがあり、両者間の決定的な違いがある。

広開土王碑の学術的な研究は「原石拓本」等の根本史料に基づいて、あくまで学問的な方法論に従うべきである。今後とも、王碑とともに語りあい、「原石拓本」が語りかける真実を求めつづけなくてはならないものと確信する。

【付表1】栄禧の「墓碑文九字」対校表（面・行・字格は修正ずみ）

各種資料 面　行―字格	王彦荘（釈文）	栄　禧（釈文）	酒匂本（墨水廓塡本）	辻元本（石灰拓本）	水谷悌（釈文）
Ⅰ　7―*21*	過	過	叵	叵	過
Ⅰ　7―*39*	牛	牛	用	牛	牛
Ⅰ　7―*41*	群	群	兼	羣	羣
Ⅱ　3―*31*	怒	怒	奴	怒	怒
Ⅲ　6―*25*	討	討	諸	討	討
Ⅲ　6―*32*	城	城	承	城	城
Ⅲ　7―*06*	覆	覆	廜	廜	覆
Ⅲ　8―*03*	凡	凡	仉	仉	凡
Ⅲ　11―*37*	岑	岑	岺	岑	岑

【付表２】王志修・王彦荘・栄禧の「作文五九字」対校表

面行字は修正ずみ。　□…不釈字。　×…王彦荘の作文に対応する文字のないもの。　※…楊王栄三氏の作文と同じ王志修の文字。　＊…推釈した文字。

各種資料 面　行－字格	栄　禧（釈文）	王彦荘（釈文）	楊同桂 右　注〈抄本〉	王志修（釈文）	酒匂本（墨水廓塡本）	私　釈（釈文）
Ⅱ　10－28	城	城	城	×	□	𤃩
Ⅱ　10－29	復	復	復	×	□	□
Ⅱ　10－30	盡	盡	盡	×	□	□
Ⅱ　10－31	城	城	城	×	□	□
Ⅱ　10－32	埽	掃	掃	×	□	□
Ⅱ　10－33	其	其	其	×	□	其
Ⅱ　10－34	煙	煙	煙	×	□	□
Ⅱ　10－35	塵	塵	塵	×	□	□
Ⅱ　10－36	林	林	林	×	□	□
Ⅱ　10－37	木	木	木	×	□	□
Ⅱ　10－38	燒	燒	燒	×	□	□
Ⅱ　10－39	燬	燬	燬	×	□	□
Ⅱ　10－40	無	無	無	×	□	□
Ⅱ　10－41	餘	餘	餘	×	□	言＊
Ⅲ　1－01	官	官	官	×	赤	□
Ⅲ　1－02	兵	兵	兵	×	□	□
Ⅲ　1－03	移	移	移	×	□	□
Ⅲ　1－04	師	師	師	圍※	□	□
Ⅲ　1－05	百	百	百	城※	□	□
Ⅲ　1－06	殘	殘	殘	三	□	□
Ⅲ　1－07	圍	圍	圍	匝	□	□
Ⅲ　1－08	其	其	其	勢	□	□
Ⅲ　1－09	城	城	城	將	□	□
Ⅲ　1－10	百	百	百	下	□	□
Ⅲ　1－11	殘	殘	殘	坐	□	□
Ⅲ　1－12	王	王	王	使※	□	□

Ⅲ	1―*13*	懼	懼	懼	肉	□	□
Ⅲ	1―*14*	復	復	復	袒	□	□
Ⅲ	1―*15*	遣	遣	遣	降	□	□
Ⅲ	1―*16*	使	使	使	索	□	興*
Ⅲ	1―*17*	献	獻	獻	羊	□	□
Ⅲ	1―*18*	五	五	五	五※	□	□
Ⅲ	1―*19*	尺	尺	尺	尺※	□	□
Ⅲ	1―*20*	珊	珊	珊	珊※	□	□
Ⅲ	1―*21*	瑚	瑚	瑚	瑚※	□	□
Ⅲ	1―*22*	樹	樹	樹	獻※	□	□
Ⅲ	1―*23*	二	二	二	二※	□	□
Ⅲ	1―*24*	朱	朱	株	樹※	□	□
Ⅲ	1―*25*	紅	紅	紅	朱※	□	□
Ⅲ	1―*26*	寳	寳	×	紅※	□	□
Ⅲ	1―*27*	石	石	石	寳※	□	辞
Ⅲ	1―*28*	筆	筆	筆	石※	□	□
Ⅲ	1―*29*	牀	狀	牀	横	□	□
Ⅲ	1―*30*	一	一	一	筆※	□	□
Ⅲ	1―*31*	他	他	他	牀※	□	□
Ⅲ	1―*32*	倍	倍	倍	×	□	□
Ⅲ	1―*33*	前	前	前	×	□	□
Ⅲ	1―*34*	質	質	質	×	□	□
Ⅲ	1―*35*	其	其	其	×	□	□
Ⅲ	1―*36*	子	子	子	×	□	□
Ⅲ	1―*37*	勾	勾	勾	×	□	□
Ⅲ	1―*38*	拏	拏	拏	×	□	□
Ⅲ	1―*39*	太	太	太	×	□	□
Ⅲ	1―*40*	王	王	王	×	□	□
Ⅲ	1―*41*	率	率	率	×	潰	潰
Ⅲ	2―*01*	歩	歩	歩	×	□	□
Ⅲ	2―*02*	騎	騎	騎	×	□	□
Ⅲ	2―*03*	還	還	還	×	□	□
Ⅲ	2―*04*	國	國	國	×	□	□

【付表3】栄禧・王彦荘・楊同桂・王志修の「釈文一四字」対校表

□…不釈字　※…王志修独自の釈文

各種資料 面　行一字格	栄　禧 （釈文）	王彦荘 （釈文）	楊同桂 本釈 左注 右注	王志修 （釈文）	酒匂本 （墨水廓填本）	私　釈 （釈文）
Ⅰ　3－*09*	自	自	於	自	於	於
Ⅰ　3－*17*	山	山	山	岡※	山	山
Ⅰ　3－*41*	黄	黄	黄	黄	黄	履
Ⅰ　4－*02*	負	負	負	負	頁	首
Ⅰ　4－*14*	輿	輿	輿	興※	輿	輿
Ⅰ　4－*24*	傳	傳	四	傳	四	遝
Ⅰ　4－*32*	土	王	上	土※	土	上
Ⅰ　6－*05*	晏	晏	宴	晏	宴	宴
Ⅰ　7－*11*	碟	碟	碟	碑	碑	稗
Ⅰ　7－*14*	頁	頁	頁	息※	息	□
Ⅰ　9－*13*	海	海	海	海	海	海
Ⅰ　9－*33*	水	水	水	水	水	□
Ⅰ　10－*04*	壹	壹	壹	一※	壹	壹
Ⅳ　8－*01*	永	永	不	永	不	不

【典拠略号】

王彦荘…王彦荘釈文（『奉天省輯安県古跡高句麗王碑文』所収）
栄　禧…栄禧釈文（『古高句麗永楽太王墓碑文攷』所収「墓碑文」）
酒匂本…酒匂景信本（墨水廓塡本類型、位置は原碑どうり復元済み）
辻元本…辻元謙之助旧蔵本（天理大学図書館蔵、石灰拓本Ｃ１－２型）
水谷悌…水谷悌二郎釈文（原石拓本水谷本に拠る、『好太王碑考』所収）
楊同桂…楊同桂釈文（『瀋故』所収「高麗墓碑」）
王志修…王志修釈文（『高句麗永楽太王碑歌攷』所収）
私　釈…武田幸男釈文（本書の附録一「広開土王碑釈文」）

第六章　初天富一家と「碑文抄本」

――王碑のそばの守護神たち――

一、はじめに――「碑文抄本」とその問題点――

広開土王碑は長年の風化等によって損傷をうけ、模糊とした碑字が少なくない。百年来の先人の努力が積み重ねられて、全体のほぼ八割がたは釈文されているが、不確かなものもまだ多い。釈文問題はいまなお王碑研究の前提であり、研究の基本的な問題である。

ところで一九八四年、王健群《おうけんぐん》氏は王碑に関連して「碑文抄本」なる文書を紹介し、つぎのように報告した。

広開土王碑と初天福家全景（1913年初冬）

この碑文の抄本は、筆で障子紙（毛頭紙）に書かれたもので、合計四枚からなるものであった。四枚はいずれも同じ寸法で、縦六十三センチ、横二十七センチで、四角形の升目で区切られ、そのなかに好太王碑の碑文が書き込まれていた。抄本の筆画は、碑文の文字の筆画をまねたもので、碑文の文字が欠落しているところは空白になっていた。碑の各面がそれぞれ一枚になっており、第四面にはページ数が書き込まれていて、保存状態も良好であった。（王健群『好太王碑の研究』、長春・吉林人民出版社、一九八四年／日本語版、雄渾社、一九八四年）

それは碑文の写しである。「碑文底子」「底子」とか「碑文手抄本」等とも書かれるが、ここでは統一して「碑文抄本」と表記する。

さて、この「碑文抄本」が格別注目されるのは、それが初均徳氏《しょきんとく》ゆかりの遺品だからである。王氏の報告によれば、それは王氏が一九八一年一〇月に、初文泰という人物から提供され、文泰氏はそれを姉の初元英氏からひき継ぎ、かの女は叔父の初均徳氏からうけ継いだ。均徳氏は父親の初天富《しょてんふ》氏とともに王碑のそばに住み、王碑の拓本を作り続けてきた人である。かれが拓本の製作・販売の家業を罷めるとき、大切なものだというので、かの女に預けたのであるという。

とすると、この「碑文抄本」は初一家に伝来したものであり、均徳氏が王碑を拓出するにさいして、実際に使っていたものかと思われる。じじつ、元英氏は目撃したままに、

当時、碑文の文字が欠けたり、はっきり読みとれなくなったりすると、この写しをもとにして手直しししていました。

と証言する。ここで「碑文の文字が欠けたり、はっきり読みとれなくなったりする」というのは、打碑し採拓するさいに、前もって碑字の整形に用いた石灰の一部、または全部が剝落した情況について述べている。「この写しをもとにして手直しし」たとは、石灰の剝落した部分を、もう一度石灰を用いて修復整形し、碑字を復元したことをいうのであって、石灰で整形するさ

いに「碑文抄本」を手本（模本）として使ったというのである。つまり「碑文抄本」は、いわゆる「石灰拓本」の模本（または模本の原本）にほかならない。

「石灰拓本」というのは碑面・碑字を石灰で整形し、拓出した墨本の一類型であり、それは初均徳氏の父の、初天富氏のときから拓出されていたものである。「碑文抄本」が「石灰拓本」の模本であったとすれば、それは王碑の釈文問題にとって重要な史料であり、はなはだ大きな意味をもつ。墨本の基本的な「墨水廓塡本」「原石拓本」「石灰拓本」の三類型のうち、それは最も多く流布する「石灰拓本」類型の模本であり、その持続的な再生産を直接ささえた基盤だからである。

そこで本章では、この「碑文抄本」を広開土王碑の史料研究、とくに釈文研究として位置づけて、あらためて検討することにしてみたい。具体的には、まず、「碑文抄本」に誤記された碑文やその訂正に関する問題、また訂正されなかった碑字のズレの問題を明らかにして、その意味するところを考えたい。また「碑文抄本」に対応すべき墨本類型を摘出し、「碑文抄本」抄出の時期等にもふれて、模本としての「碑文抄本」の性格について考えたい。

二、訂正された碑字の問題

1 「シャバンヌ拓本」一致説の検討

「碑文抄本」の研究に当たって肝要なことは、まずは碑字そのものの考察である。これに関連して、この抄本を紹介した王健群氏は一説をたてて、

もっとも興味深いことは、この写しと一九〇七年の沙畹本とが、誤字も含めて完全に一致したことである。(日本語版『好太王碑の研究』、前掲、五六頁)

と指摘し、「碑文抄本」と沙畹本との完全な一致を主張した。「沙畹本」とは一九〇七年、フランスの著名な東洋学者のE・シャバンヌが現地を訪れ、そのとき入手した石灰拓本、いわゆる「シャバンヌ拓本」のことである(「通報」Ⅱ―Ⅸ、一九〇八年)。王氏は両本が一致するとみた具体的な内容にはふれないが、ここでは、あえて「誤字も含めて完全に一致」すると付言したことに注目したい。

そこで、改めて両本を対比してみると、たしかに両本はほとんど一致するようにみえる。また誤字についても、試みに私釈(本書の附録一)と対校してみると、たとえば、私釈の「世」(Ⅰ―29)は、両本が共通して「出」に誤っている。同様の事例は、合わせて二〇字ほどにのぼっていて、王氏の主張には問題がないようにみえる。

しかし、ここで重要なのは、両本に共通する碑字の多くがその他多数の石灰拓本にも共通するという、一般的でかつ圧倒的な事実である（本章四、2）。両本の共通性にのみ注目し、一般的な状況を無視すべきではない。そのうえ、「碑文抄本」には「シャバンヌ拓本」にない独自の文字もある。

以上は個別的な碑字の異同を検討するにとどまったが、両本の違いを一層際立たせる要件としては、「碑文抄本」のなかで、或る区画内の碑字群が一体となってズレる問題、言い換えればブロック単位でズレるという問題があり（本章三）、また墨本類型論にかかわる問題もある（本章四）。してみると、結論として、両本が完全に一致するなどとはいえなくなる。

2　碑字の置きかえ・書きかえの事例

「碑文抄本」を一覧して気づくのは、訂正された抄本の原字が多いことである。それには二つのケースがあり、第一のケースは碑字を置きかえて、碑字の順序を正す事例である（碑字それ自体は訂正の必要がない）。すなわち、複数の碑字からなる碑文に、適宜、逆S字形の記号を書きいれて、誤った順序を逆転させ、碑字を正しく置きかえるように指示している。これには、【表1】に見るように四事例、四行・一三字が確認される。

【表1】碑字置きかえ訂正の事例

「抄本原字」	〔面 行―字格〕		「私釈」
①「盧／模」	〔Ⅰ 10―*08*～*09*〕	→	「模盧」
②「家為看烟□婁／二」	〔Ⅲ 9―*35*～*41*〕	→	「二家為看烟▽婁」
③「城／鄒」	〔Ⅳ 1―*33*～*34*〕	→	「鄒城」
④「後／以」	〔Ⅳ 9―*08*～*09*〕	→	「以後」

〔備考〕／印は逆S字形の記号、碑字の置きかえを示す。

このケースでは、「私釈」を引合いにだすまでもなく、二字めを書いたところでの訂正が多い。つまり、「碑文抄本」の原文執筆と誤文訂正とは時を同じくし、一連の作業の流れのなかで行なわれたことを示唆している。執筆者と訂正者とが同一人物だった可能性はかなり高い。

第二のケースは、碑字それ自体を書きかえた事例である。すなわち、誤った抄本原字に小さい丸印を付し、まれには小点を打って誤字を消去したうえ、その右側の余白に小さく細い字体で、正しい文字を書込むのである。なかには、正字を余白に書きこんだうえ、重ねて正字を抄本原字のうえになぞり書きした事例もある。また、一字の訂正が普通であるが、なかには連続して一四字に達する事例もある。それらは【表2】に示すように、合わせて一三事例、一三行・三五字が認められる。

【表2】碑字書きかえ訂正の事例

	「抄本原字」	〔面　行―字格〕	「訂正文字」	→「私釈」
①	「曲」	〔Ⅰ　4―*23*〕	「業」	→「業」
②	「婁?」	〔Ⅱ　1―*20*～*21*〕	「――」	→「□□」
③	「帀?」	〔Ⅱ　4―*22*〕	「布」	→「布」
④	「迫」	〔Ⅱ　9―*12*〕	「追」	→「追」
⑤	「子」	〔Ⅲ　6―*06*〕	「戊」	→「戊」
⑥	「城」	〔Ⅲ　7―*24*〕	「卑」	→「卑」
⑦	「為看烟」	〔Ⅲ　10―*35*～*37*〕	「家為看」	→「家為看」
⑧	「*」	〔Ⅲ　11―*09*〕	「家」	→「家」
⑨	「城国烟二看烟八瑑城国烟一看烟」	〔Ⅳ　2―*01*～*14*〕	「残南居韓国烟一看烟五大山韓城」	→「大」は「太」、その他は訂正文字に同じ
⑩	「**」	〔Ⅳ　5―*20*～*21*〕	「王先」	→「王先」
⑪	「*」	〔Ⅳ　7―*06*〕	「復」	→「復」
⑫	「*」	〔Ⅳ　9―*24*〕	「湍?」	→「得」
⑬	「賣者刑之買買」	〔Ⅳ　9―*30*～*35*〕	「令賣者刑之買」	→訂正文字に同じ

〔備考〕?は明確でない文字。――は訂正文字を傍書しない字格。*はなぞり書きのため原字不明。

みられるとおり、訂正された文字はほとんど正しい文字である。⑫「湍」字の読みとりに問題なければ、誤りを重ねたのはこれだけである。

以上一三事例のうち、①「曲」は不手際が重なった事例である。「碑文抄本」〔抄本Ⅰ4―23〕に書きこまれたが、元来ここは「業」〔Ⅰ4―23〕が入るべき字格なので、当然しかるべく訂正された。そもそも「曲」とは何かというに、それは「業」に関係なく、それにつづく碑字の字画の一部「四」に相当し、その本字は「遝」〔Ⅰ4―24〕である。「四」画はふるくは墨水廓塡本にも写しとられていたのだが、「碑文抄本」ではさらに変形して、「曲」の形で転写された。

だが、さらに「碑文抄本」関係者は二つの誤りを犯している。その一つは、さきに指摘したように、抄本原文の執筆者が誤って、当該文字を上方に一字格だけズラしたことである。もう一つは、抄本訂正者がそのズレを訂正したさい、「遝」を無視したことである。そのため、その碑字の痕跡は一切とどめられず、抹消されてしまったのである。

つぎに、②「婁?」はケアレスミスによる竄入《ざんにゅう》かとおもわれる。元来この位置〔抄本Ⅱ2―20～21〕は大きな碑面の亀裂部分にあたっていて、碑字が完全消滅してしまった字格である。したがって、抄本訂正者がこれを小丸で消去したままではよかったが、訂正文字を傍書しなかった。いや、傍書しようにも、書くべき文字は知らなかったのである。

ところで、「碑文抄本」作製に関連して注目されるのは、⑦⑨⑬の三事例である。まず、⑦「為看烟」の場合の誤りは、冒頭の「為」の直前に位置すべき碑文本来の「家」〈Ⅲ10―35〉を脱したことに起因する。したがって末尾の「烟」が、その後につづく碑文本来の「烟」〈Ⅲ10―38〉と連なった。「烟烟」二字がつづくという異常な状態は、「碑文抄本」と密接な関係をもつ者ほど気づきやすい。この状況にふさわしい人物は、まずは抄本の執筆者と訂正者とであり、しかも両者が同一人物の場合が最適である。

つぎに、⑨「城国烟二看烟八瑑城国烟一看烟」の誤りは、もっと歴然とした形で察知される。原文執筆者は当該碑文を一行右側に誤って、[抄本]Ⅳ2―01～14〉に書きいれた。初めはそれと気づかずに、今度は正しく、同じ碑文を次行〈Ⅳ3―01～14〉にも書きいれた。全く同じ碑文が隣合い、かつ左・右の二行に並んでいて、しかも一四字にわたって続くのである。かなりの異常さである。すぐにそれと気づき、直ちに訂正したのが原文執筆者であった、……そう考えて、さして不自然ではないであろう。

また、⑬原文「賣者刑之買買」の誤りは、先にみた⑦の事例に酷似する。つまり、冒頭の「賣」の直前に位置すべき「令」〈Ⅳ9―30〉を脱したため、末尾に誤って「買」[抄本]Ⅳ9―35〉が入り、その後に「買」〈Ⅳ9―35〉が正しく書きこまれた結果、同じ「買買」が重出した。この場合の訂正の事情も、前例と同様に考えてよい。

以上にみた碑字書きかえの事例に則していえば、「碑文抄本」原文の執筆者とその訂正者とが同一人物であり、おそらく一連の作業のうちで誤りをおかし、かつそれを訂正したものとおもわれる。そうとすれば、先にみた碑字置きかえの事例についても、これと同様に、執筆者すなわち訂正者と考えてよいであろう。

3 「辛卯年」条記事の釈文例

碑字問題の最後に、第Ⅱ面第9行の「東」「新」の釈文例をとりあげよう。原文執筆者にとっては単なる偶然にすぎないが、それらの両字は百年来の研究史上、格別熱い視線を集めた「辛卯年」条の碑文にふくまれていて、おのずと甲論乙駁の議論に直接かかわる文字である。

「碑文抄本」の「辛卯年」条の碑文・碑字は、上記の二字をのぞいて、格別異なったものはない。たとえば、李進熙氏の〈すり替え偽造〉説が偽造の象徴に仕立てた「渡海破」〔Ⅰ9―*12*～*14*〕は、そのとおり、「渡海破」の三字のままに記している。石灰拓本の「海」字は石灰で整形されているのは確かだが、「渡」「破」の二字には問題はない。原碑や原石拓本に明らかである。石灰整形で問題視される「海」字ですら、それをすり替えられた字、偽造された字と見るべき根拠は何もない。むしろ、もともと「海」字であった可能性も少なくない。

さて、注目すべき上記の二字にたち返って、「新」字〔Ⅰ9―*19*〕から検討しよう。この文字はその後につづく「羅」字と熟して、「新羅」と釈文するのが普通である。ところが、意外といえば意外だが、当該碑字をはっきりと「新」に読んだ釈文者はほとんどない。最初期の墨水廓塡本（酒匂《さかわ》景信《かげあき》本《ぼん》）はヘンは空白、ツクリは「斤」と記したが、その後の大勢はそれに従うだけである。

疑問符を付しながら、慎重にも「新」と釈文したのが『訂正増補大日本時代史（古代）』、一九一五年）と、水谷悌二郎氏であり（「好太王碑考」、一九五九年）、「新」字と断言したのは、初一家伝来の「碑文抄本」のほかは、栄禧《えいき》氏のみである（「高句麗永楽太王墓碑文」、一九〇三年）。碑字の残画や碑文の流れからして、「新」字の釈文は今後とも動かぬものとおもわれる。

もう一つは、驚きの「東」字〔I9―*17*〕である。これは碑石の亀裂部分にさしかかり、現在ほとんど釈文不能の字格である。これまで知られた原石拓本（水谷拓本）すら、ここには一点の字画も打ち出さない。それゆえ、ここが釈文可能とすること自体が疑わしく、あるいは前の行の同じ「東」字〔I8―*15*〕の竄入か、などとも考えた。しかし、しだいに情況が変化した。王健群氏らが碑石を調査・修復した一九六三年に、問題の字格に「東」字に似た字画の一部を確認したと伝えられた。いま、また、初一家の「碑文抄本」に「東」字が確認されるのである。これは驚きである。いまさら疑問視するのは控えておこう。ここでは「東」字に刮目して、その可能性を信じてみよう（なお第九章三参照）。

以上、「碑文抄本」が記した新釈文は二字である。その一つの「新」字例は、従来の釈文をなぞるもので、「辛卯年」条の解釈におよぼす影響はほとんどない。もう一つの「東」字例は、必ずしも初めて聞く釈字ではないが、「東」字推釈にかたむくに足る有力な事例であって、「辛卯年」条の解釈に新視点を提供することは必至である。

三、訂正されなかった碑字の問題

1　ブロック単位のズレの事例

以上にみたような書きかえや置きかえのほかに、「碑文抄本」にはもう一つ誤って書込まれたケースがある。それは【表3】に示した七事例であり、合計一〇行・一一三字格に達している。他の場合の誤りと違うのは、通じて訂正されなかったことである。

【表3】ブロック単位でズレた事例

×…原碑字がない部分。□…釈文できない字格。　↓↓…原碑字とその原位置。
☆…ズレに関する補足説明。　なお、原碑字は本書付録一の釈文による。

Aブロック（1行、5字／上へ1字格ズレ）
「力……城」〔抄本Ⅰ11—*22*～*26*〕　↓↓原碑字「□……□」〔Ⅰ11—*23*～*27*〕

Bブロック（1行、9字／上へ1字格ズレ）
「大……抜」〔抄本Ⅱ1―*08*〜*16*〕　→→原碑字「大……抜」〔Ⅱ1―*09*〜*17*〕
☆原碑字「城」〔Ⅱ1―*08*〕を消去した。

Cブロック（3行、24字／上へ1字格ズレ）
「其……横」〔抄本Ⅱ3―*16*〜*39*〕　→→原碑字「其……横」〔Ⅱ3―*17*〜*40*〕
☆原碑字「□」〔Ⅱ3―*16*〕を無視した。

Dブロック（1行、3字格／上へ1字格ズレ）
「潰城六」〔抄本Ⅱ9―*38*〜*40*〕　→→原碑字「潰城六」〔Ⅱ9―*39*〜*41*〕
☆原碑字「倭*」〔Ⅱ9―*38*〕を消去した。

Eブロック（1行、12字格／上へ1字格ズレ）
「十九…満」〔抄本Ⅱ10―*16*〜*27*〕　→→原碑字「十九…満」〔Ⅱ10―*17*〜*28*〕
☆原碑字「×」〔Ⅱ10―*17*〕は本来刻字すべき余地はないが、これを「十」と読んだ上、上へ1字格ズラした。

Fブロック（3行、68字格／上へ1字格ズレ）
(1)「羅……貢」〔抄本Ⅲ2―*05*〜*19*〕　→→原碑字「羅……□」〔Ⅲ2―*06*〜*20*〕
(2)「朝……船」〔抄本Ⅲ3―*04*〜*29*〕　→→原碑字「朝……船」〔Ⅲ3―*05*〜*30*〕
(3)「相……萬」〔抄本Ⅲ4―*04*〜*30*〕　→→原碑字「相……萬」〔Ⅲ4―*05*〜*31*〕
☆原碑字「安」〔Ⅲ2―*05*〕、「鋒」〔Ⅲ4―*04*〕を無視し消去した。とくに「□」〔Ⅲ3―*04*〕を無視した場合は、下方の中間の6空格をふくめて、みな上へ1字格づつズラした。

Gブロック（3行、5字格／左へ1行ズレ）
(1)「僕勾」〔抄本Ⅲ3―*40*〜*41*〕　→→原碑字「僕勾」〔Ⅲ2―*40*〜*41*〕
(2)「平壌」〔抄本Ⅲ4―*40*〜*41*〕　→→原碑字「平壌」〔Ⅲ3―*40*〜*41*〕
(3)「師」〔抄本Ⅲ5―*41*〕　→→原碑字「師」〔Ⅲ4―*41*〕

以上の七事例には、共通していくつかの特徴がみてとれる。その第一は、隣接する三字格以上が一定範囲のブロックを形成し、ブロック内の碑字の位置関係はそのままに、ブロックを単位として原字の原位置からズレるのである。ブロック自体には各々大小の別はあるが、どの事例においても、ブロック単位でズレることにおいて共通する。

その第二は、各単位ブロックの前・後（あるいは上・下）、または左・右が、ブロック外の文字に直接隣接しない部分の多いことである。つまり、当該ブロックの周囲に未釈字格があるか、または各面の字格の上下端や左右端に位置し、他の文字に直接接続しない部分が少なくないのである。したがって、当該ブロックは部分的または全面的に周囲から遊離した状態にある。このような情況では、当該ブロックの正確な位置確認は容易でなく、視覚によるズレの自覚が生じにくかったと思われる。

このようにズレが生じた結果、「碑文抄本」から消去され、抹消される碑字が生じたのは当然である。【表3】で補足説明を加えたように、原位置から上へ1字格ズレたB・Dブロックでは、その上端がその上の文字に接続しているが、その過程で「城」字、「倭」字が押出されて消しとんだ。抄本の抄出者がたまたま当該碑字を脱落し、それとは気づかずに下文を書きつづけたからであろう。ちなみに、このズレ現象と直接の関係はないが、「碑文抄本」最大の消去事例は、一行丸ごと無視された第Ⅲ面の第1行全字である。

以上において、「碑文抄本」には訂正された碑字のほか、ブロック単位のズレにかかわって、訂正されなかった相当数の碑字が確認された。四八字の前者に対して、後者は断然多くて一二三字に達する。ズレの誤りが「碑文抄本」関係者に自覚されにくく、そのため訂正の機会を失したのであった。

2　「碑文抄本」をめぐる使用状況

さて、ここで、抄出された「碑文抄本」の使用をめぐり、石灰拓本の拓出の状況について二つ、三つふれておこう。一つ気がつくのは、「碑文抄本」抄出者は部分的、局部的な使用にとどまったことである。そう考えるわけは、不思議なことに、これまで「碑文抄本」と同じ拓本に出会わした経験がないのである。今後も期待はもちにくい。してみると、現場の拓本制作者は「碑文抄本」を手本に碑面や碑字を整形し、石灰拓本を作りつづけたことは確かだが、それらは「碑文抄本」と違ってズレがなく、碑面そのままを写し出した。

そのような状況からすれば、次のような現場の様子が浮かんでくる。すなわち、拓本が拓出されるほどに、拓字の模糊さが目立ってくる。多数の証言があるように、碑面の石灰は拓出するたびに剝落した。剝落部分は「碑文抄本」を手本に、石灰を塗っては整形し、しばらく修復しつづけていくうちに、しだいに復元作業がとどこおる。前回の修復レベルまで回復しなくなるのである。そうしたなかで、修復作業は碑字ごと、字画ごとの個別的、局部的な復元に集中し、そのような範囲にとどまって終了する。つまり、「碑文抄本」は碑面の全体を見すえずに、個別的局部的な修復に使われたのであり、ズレの有る無しの問題は、当面かれらの関心の外にあって、それはそれでよかったのである。

それに関連して気づくのは、石灰塗布の効用であり、それによって啓かれた石灰拓本の制作基盤の整備、石灰拓本の量産化への進展である。「碑文抄本」は碑字や字画の個別的局部的な修復に使われただけであったが、碑石全面に石灰を塗布する継続的機能の一役を担当した。すなわち、拓本作製者は「碑文抄本」に従って、あれこれの碑字を確かめながら、碑面に石灰をぬって石灰整形をほどこした。継続して大量の石灰が塗布されて、激しい風化や罹災等で損傷し、荒みきった碑面を平らに調整しつづけたのである。

濡らした拓紙は平らな碑石にピッタリ貼りつき、長時間にわたった採拓中、拓紙の貼付状態が安定して保持できた(ズリ落ちにくくなった)。ようやく一面に付き一紙で採拓が可能になり、それ以前に比べて格段容易になったのである。それが制作技法の革新に結びついて、先行した墨水廓塡本類型や原石拓本類型の墨本に優越し、一段と飛躍して、石灰拓本類型の量産体勢が成立した。

すなわち、原則として、石灰拓本〈四面・四紙ワンセット〉の製品規格、平均四~五日程度の制作日数、長期間を通じてワンセットほぼ一〇円（両・元）の価格など、以上の特徴をもった簡便迅速な量産体勢である。石灰塗布によって拓出技法が確立され、石灰拓本のマスプロ化、やや安定した商品化への途がひらかれた（武田「「広開土王碑」火難説の批判的検討」、二〇〇〇年）。

そこで、いくつか思いあたることがある。ひとつは、見慣れた石灰整形をうけた「碑面写真」である。石灰はとくに字格の間に厚くぬられ、初めのころは碑面の行間の縦線がみえないほどであった。しかし、制作者は碑字に石灰を直接塗ることは、出来るだけ避けていたようである。一九一三年に現地を訪れた関野《せきの》貞《ただし》氏は碑面を熟覧し、つぎのように指摘した。

十年許前より文字の周囲の間地に石灰を塗りたり。爾後毎年石灰を以て処々補修をなすと。就て詳細に調査するに文字の間地は石灰を以て塗りしのみならず、往々字画を補ひ、又全く新たに石灰の上に文字を刻せる者もあり、而も此等の補足は大抵原字を誤らざるが如し。されども絶対の信は措き難し。（「満州輯安縣及び平壌付近における高句麗時代の遺蹟」、「考古学雑誌」五の一三、一九一四年／『朝鮮の建築と芸術』岩波書店、一九四一年）。

石灰が碑字に及んだことを認めながら、くりかえし「文字の周囲の間地に石灰を塗」っていたと指摘し、さすがに石灰塗布の実態を精細に観察したものである。今西《いまにし》龍《りゅう》氏も同じような観察結果を記している。

四面ともに全面に石灰を塗り字形のみを現はし、字外の面の小凹凸を塡めて之を平にし、唯拓本を鮮明にすることのみ務めたれば、文中全く工人の手に成るものあり、一部分の修補せるものに至りては甚だ多し。（「広開土境好太王陵碑に就て」、『朝鮮古史の研究』国書刊行会、一九七〇年）

とある。三つめは、「石灰拓本」それ自体の出来栄えである。拓出時期の違いによって異なるが、それぞれ熟覧するほどに、「碑面写真」や関野等の指摘に符合するような、拓本それぞれの個性に応じた拓出情況が認められる。

以上を要するに、「碑文抄本」は石灰を用いた碑字整形の模本として使用されたが、模本自体が不充分不完全であり、しかも部分的に使用されたにすぎなかった。ただし、碑面全面に石灰を塗布した結果、荒れた碑面を平滑化し、それを介して石灰拓本の量産化体勢をきずきあげ、拓本の商品化を進めたのである。

四、「碑文抄本」の類型問題

1　「碑文抄本」の着墨パターン

つぎは「碑文抄本」の類型問題である。わたしの提唱する類型論の特色は、あえていえば、碑字に対する個別的観察を基本とし、各墨本の客観的かつ明確な特徴に着目して、とくに〈着墨パターン〉を重視する方法である。その詳細は、つぎの拙稿にのべたとおりである。これによって、「碑文抄本」の類型について考えてみたい。

一九八八年「広開土王碑文研究の現段階」（『広開土王碑原石拓本集成』、東京大学出版会）
一九九〇年「高句麗広開土王碑と目黒区所蔵拓本」（『高句麗広開土王碑拓本写真集』、目黒区教育委員会／吉村武彦ら編『大和政権』、東京堂出版、二〇〇〇年）
二〇〇〇年「天理図書館蔵「高句麗広開土王陵碑」拓本について」（「朝鮮学報」一七四）
二〇〇四年「「広開土王碑」墨本の基礎的研究」（「東方学」一〇七）

さて、わたしの墨本類型〈着墨パターン〉論によれば、石灰拓本はC型墨本に属しており、それはC１～C４型に細分される。類型化の主要な判定基準の概要は、①第Ⅰ面の左側中央から右に上がる石華（着墨しない白抜きの碑面部分）の連続行数、②第Ⅱ面の右側中央から左に上がる石華の連続行数とその上下の連続字格数、③第Ⅱ面の上側中央の石華の連続行数とその上下の連続字格数、④第Ⅲ面の最上部右端から左にのびる白抜き部分の連続行数、以上の四ポイントである。

まず、「碑文抄本」に即して文字群の欠如部分を摘出しよう。その部分は石灰拓本の石華に対応し、〈着墨パターン〉論でいえば、未着墨の白抜き部分に相当する。これを「碑文抄本」

の各ポイントについて検証してみると、ポイント①は連続五行、②は連続三行と上下連続一二字格、③は連続二行と上下連続六字格、④は連続九行となる。それらはすべてC1類型に固有のパターンに合致する。

わたしの墨本類型論では、C1類型はさらにC1―1類型からC1―4類型まで四分される。そこでポイント①の連続五行に注目すると、「碑文抄本」は連続四行のC1―1類型ではなく、また連続六行以上のC1―3型やC1―4型のどれでもない。まさしくC1―2類型の特徴に一致する。

さらに、C1―2類型はC1―2a類型とC1―2b類型とに細分される。その基準は碑文「舍」字〔Ⅰ10―32〕への着墨如何であって、着墨されていなければC1―2a類型、着墨されていればC1―2b類型である。それを「碑文抄本」で検見《けみ》するに、それは「淦」と読まれるので、着墨相当と判定する。すなわち問題の「碑文抄本」は、石灰拓本のC1―2b類型に対応する。

2　C1類型諸拓本との比較対照

「碑文抄本」をC1―2b類型と判定したところで、あらためて例の「シャバンヌ拓本」等をふくむC1類型の諸本をとりあげて、各種の石灰拓本を比較対照しよう。

「シャバンヌ拓本」の類型を検討してみると、結局、それはC1―2a類型と判定される。「碑文抄本」との間には種々の相違が認められるが（本章二参照）、類型論からすれば、a型とb型の違いがあるだけで、C1―2b類型の「碑文抄本」とは近縁関係にある。王健群氏の一致説には、それなりの理由がなかったわけではない。

だが王氏の一致説に関連して、両者の共通性に着目するだけでなく、その他の拓本との共通性、あるいは相違性にも充分留意すべきだと指摘した。それを検証するため【表4】を掲げよう。

【表4】によれば、「碑文抄本」と「シャバンヌ拓本」に共通する碑字はかなり多くみうけられ、全三〇字格のうち二三～二四ほど共通する。ただし、これは?印を無視し、ツクリだけかどうかは問わず、未釈の字格も同じ字とみなし、可能性を最大限にみたうえの数字である。だが、それらの共通性は、じつは、他の石灰拓本とも共通する。とくに注目されるのは、A型「墨水廓塡本」と共通する碑字が一八に達していることであって、作製時期が先行したA型墨本のC型拓本に及ぼした影響の大きさが明らかである。

残りが「碑文抄本」独自の文字である。すなわち「詞」〔Ⅰ6―*38*〕、「東」〔Ⅰ9―*17*〕、「新」〔Ⅰ9―*19*〕、「浛」〔Ⅰ10―*32*〕、「貢」〔Ⅲ2―*20*〕の五字である。このうち辛卯年条の解釈に関して「東」「新」字にふれ（本章二参照）、墨本類型の判定基準に関して「浛」字にもふれた。

【表４】「碑文抄本」とＣ１型拓本等との碑字対照表

墨本類型	A	C 1—1	C 1 —2 a	C 1 —2 b	C 1—3		
資料・釈文	酒匂景 信　本	内藤湖 南　本	シャバ ンヌ本	碑文 抄本	中野政 一　本	水谷 釈文	武田 釈文
Ⅰ　1—29	出	出	出	出	出	世	世
Ⅰ　1—31	子	子	子	子	子	[而]	而＊
Ⅰ　3—27	因	因	因	因	因	因	天
Ⅰ　3—41	黄	黄	黄	黄	黄	履	履
Ⅰ　6—38	訁□	▼	▼	→詞	▼？	辞	辞
Ⅰ　9—17	▽	▽	▽	→東	▽	□	[東]
Ⅰ　9—19	□斤	▽	▽	→新	▽	[新]	新＊
Ⅰ　9—36	利	利	利	利	利？伐？	滅	伐＊
Ⅰ　10—32	⇒舎	▼	▽	→浛	▼？	舎	[舎]
Ⅰ　11—36	□豆	▼	▽	▽	豆？	豆	豆
Ⅱ　1—30	▽	婁	婁	婁	婁	旦	旦
Ⅱ　3—07	盧	羅	羅	羅	羅	盧	盧
Ⅱ　4—05	國	國	國	國	國	□	圍？
Ⅱ　4—13	▽	出	出	出	出	□	□
Ⅱ　6—10	▽	新	新	新	新	□	□
Ⅱ　8—01	□寺	▽	□寺	寺	□寺	□	[特]
Ⅱ　8—05	告？	吉	吉？	吉	吉？	告	告
Ⅱ　9—41	大	大	→六	→六	→六	□	六＊
Ⅱ　10—17	▽	□十？	□十？	→十	□十？	×	十＊
Ⅱ　10—18	⇒九	入？	九？	→九	→九？	□	九＊
Ⅱ　10—28	×	▽	→滿	→滿	→滿	滿	[滿]
Ⅲ　2—19	朝	服？	朝	朝	朝	□	論＊
Ⅲ　2—20	⇒貢	▽	▽	→貢	▼？	□	事
Ⅲ　4—14	寖	寇	寇？	寉	→寇？	寇	寇
Ⅲ　6—18	粄	粄	粄	粄	粄？叛？	叛	叛
Ⅲ　7—06	處	處	處	處	處	覆	覆
Ⅲ　14—30	二	二	二	二	二	一	一
Ⅳ　2—35	都	都	都	都	都	看	看
Ⅳ　6—15	率	率	率	率	率？	巡	巡

〔備考〕　各拓本の釈文は仮に武田が行なったが、釈文不定の場合はあえて複数の釈文を示したり、？印を付した。　×……該当すべき字格なし。　⇒ →…注目すべき釈文。　▽……未着墨の字格。▼……着墨の未釈字。　□……釈文できない碑字。　＊……字画の一部が合致する碑字。

独自文字のうちヘンやツクリなど、A型墨本との関連を思わせるものに「詞」「新」「洽」字があり、またズバリ「貢」字があって、合計六字のうち四字に達している。「碑文抄本」の全字格を比較対照するに、その独自文字があること、A型墨本との関連が無視できないこと、それらが示唆するところは少なくない。

3　「碑文抄本」の抄出時期と抄出者

「碑文抄本」と同じC1―2b型に属する拓本は、管見のかぎり次の六本が知られている。

(a)「三井家《みついけ》聴氷閣《ちょうひょうかく》藏整拓本」　一九一二年（写真刊行）
(b)「朝鮮総督府旧藏整拓本」　一九一三年（拓本入手）
(c)「桜圃《おうほ》寺内文庫《てらうちぶんこ》藏整拓本（甲）」　来歴不明（一九一〇～一六年入手か？）
(d)「桜圃寺内文庫藏整拓本（乙）」　来歴不明（一九一〇～一六年入手か？）
(e)『満州金石志稿』所載整拓本」　来歴不明（一九三六年刊行）
(f)「学習院大学藏整拓本（甲）」　来歴不明

このうち「桜圃寺内文庫藏整拓本」二本の来歴は知られていないが、(c)（甲）本と(d)（乙）本とともに寺内正毅《てらうちまさたけ》氏が第三代朝鮮統監、あるいは初代朝鮮総督の在任中に入手したかと推測される。もしそうだとすれば、一九一〇～一六年の時期になる。

以上によると、C1―2b型拓本は一九一二～一三年ごろから入手されたようである。それらの年次は作製時期の下限をおおまかに示すにすぎないが、(e)「『満州金石志稿』所載整拓本」の刊行年次をふくめて、(c)・(d)二本の推測される入手時期とも矛盾せず、それを十分許容するのである。

私見によれば、当該C1―2b類型に先行するC1―1型拓本は〈一九〇〇年前後を中心とした時期〉の拓出、またほぼ並行するC1―2a型は〈一九〇五年～一〇年前後を中心とした時期〉の拓出、さらに当該類型に後続するC1―3型は〈一九一二年前後ごろ〉の拓出と考えられる。そうすると、大ざっぱながら、当該類型の拓本は一九〇五～一〇年前後を中心とした時期に拓出された可能性が大きいと考えられる。したがって、「碑文抄本」もその前後、一九〇五～一〇年前後に抄出された公算が大きくなる。

そのころ、現地では初天富氏（一八四七～一九一八年）が拓本の作製に精を出していた時期であった。かれは現地懐仁県の設置委員が着任する一八七七年にさきだって、兄の天貴と山東の文登県から集安に逃来し、やがて拓本を拓出してその販売を始め、終生その仕事に従事した（王健群『好太王碑の研究』）。一九一二三年に初鵬度と名のって関野氏や今西氏に会い、貴重な拓出体験と現地情報を発信した。注目の一九〇五～一〇年前後といえば、その数年前にあたっていて、かれが六〇歳前後のころである。

しかし、そのころ、息子の均徳氏（一八六七〜一九四六年）も四〇歳半ばの働き盛り。はやくから父業を助け、そろそろ父に代わって家業を背負ったころである。子息は父親の意見と体験に頼りながら、先行する墨水廓塡本を参照し、かれ自身の体験をも集成して、現存「碑文抄本」を抄出したものかと思われる。

五、おわりに――「碑文抄本」の性格――

初均徳氏が伝えた現存「碑文抄本」の性格は、広開土王碑の碑面に石灰をぬり、碑字を整形して明晰に拓出するために抄出した模本である。圧倒的に多い石灰拓本の流布情況を考えれば、それのもつ大きな意義はおのずから了解されるだろう。

ただし、不審におもえるのは、「碑文抄本」の用い方である。訂正された若干の誤りのほかに、訂正されなかったブロック単位のズレが認められるのであるが、現実に大量流布する石灰拓本にはそのようなズレなどは見当たらない。不完全な「碑文抄本」が部分的に、したがって不完全に使用されていたとみるほかない。

現存する「碑文抄本」の抄出者は、おそらく初一家の父、初天富氏の助言に従った均徳氏だったとおもわれる。その抄出者は、誤りの訂正・未訂正の仕方からみて、訂正者でもあったとみて間違いない。「碑文抄本」の抄出時期は、それがC1―2b類型拓本に対応するので、一九〇五～一〇年前後であり、天富氏が六〇歳前後、均徳氏が四〇歳半ば前後のころであった。しかし、現存する「碑文抄本」は初一家で最初に作られた「碑文抄本」だったかどうか、それも問題といえば問題である。現存「碑文抄本」の抄出の仕方、とくに誤りの訂正の不徹底さ、またその部分的な使用法からして、あえて現存「碑文抄本」の有りようを推測してみたい。

あくまで推測にすぎないが、一つは、石灰拓本の拓出のために、「碑文抄本」が日常的に使用されていたならば、ほどなく抄本が痛んできて、一度ならず抄出し直された可能性もあるであろう。その場合は、現存「碑文抄本」はそのなかの一つであり、抄出時期が後になるだけ均徳氏が抄出した可能性が高くなる。

もう一つ想定されるのは、現存「碑文抄本」の前身である。その場合は、現存「碑文抄本」は初家が抄出した最初のものではなくて、先行する原本「碑文抄本」を模本として抄出されたものである。その抄出者は均徳氏としてもよかろうが、父の天富氏の可能性が高くなるであろう。

初家に伝承された現存「碑文抄本」は、家業を引退した均徳氏から、姪の元英氏に手渡されて、貴重な王碑資料として現存する。広開土王碑の釈文研究に独特の地位をしめ、独自の意義をもつものとして評価すべきことはいうまでもない。

さらにおもうに、「碑文抄本」の〈原本〉たると〈現存〉たるとを問わず、それは初氏一家が王碑のそばで王碑とともに過ごした生活史の一部であり、それと渾然一体となって王碑の歴史を刻んできたのである。かれらは生活をかけた広開土王碑との対話者たちであり、生活をともにした広開土王碑の守護神たちであった。

第七章　水谷悌二郎の広開土王碑研究

——いちずに描いた大きな軌跡——

一、青年銀行員から文学部聴講生へ／抑えきれない「文学上ノ研究」

1 〈研究の流れを一変せしめた〉研究者

水谷悌二郎《みずたにていじろう》氏の斬新な論文「好太王碑考」（「書品」一〇〇号、一九五九年六月）が発表されると、その広開土王碑の研究は人々の注目をあつめ、しだいに評価が高まってきた。各人の関心や観点等はさまざまであるが、それらを集約した核心部分に水谷氏が発掘した「水谷拓本」があり、いわゆる「原石拓本」の確かな存在がある。

自宅書斎の水谷悌二郎氏

王碑の研究史のうえで、水谷氏が始めて「原石拓本」を摘出し、みずから取得した「原石拓本」の「水谷拓本」が基準となって、三〇年余りにわたった水谷氏の王碑研究が形をととのえ、実をむすんで、研究水準を一段と飛躍させることになった。そして、それが学界共通の財産になって現在にいたるのである。

その意義を適確に表わしたのは、水谷氏の研究は広開土王碑の「碑文研究の流れを一変せしめた、文字通り画期的な論文である」という末松保《すえまつやす》和《かず》先生の評言であろう。論文の発表を前後して、「前の六十年は碑文肯定の時期であり、後の三十余年は碑文懐疑の時期」だというのである（水谷悌二郎著『好太王碑考』付載「解説」、開明書院、一九七七年）。

指摘された「懐疑の時期」とは、学術研究に必須な史料批判の方法論が、ようやくきちんとおこなわれ始めた時期をいう。また、当時いわれた「三十余年」からは、いまでは半世紀近くの歳月がすぎさった。しかし、研究史を二分した水谷氏の画期的研究の学術的な意義はますます明らかになってきて、その基本的な方向は今後もかわりないであろう。

ところで、考えてみると、その当事者としての水谷氏について、知ることの少なさに気づくのである。大方の人々にとっても、おそらく同じ思いであろう。水谷氏は一途な研究意欲と強固な研究意志をもち、かれ独自のやりかたで、進むべきおのれの道を探求しつづけた研究者であった。王碑研究者の水谷氏が突如出現したように見えたのは、専門家集団のつくる学会や学界とはほとんど無縁にすごし、いわば孤高の在野研究者で通したかれの生き方に深くかかわることである。

水谷氏は読書をこのみ、その読書癖がただものでないことは、うすうす承知はしていたが、このたび本人の稿本類や日記帳等の閲覧を許されて、あらためてただならぬその癖と、細密なメモ魔ぶりをおもい知らされた。それらの諸資料を中心に、これまで知られなかった水谷氏の研究生活とその経過のあらましを整理して、かれが王碑と親密な対話をくりかえし、一途に描いた王碑研究の不屈の軌跡をたどってみたい。

そのことは同時に、これまでの王碑研究へのわたしなりの研究史的な反省と、今後の展望をしめすことにもなるであろう。

2　大学卒業、就職、そして退職へ

一九一八年（大正七）の九月、満二四歳の青年、水谷悌二郎氏は東京帝国大学法科大学（仏

法）を卒業した。就職がきまり、結婚をひかえて、いま人生のハレの門出に立っていた。希望を大きくふくらませ、まわりの期待を背一杯にうけての人生への船出のときであった。

実際、この年からつけ始めた日記帳だが、それには三つの所番地、「三重県桑名町今片町」「東京市麻布区富士見町十五」「京城南米倉町二〇三大藪方」が並んで書かれている。最初のは実家のあるかれの出身地、つぎは大学に通っていた下宿先、最後は勤務先の朝鮮銀行京城本社に通う宿泊先であった。そこに自分の過去と未来とを集めあわせ、青年はそれらを総括して、日記帳に大きく「新生活は大正七年」と墨書した。

翌年任地におもむいて、その翌年に同郷の伊東秀さんと結婚した。順風をいっぱい帆にはらんで、絵に描いたような船出である。結婚は大阪支店に転勤してからになったが、この青年銀行マンは大阪でマイホームを営み、銀行勤務のかたわら、日曜休日ごとに奈良・京都・河内などに神社・仏閣をたずね、六甲や信貴山をめぐり、あるいは読書や油絵・写真等の趣味に凝ったりして、いかにも平穏なサラリーマンの知的生活を楽しんでいた。周囲のだれもがそのように見、祝福していたに違いない。

ところが、そのころ、一九二一年（大正一〇）ころから、何か変わったことがあるかといえば、その読書ぶりであった。まえから好きな読書だったが、日記帳に書きつけた読後感やメモ類の分量が、二四年ごろには日記全体の七割を越すまでになっていた。身の入れかたが妙に真剣であり、真剣すぎるのである。それが思わぬ形で表面化した。はた目からみると、まったく唐突というほかないのだが、同年九月、水谷青年は銀行を退職した。依願退職である。

それにしても、始まった人生の大きな方向転換であった。少し経ってから日記に書くのであるが、水谷青年の心の中では、じつは、前々から「文学上ノ研究」への志向が芽生えていた。そのリビドーが急速にふくらみ、心中深くをへめぐって、自分で抑えきれないまでになっていた。二四年一〇月四日条の日記に、「余ガ〈文学上ノ研究〉ヲスルナラバ、父上内諾ノ旨内報スル」とある。

「父上」とは岳父、妻の父（伊東富太郎氏）であり、桑名《くわな》香取《かとり》の素封家であった。妻の父が内諾する旨つたえてきたのである。簡単に出した「内諾」とは思えないが、妻の父は娘婿のやみがたい「文学上ノ研究」を了解し、その後もかれのよき理解者となり、終生かわらない支援者であった。水谷氏を転身させた「文学上ノ研究」は、それが巡りめぐって、やがてかれの画期的な王碑研究につながった。

3　大学への再入学、講義、そして退学

しばらく桑名の香取の岳父のもとで過ごしたあと、水谷氏は「文学上ノ研究」の具体化にむけて動きだした。一九二七年（昭和二）初めに上京して、その年四月に東京帝国大学に再入学

し、文学部に通学し始めた。ここに、ふたたび、三三歳の大学新入生が誕生したのである。九年前は法科大学の新入生だったが、今度は一年ごとに更新する文学部「東洋史学科聴講生」となったのである。

初年度に受講したのは、東洋史学の藤田豊八《ふじたとよはち》「漢魏六朝ノ西域史」、朝鮮史学の池内宏《いけうちひろし》「満鮮上代史（麗済羅史）」、考古学の原田淑人《はらだよしと》「唐代文化及其波及」「希臘考古学」、支那哲学の服部宇之吉《はっとりうのきち》「周礼」、宇野哲人《うのてつじん》「周易」、西洋史学の今井登志喜《いまいとしき》「史学概論」であり、「支那語」の受業にも出席した。演習に出なかったのは聴講生だったからである。

水谷氏は全部で四年間、手続きを改更して昭和五年度まで在籍した。第二年目のあと、継続して受講したもの、止めたもの、中途復活したものもあったが、新たに東洋史の加藤繁《かとうしげし》「支那貨幣史」、和田清《わだせい》「東洋史概説」や、常磐大禅《ときわだいぜん》「支那仏教史」、塩谷温《しおのやおん》「支那文学史」等を受講した。以上の教授陣の名を並べてみると、あらためて大学者列伝を見るようである。またそれらの講義題目は、日ごろ乱読に近かった読書傾向のなかでも、水谷氏がとくに好んだ分野のものと重複する。

在学中、水谷氏が継続受講し、内々こころ安く思っていたのは考古学の原田助教授であった。最後の年には、水谷氏はほとんど大学に足を向けなくなったが、原田先生の講義には欠かさず出席し、ときおり考古学研究室に出入りした。原田先生の外遊帰りの土産ばなしを聴き、新しい収穫物等を見せてもらっては喜んだ。

後々まで水谷氏の心に残っていたのは、朝鮮史の池内教授だったようである。池内先生独特の史料批判と武断的にもみえた鋭い推論は、そのころ素直について行けない気がしたが、講義に出ては熱心にノートをとり、とった池内ノートは終生大切にあつかわれていて現存する。とくに広開土王碑をつきつめて考えるようになると、しばしば池内ノートを読みかえし、あらためて先生の関連論著を熟読したり、講演会等にも出むいたりした。日記帳に新聞の訃報記事を貼りつけたのは、一九五二年に亡くなった池内先生の場合だけで、同じ事例はほかにない。

水谷氏は第四年目で聴講生時代にピリオドをうった。更新手続きを放置したため、一九三一年（昭和六）三月付けで「除籍」になったようである。当時の日記はふれないが、それから三三年たってから、除籍の理由は「授業料未納ノ為」だったとしるしている。水谷氏は幼い愛児を亡くすなど、そのころ一家は悲嘆の日々を過ごしていたのだが、それにしても、除籍の事態を割合さらりと受けとめられたのは、「文学上ノ研究」の具体的な方向がみえていたからではなかろうか。

二、広開土王碑研究の事始め／『旧拓好太王碑』を「買ッテ帰ッタ」

1　『旧拓好太王碑』との出会い

水谷氏の「文学上ノ研究」は、聴講生のころは「東洋史」に傾いていたのだが、それが「広開土王碑」研究に集約するのはまだまだ先のことである。しかし、水谷氏は聴講生時代に、それもその第一年目に、すでに「広開土王碑」と出会っていた。

一九二七年（昭和二）の暮れである。その年一二月二日条の日記に、「新橋きんつば屋志るこ一〇。遂ニ晩翠堂ニ行キ、「高麗好太王碑」四八ヲ買ッテ帰ッタ」とある。この拓本との出会いには、受講した講義等で触発されたのかどうか、詳しく日記等をみてみたが、その形跡はすこしもない。例の「池内ノート」を点検しても、それはない。偶々、書店で目にしたという感じである。

日記にいう「晩翠堂」はもと東京港区琴平町、いまの虎ノ門交差点の角にあった書道法帖の専門店。「四八」は水谷メモの書き癖で、「高麗好太王碑」の値段が四八銭だったことを意味している。直前に食したしるこは一〇銭であった。肝心の「高麗好太王碑」のことであるが、じつは、その実体は上海・有正書局刊の石印本『旧拓好太王碑』であった。

『旧拓好太王碑』には宋某の「誌」が付されていて、その原本は常州の呉《ご》椒《しゅく》甫《ほ》氏が「日中之役」に従軍したとき取得した拓本であったという。「日中之役」は一八九四年に始まった日清戦争に当たり、その原本は最初期に拓出された標式的な拓本として重要である。

後日、水谷氏は論文「好太王碑考」で、この『旧拓好太王碑』を王碑墨本の基本資料の、(1)「呉氏本」と指定して重視した（以下の番号(1)〜(9)は水谷氏による指定）。そのうえで、拓本としての特徴について、「石印甚だ疏、渺処《ろくしょ》が截り捨てられて原本の字の関係位置は不明」と解説し、また石灰で碑字を整えた拓本（石灰拓本）であるとも指摘した。

その解説や指摘はもちろん正しいが、それは水谷氏の王碑研究が最終段階に達してからの判定結果であって、それを購得した当時の『旧拓好太王碑』は、水谷氏にとって始めて出会った王碑の拓本（縮小石印本）であり、始めて収集した研究資料であった。水谷氏の〈王碑研究の事始め〉は、こうして幕があいたのである。

2 研究第1期の資料収集

もっとも、本格的に『旧拓好太王碑』を検討し始めたのはその翌年、一九二八年の四月であった。水谷氏はその『旧拓好太王碑』、つまり後で(1)「呉氏本」に指定した基本資料と、今西《いまにし》龍《りゅう》の論文「高麗好太王碑釈文」（久米《くめ》邦武《くにたけ》『訂正増補大日本時代史』古代・上巻、早稲田大学出版部、一九一五年）とを照合し対校して、早くも綿密な手法で碑字研究を始めていた。すでに、その碑字研究の進め方には、しだいに洗練されていく水谷氏独特の、緻密で詳細な原初的形態が示されている。

今西龍「高麗好太王碑釈文」もその一つであったが、⑴「呉氏本」の収集を契機として、水谷氏は王碑研究を進めるに必要な関連諸文献に注目する。とくに研究の原典になる拓本等の基本資料を探しだして、それらを収集する地道な仕事が始まった。ただ、水谷氏はあるいは後漢・楽浪郡《らくろうぐん》の「秥蟬碑《てんぜんひ》」について、あるいは故郷の桑名市多度の「多度神宮寺伽藍縁起并資財帳」について調査したり、論文草稿を書きはじめていた。かれは広い視野から、つねに多様な課題に関心をもち続けていたのである。

それでも、〈王碑研究の事始め〉を象徴する⑴「呉氏本」を取得したあとは、水谷氏は機会をとらえて、関連する諸文献を収集した。その収集情況は、基本資料に限っていえばつぎのとおりである。

一九三二年（昭和七）に、⑼亜細亜《あじあ》協会《きょうかい》「『会余録』本」（第五集、一八八九年）と、⑵「羅氏本」（『神州国光州』第九集、一九〇九年）を収集した。前者は東京国立博物館蔵の著名な「酒匂景信《さかわかげあき》将来本」を原本とし、後者は羅振玉《らしんぎょく》氏蔵本を原本として、いずれも縮小影印したものである。前者は「墨水廓塡本」類型に属し、後者は典型的な石灰拓本である。

一九三四年（昭和九）に、⑶「三井氏本『高麗好太王碑』」（法書会、一九一二年）を購得した。原本は三井家聴氷閣鑒蔵本《ちょうひょうかくかんぞうぼん》である。

翌三五年、(5)「『国史の研究』所載写真」（黒板勝美《くろいたかつみ》著『更定国史の研究』各説上、岩波書店、一九三二年）を入手した。これはかつて一八年に撮影された第Ⅰ面上部の、わずか二四字だけの部分写真にすぎないが、碑字間に石灰を塗った碑面の状態がよくみえる。

〈王碑研究の事始め〉のあと、徐々にではあったが、収集された基本資料は五種を数えた。ただ収集するだけでない。収集するとすぐ、手持ちの諸資料と照合し対校した。自分の手法で、王碑と対話しあっていたのである。成果がしだいに蓄積する。しかし、行くべき道はまだ遠い。その意味で、水谷氏がじっくり基礎をかため、地力をつけたこの一〇年間ばかりは、水谷氏の王碑研究の第1期としてよいであろう。

3　内外研究者たちとの対話

水谷氏が王碑研究の基礎をかためて地力をつけたのは、王碑原典である基本資料のほかに、関連する多くの資料を収集し、碑字の照合対校につとめるかたわら、内外の参考文献を読破して、多面的な王碑研究をおし進めたからである。

今西龍の「高麗好太王碑釈文」はすでに使っていたが、論文「広開土境好太王陵碑に就て」（久米『訂正増補大日本時代史』、前掲）を読んだのは一九三二年（昭和七）であった。今西は一九一一三年（大正三）に現地をおとずれ、関野貞《せきのただし》とともに、学者として始めて碑石を直接調査して、石灰をぬって碑字をつくり、「石灰拓本」を作成している事実、それが第Ⅲ面第1行を拓出していない情況等を確認し、それらを学界に発表して警告するなど、王碑研究に不可欠の文献であった。そのころから、水谷氏の王碑研究はすこし加速し始めたようである。

同じ三二年のうちに、日本最初期の王碑研究をリードして知られた三博士の論文を読み、王碑研究史の基本的な流れを体得した。熟読したのは菅政友《かんまさとも》の「好太王碑銘考」（『史学雑誌』二二〜二五号、一八九一年）、那珂通世《なかみちよ》の「高句麗古碑考」（『史学雑誌』四七〜四九号、一八九三年）、三宅米吉《みやけよねきち》の「高麗古碑考」（『考古学雑誌』二編一〜三号、一八九八年）である。それらの三博士は例の『会余録』に触発され、二〇世紀をまたずに相いついで論文を発表して、王碑研究の枠組みや定説的な王碑解釈を示していた。

翌三三年には、青江秀《あおえひで》『東夫余永楽太王碑銘解《とうふよえいらくたいおうひめいかい》』（写本、一八八三年）を購得し、さっそく手持ちの諸本と対校した。青江は海軍省の御用掛をつとめ、酒匂景信が王碑墨本（墨水廓填本）を将来したつぎの年に、だれよりも早く王碑を研究した。また同年に、権藤成卿《ごんどうせいきょう》の『南淵書』（一九二二年）の真偽論争が喧しくなるなかで、それを自分なりに検討し、「重大欠陥」を発見して「偽釈文」だと批判した。
三五年、栄禧《えいき》の『高句麗永楽太王墓碑讕言《こうくりえいらくたいおうぼひらんげん》』（油印本、一九〇三年執筆）を購得した。日本では、それに寄せられた関心は高かったが、水谷氏は「其釈文ハ南淵書流ノモノ」とかなり低く評価した。ただ、馴染みの江田文雅堂《えだぶんがどう》主人は「彼の紙料、彼方の筆跡」と鑑定して、水谷氏が取得したものは当時日本で流布していた類書とは異なって、清末の中国で作成された珍品であると判定した。

研究第1期が終わるころ、水谷氏の研究動向の一端をしめすのは、三三年に書かれた草稿「高句麗好太王碑字数攷」である。これは水谷氏が王碑に関して書いた最初の稿本であるが、知られるのは論題だけであって、各人各様の「釈文」を照合対校するうちに、おのずと引きこまれた論題であろう。論題からみて、当時の碑字研究の進展ぶりと、それに寄せた強い意欲が感じられる。

もう一つあげるならば、三五年の日記に「最初拓ヲ愈々《いよいよ》見度キモノト思フ」と書き、すでに「原拓」の文言もある。『会余録本』『三井氏本』『旧拓好太王碑』『羅氏本』等の基本資料を対校しあい、碑字本来の原態におもいを巡らすうちに記したメモである。そこには、早くも、後にいう「原石拓本」を想定し、それに集約してゆく確かな発想がめばえていた。

三、『初拓好太王碑』との出会い／想像も出来ない「宝物ヲ獲タ」

1　宝物『初拓好太王碑』とその性格

王碑との対話を重ねるうち、水谷氏の王碑研究にとって、また一期を画する出来事がおこった。一九三六年（昭和一一）に銀座松阪屋第一古書展覧会で、琳琅閣出陳の剪貼本『初拓好太王碑』一二冊と出会ったのである。出会いがしらにピンときて、ただならぬ予感が全身をかけめぐった。

手放しで喜び、興奮をおさえきれず、一〇月七日条の日記に書きつけた。「善イカヽルモノガ售《う》ラレ居ッタ。想像モ出来ヌモノデアル。価三十五円也ガ一寸痛イケレド、見過グル中ニ、如何ニ余ノ学問的事業ノ画期的仕事ヲ此中ニ見出スコトノ可能性ヲ覚エルノデ買約」した。いったん帰宅し、午後に出直して、「更ニ松阪屋ニ行キ、宝物ヲ獲タ」。

それまで鋭意収集してきた諸資料をくりかえし対校し、磨きのかかった感性と豊富な知識を体得していたからこそ、一目見てすぐ、これが画期的な仕事の可能性を秘めた「宝物」だと見ぬいたのである。宝物を獲たその夜から、早速、諸資料との対校が繰りかえされた。日記には連日、ひとこと「好太王碑研究」とだけ、あるいは「好太王碑」とだけ書きつづけた。その書きこみが一旦ストップしたのは、半月あとのことであった。日記はその後もその「新獲本」を話題にしつづけるが、四度めの対校を終えたのは翌年正月になってからであった。水谷氏の王碑研究第2期は、宝物の『初拓好太王碑』を獲て始まった。

新獲の『初拓好太王碑』と対校した結果、むしろ収集してきた基本資料の性格が、新たな角度から見えてきたようである。(9)『会余録本』の「拠ッテ来ル所」が判明したという。また(1)『旧拓好太王碑（呉氏本）』、(2)『神州国光集本（羅氏本）』、(3)「三井氏本」の三本は「皆字外ニ石灰ヲ用ヒタ後ノモノ」だと指摘した。みな「石灰拓本」であった。水谷氏のなかでは、それら三本の対極に『初拓好太王碑』が位置したことはいうまでもない。

水谷氏は『初拓好太王碑』を基本資料に加えて、(6)「水谷旧蔵精拓本」と指定した。あとになって、「厚手の黄がゝった紙の上に白紙を重ねて善い墨で拓してある。碑面凡てを拓したらしいが、字の不明な部分は截り棄てられた処がある。表紙に『初拓好太王碑』と題するが、今紙墨精良なる故に精拓本と呼ぶ」と解説した。手元の基本資料がますます充実してきて、これで八種に達していた。

しかし、その後、「水谷旧蔵精拓本」は水谷氏の手をはなれて、その行方は知られていない。「旧蔵」たるゆえんである。ところが、水谷氏の残した愛蔵品に王碑拓本の写真乾板があり、拙稿「「水谷旧蔵精拓本」の実像を求めて」（『朝鮮文化研究』七、二〇〇〇年）でのべたとおり、その一部が水谷氏撮影の「水谷旧蔵精拓本」のものと判明した。

わたしの見解では、それは一九三〇年代に拓出された「石灰拓本」のC3型拓本であって、前記の「呉氏本」など上記した三本のC1型拓本に比べて、拓出年代や紙料・墨質、着墨情況等はかなり違う。しかし、C型の「石灰拓本」類型に属するという基本的な性格ではみな共通する。おそらく、日ごろC1型拓本を見慣れた水谷氏には、そのC3型拓本がいかにも新鮮に見えたのであろう。それがまた王碑研究の新たなエネルギーを呼びおこし、研究の活性化を促すことになったのである。

2　王碑研究の「見直シ」／拓本の類別化、『酒匂将来本』の熟覧

「水谷旧蔵精拓本」を取得した翌年、一九三七年（昭和一二）に、水谷氏は論文二編を発表した。例の「多度神宮寺伽藍縁起并資財帳考」（『画説』三／『三重の古文化』一四）と「秥蟬碑考」（『画説』六）であり、それらは同氏が最初に発表した論文になった。

それが一段落すると、水谷氏の関心は広開土王碑にもどり、こんどは王碑研究にやや集中していったように見える。そのころの日記に、「好太王碑ヲ見直シ、考ヘ直シ始メル」とある。文意はかなり抽象的であるが、王碑研究の「見直シ」「考ヘ直シ」をつよく意識していたことは確かであろう。結果からみて、つぎのような動きに関連していたものかとおもわれる。

一つの動きは、基本資料を分類して、王碑拓本の類別化を進めたことである。同じ三七年の

日記に、「好太王碑拓本写真版各種（と云っても五種だが）を二類に分かち、新旧の鑑定点として、第一面のみの著しい字形を比較して見る」と書いた。

五種の拓本写真版とは、水谷氏の手元にあった基本資料の⑴「呉椒甫氏本」、⑵「羅振玉氏本」、⑶「三井氏本」、⑷「朝鮮総督府本」、⑺「楊守敬《ようしゅけい》氏本」である。⑷と⑺とについては後にふれるが、いずれもその前後に収集され、あとで基本資料に指定されることになる。新資料が追加されて、碑字の照合対校はますます綿密に、かつ詳細になっていった。

ただ、肝心の「新」と「旧」の類別結果は書かれていないが、後日の記述を参照すれば、どうやら⑴⑵⑶が「新」に、⑷⑺は「旧」に属すとみたらしい。この見解は別に検討し、批判されなくてはならないが、作成時の「前」と「後」とに対応して、拓本の「旧」と「新」とを類別しようとしたのである。まだ原初的な試案だとはいえ、この類別化の試みは研究史上最初の王碑墨本〈編年論〉であった。その意図と着想は高く評価すべきものである。

もう一つの動きは、かねて熱望していた「酒匂将来本」熟覧の機会をえたことである。水谷氏が動きだしたのは三七年ごろであった。「酒匂将来本」は一八八三年に将来され、研究史上最古の王碑資料であり、ごく最近までは現存唯一の墨水廓塡本として知られていた。王碑研究の原点がそれにあり、王碑研究はそこから出発するのが常道であろう。

その機会は三九年（昭和一四）にきた。昵懇の東京美術大学教授、香取秀真《かとりほずま》氏と東京博物館に同道して「好太王碑ヲ拝見」した。つづいて日記は、その王碑が「拓本デハナイ、摸本《もほん》（雙《そう》鈎廓塡《こうかくてん》）デアッタ。……驚キ。夢ノ又夢ヲ見テ居ル様」としるした。ついに叶えられた夢のまた夢と、「酒匂将来本」の実態を知った驚きとが交差する。なんと、それは、手書きの雙鈎廓塡本（墨水廓塡本）であった。これで、王碑の墨本研究に新しい一つの局面が開かれた。

もっとも、水谷氏が回顧したように、「香取教授が一瞥して断言された」のである。それ以前はただ漠然と摺本《しょうほん》、搨本《とうほん》、拓本等といわれてきただけであった。それが手書きの墨水廓塡本であったとは、まさに驚きの新事実であった。

3　基本資料の収集、戦時下体制の動向

研究第2期に入って、二種の基本資料が追加された。例の「水谷旧蔵精拓本」（『初拓好太王碑』）を獲得した直後、一九三六年（昭和一一）一一月に、(4)「朝鮮総督府蔵本」（府本）を収集し、三八年に(7)「楊守敬氏蔵本」（楊氏本）を購入した。

前者は『高句麗好太王碑縮本』（朝鮮総督府、一九一八年）であり、その原本は関野貞氏らが現地の集安に入った一三年（大正二）、そこで求めた石灰拓本である。それはまさしく「朝鮮総督府蔵本」であって、同拓本が『朝鮮古籍図譜』第二冊（朝鮮総督府、一九一五年）所収の原本だとする通説は誤りである。

後者は楊守敬編『寰宇貞石図《かんうていせきず》』(一九〇九年)巻六所収の石印本で、その原本は一九〇二年(光緒《こうちょ》八)に贈られた石灰拓本である。ただし、あとで加えた墨痕が著しく、取り扱いには格別な注意を要するものである。それは承知しながらも、水谷氏もこれには相当てこずったようである。

基本資料に連動して、水谷氏の王碑研究は集中の度合いを深めていく。こころみに、『酒匂将来本』熟覧直後の三九年三月にかぎって、その動向を日記に拾ってみよう。上野図書館で閲覧し抄録したのは郇岡良弼《むらおかりょうすけ》「高句麗古碑」、『東三省古蹟遺聞続編』、『朝鮮金石総覧』上、「高麗古碑」(『瀋故』)、『金石文字弁異』、黒板勝美「好太王調査報告」、菅政友「高麗好太王碑銘考」、那珂通世「高句麗古碑考」、『博物館歴史部金石文目録』、『高麗古碑本之由来』等であり、自宅では「池内宏講義ノート」を繙いた。注文し購入した書物は『瀋故』、『満州金石志稿別録』、『海東金石苑』である。碑字の対校には、新らたに『朝鮮金石総覧』上・『満州金石志稿』・「今西釈文」・『高句麗好太王碑縮本』所載の釈文を用い、その間に「好太王碑研究目次」を執筆した。これが水谷氏の偶々実践した王碑研究の、ある一か月間の記録である。

しかし、時の流れは研究全般にとって悪化の一途をたどっていく。日中戦争が始まって、やがて国民精神総動員運動、国家総動員法等が発動された。戦時下体制が強まるにつれて、そのもとでの研究生活は、陰に陽に不自由をきたしたに違いない。水谷氏が向島高等女学校に勤めだすのは三九年からであった。

そこで注目したいのは、前記の「好太王碑研究目次」である。それに応じるように、四〇年初頭の日記に「好太王碑研究ノ、第一章ヲ艸《そう》シ始メル」とあり、それから第一章第二節まで書きおえるのであるが、その先はなかなか進まぬようであった。だが、その章・節の構成を見ると、水谷氏終生のテーマの「好太王碑研究」をかかげ、その集大成をめざす稿本であって、来たるべきつぎの時期に直接連動する内容だったとおもわれる。

日本は太平洋戦争に突入し、東京の大空襲が始まって、万事、手詰まり情況に陥ってゆく。また、あえていえば、水谷氏の王碑研究でも、研究としての内在的要求にはもう一つ、決定的な要件を欠いていたことも事実である。そこに、研究第2期の厚い壁があった。

四、「水谷蔵原石整拓本」との対話／「最初拓本間違無シ」

1　「水谷蔵原石整拓本」との出会い／新獲拓本は「見ニク過ギル」

研究第2期の〈厚い壁〉を突き破るきっかけは、戦時下の一九四三年（昭和一八）、東京本郷の書店からもらった書目案内に始まった。水谷氏は同年三月二九日条の日記に、つぎのように書いている。

「本郷弓町文雅堂書店、一昨ト昨両日、見セルト案内ヲ受ケタ新獲拓本ヲ見セテ貰ッタ。目的ノ好太王碑ハ、……即チ黄味ガカッタ紙一重ヲ拓シタモノ、蔵本ヨリ模糊トシテ居ル感ジ。字の見ニクイ第一面ノ下部（一面ヲ上中下三枚ニ截《き》ッテアルノダ、全十二枚トナル訳）ニ、為我蓮葮ノ字ヲ注目シタガ、全ク蔵本ト同ジキヲ看得ル。（写真▽▽並看）見ニクイノガ古イ証拠デハアルガ、見ニク過ギル。墨ヲ全部ニ用ヒタ点、支那人ノ拓ニハ違ナカラウガ、蔵本ト如何比較シタラト思フ。主人不在デ、話ヲ聞ケズ」。

このとき見た「新獲拓本」こそ、それまでの〈厚い壁〉を突きやぶる〈決定的な要件〉そのものであり、いいかえれば、これがいわば運命的な出会いの時であった。前後の情況からすると、当日のお昼すぎ、午後二時から三時までのことであった。

弓町の文雅堂書店（江田文雅堂）はいまの本郷三丁目、真砂坂上交差点の南側あたりにあって、水谷氏行きつけの書店であった。店主の江田《えだ》勇二《ゆうじ》氏はよく中国各地にでかけ、漢籍古書を将来して実績があり、かねて水谷氏とは昵懇の間柄であった。水谷氏にとって、単なる店主というよりは、信頼のおける相談相手であり、頼りになる協力者であった。

当日は準備よろしく、水谷氏は持参の「写真」をとり出して、さっそく「新獲拓本」に並べて観察した。この「写真」は、さきに撮影しておいた「蔵本」の写真であり、「蔵本」というのは、例の「水谷旧蔵精拓本」（『初拓好太王碑』）である。最初の出会いだったにしては、すぐ「古イ証拠」を指摘するなど、しっかり見ていたのは流石《さすが》である。

その「古イ証拠」についてだが、「見ニクイノガ古イ証拠デハアルガ、見ニク過ギル」という所見であった。拓本は〈拓出すればするほど、しだいに拓出した碑字が見えにくくなる〉のが斯界の常識である。だが、広開土王碑の場合は逆になる。これまで、手元の基本資料で対校してきた水谷氏にとって、その第一印象は「見ニク過ギル」であった。

だが、「新獲拓本」の本質は、まさしくそこに表出していたのである。そこにこそ並みの流布本との違いがあり、しかもそれは決定的な違いであった。しかし、そのときの水谷氏の関心は愛蔵の「蔵本」の方にかたむいていて、その興味の中心は両本に共通する碑字部分に集中していたようである。

ちなみに、「新獲拓本」の出所が奉天《ほうてん》だったか北京なのか、いまなお不定である。あとでそれが話題になり、「奉天カラ買ッテクルノガ、昭和十七年ダッタ」という江田氏にたいして、水谷氏は日記に「曾テ北京デ買ッタト話サレタノハ〔江田氏の〕記憶違ヒカ」と書いている。かつて、そうした話が出たのであろう。したがって、その出所は不定であるが、水谷氏がその拓本と出会ったのはその翌年、昭和一八年だったという事実は動かない。

2　「水谷蔵原石整拓本」の入手／ふたたび「宝物ヲ獲」

「新獲拓本」との出会いのあと、水谷氏に格別な動きはみられなかった。ただ、王碑のことはつねに念頭にあったようである。拓本を観ては碑字・碑文を検討し、手元の草稿に手をいれたりしていたが、戦時色が濃くなるにつれて、愛蔵の「水谷旧蔵精拓本」の疎開を考えた。

東京空襲が激しさをます一九四五年（昭和二〇）になると、かえって水谷氏の動きが目だってくる。その年四月の日記に、「一ケ月以上カカッテ、漸ク好太王碑字ノ研究ヲ卒業シタ」と書いた。突然「卒業シタ」といえば、いささか大げさに聞こえるが、かれは碑字研究に集中し、それが一段落したとおもったのであろう。

その実際は不明だが、事態の前後の推移からみて、五年前に書き始めた草稿「好太王碑研究」が一応完成した、と考えるのが自然であろう。驚くべき持続力、集中力である。それにまして見逃せないのは、ここ一か月余りの間に、例の「新獲拓本」について検討して、或る重大な見解に至ったことである。それにつづいて、決定的な出来事がおこったのは五月一五日であった。その日、水谷氏は江田文雅堂から「新獲拓本」を購得した。

水谷氏は同日欄の日記に、翌日の朝になって、つぎのように書いた。「午前七時半、数ケ月振リデ東京ヘデル。……真砂町文雅堂病（一月カラ四月マデ病ンダト）後ノ主人ニ請フテ、好太王古拓本ヲ見ル。正ニ最初拓本《さいしょたくほん》間違無シ。鬼神《きしん》呵護ヲ得タルモノダ。……生命ヲ延シテ研究ヲ完成シタイ。一旦帰宅。……一時半又出テ、三時半文雅堂。四百円ヲ内金トシテ宝物ヲ獲《う》。五時半迄帰宅」。水谷氏は、ふたたび「宝物ヲ獲」たのである。「宝物ヲ獲」たときの感激に優

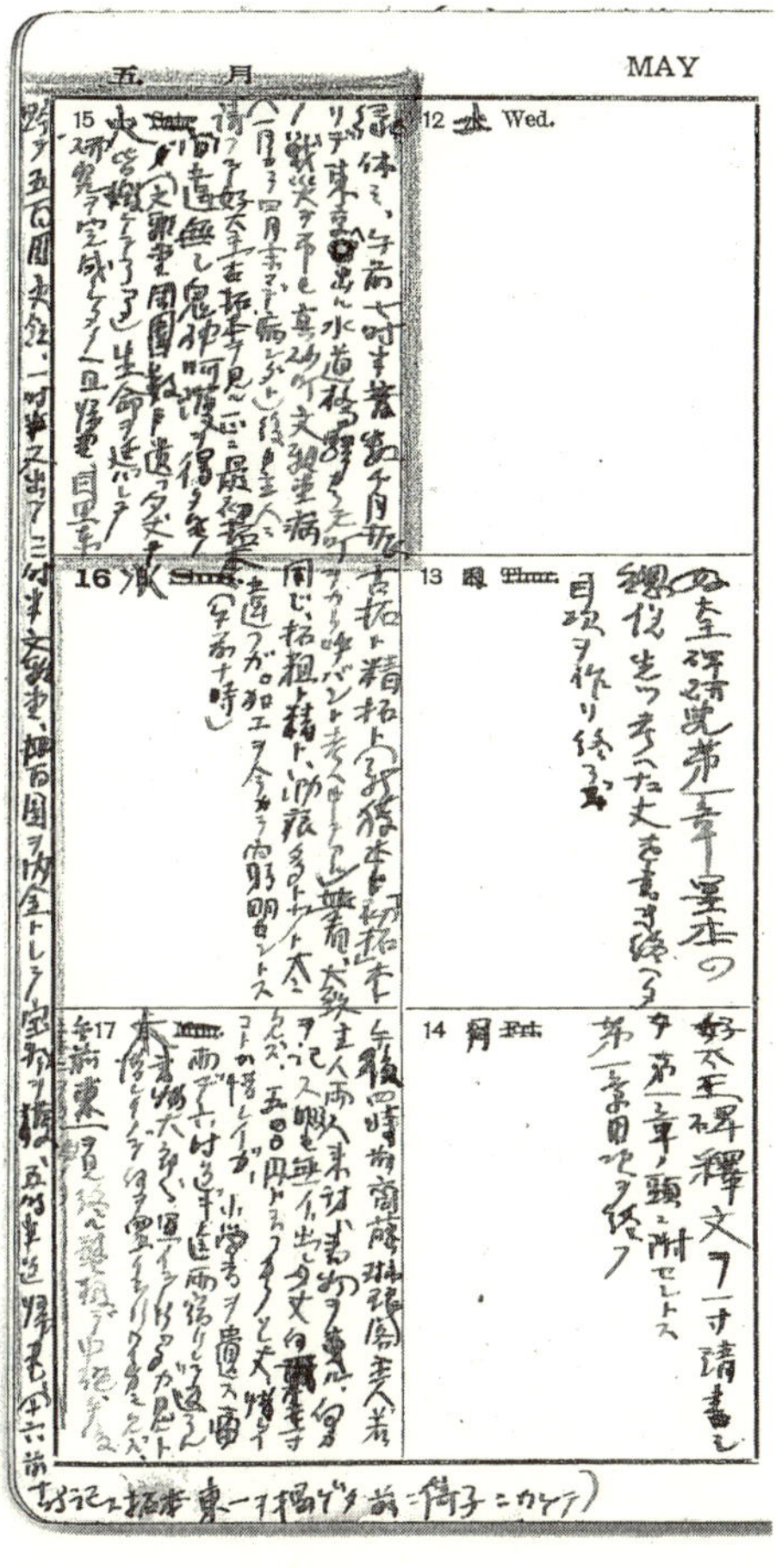

『水谷日記』昭和二〇年五月一五日条、「正ニ最初拓本間違無シ」云々

劣はつけ難いが、九年前に獲た宝物「水谷旧蔵精拓本」に比べて、そののち進められた研究成果に支えられて、今度はその内容、性格、類型等の点で空前の「宝物」であった。

「最初拓本間違無シ」、「鬼神呵護ヲ得タルモノダ」、「生命ヲ延シテ研究ヲ完成シタイ」。「宝物ヲ獲」た当夜から翌朝まで、夜どうし駈けめぐり、高揚した心情のうねりが吐露される。推理が論証された安堵の感、おもわぬ邂逅への感謝の念。そして、あらためて、今後の王碑研究にかけた悲壮なまでの決意を確認して、自分みずからに宣言する。

水谷氏本人

は、あとで振りかえって、「昭和二十年五月結論に達し得、漸く仮面絶無の真碑文の形を推理し得た時、其二年程前に見かけた古い拓本の事を想起し、再び書店に請うて検討して、其正しく私の推理した原石拓本の形を具備するを確認した」(著書『好太王碑考』)とのべている。

二年前の「新獲拓本」は、ここではその名を「最初拓本」に変え、さらに「原石拓本」に改めて、それを水谷氏が手中にした。長い王碑研究史のうえで、石灰痕のない真正「原石拓本」がはじめて摘出され、ついに確認されたのである。あとで「水谷拓本」とも呼ばれたが、水谷氏は従来収集した基本資料に加えて、これを(8)「水谷蔵原石整拓本」に指定した。これで九種の基本資料は全部そろったことになる。

その「水谷蔵原石整拓本」が根本的な原典となり、決定的な論拠となって〈第2期の壁〉を突きやぶり、ここに水谷氏の王碑研究「第3期」が始まったのである。

3 「水谷蔵原石整拓本」と東京大空襲

そこで、あらためて想起したいのは、水谷氏の研究「第3期」が一九四五年(昭和二〇)五月に始まったことである。いうまでもなく、そのころは日本本土が米機の空爆をうけ、東京は連日連夜戦禍のさなかにあり、敗戦が迫りくる時期であった。ところが、水谷氏にとって、盛り上がった王碑研究が戦禍のピークと重なったのである。

最初の東京空襲が前の年の年末にあり、水谷氏は日記にその様子をメモしている。翌四五年、歴史にのこる三月九日からの大空襲では、じゅうたん爆撃で未曾有の被害をだしたのだが、その時期の日記はたまたま欠けている。同年四月には、「明治神宮本殿拝殿、百何十発焼夷弾ヲ受ケテ御焼失……、又宮城内大宮御所ニモ投弾。言語道断」としるした。一か月以上かかって「好太王碑字ノ研究ヲ卒業シタ」のは、ちょうどそのころのことであった。

原石拓本の「水谷蔵原石整拓本」を取得したのは、それから半月後のことであった。当日の日記はさきに引用したが、それには、「数ケ月振リデ東京へデル。水道橋カラ弓町ノ戦災ヲ弔ヒ、……鬼神呵護ヲ得タルモノダ。（文雅堂周囲数軒残ッタ丈デ、皆焼ケテ了ッタ。）生命ヲ延シテ研究ヲ完成シタイ」と書かれている。

水谷氏は水道橋駅から壱岐坂《いきさか》をのぼり、江田文雅堂に着いたのであろう。病み上がりの江田氏に請い、「新獲拓本」とは二年ぶりに再会したが、それを今日こそおのれのものにする決心である。ただ、途中で目にした弓町・真砂町一帯は米軍機の猛爆で焦土と化していて、ひどく水谷氏の心を傷つけた。文雅堂の辺りだけは辛うじて焼けのこり、例の「新獲拓本」は無事であった。王碑研究の新展開にとって、それはまことに幸であった。だが、去る三月の大空襲の業火は本郷方面をもなめつくし、斎藤琳浪閣を始めとして、なじみの古書店は軒なみ焼滅した。

日記によると、水谷氏は「新獲拓本」を取得したその夜から、「拓本東一ヲ掲ゲ」て熟覧し、その後も「古拓ト精拓ト並看」しつづけた。「古拓」とは「新獲拓本」、「精拓」は「水谷旧蔵精拓本」を指す。「拓本東二」とは、「古拓」冒頭の部分を拓出した拓紙をいい、各面上中下の三枚からなる計一二枚のうち、「東」と命名された第I面の上部一枚にあたえられた記号である。

翌日条に、「午前、東一ヲ見終ル。警報デ中絶。午後、東二ヲ見始タリ」とあるように、連日の警報や空襲の合間をぬっては、東・南・西・北の各面の順をおい、各面では一・二・三に従って「古拓」と照合対校し、順次、「古拓」の調査研究が進められた。家人によると、警報が鳴れば、昼夜をとわず、そのつど拓本類を防空壕に運びこんだという。

それでも、ふと、「平和ナ初夏ノ日指ニ、戦災地ヲ忘レテ、好太王古拓本を審観スル」ような、いわば不敵なひとときを過ごしていた。水谷氏はもっとも厳しい戦時下体制にあって、もっとも充実した研究生活を送っていたようにもおもわれる。それを象徴するものは、集中して古拓「水谷蔵原石整拓本」を研究し、それと交わした数々の対話なのではなかったか。

五、論考「好太王碑考」の発表とその前後／「自分ノ足跡」を見つめて

1　〈好太王碑〉研究の集大成／現存する二つの「稿本」

水谷氏が「水谷蔵原石整拓本」を獲得したのは一九四五年（昭和二〇）、ポツダム宣言受諾

の三か月ほど前であった。ところが、その敗戦をきっかけに、水谷氏の日記からもキーワードの広開土王碑が消えてしまう。ふたたびその姿を現わしたのは、ほぼ一年後のことである。

キーワード復活の情況は、四六年七月の日記に書かれている。「二・三日、夜中ニ目ヲ覚スト、不図《ふと》好太王碑ノ釈文ノ事ヲ思ヒ浮ブ」から始まって、「精拓本ヲ見ルト、明カニ首ノ上ノ二点ヲ認メ得ル。勇躍シテ、久シ振リニ原石面拓本ヲ畳ノ上ニ拡ゲテ見ルト、精拓本ト全ク同ジデ、マガフ方モ無イ」とつづく。それまで誤って、「黄龍負」（第Ⅰ面第4行）と読まれた旧釈の「負」の字が、正しく「首」字と読まれた瞬間であった。

その後も、上記の「黄」字が改められて、正しく「履」字と読まれるなど、つぎつぎに新しい解釈がしめされた。その過程で重要なことは、水谷氏が「精拓本」つまり「水谷旧蔵精拓本」等を用いながら、「原石面拓本」つまり原石拓本の「水谷蔵原石整拓本」を典拠として、碑字を逐一判定していく手法である。原石拓本を得て、はじめて可能になったこの方法が、王碑研究「第3期」の開始をつげ、研究レベルの飛躍的な発展を保障した。

水谷氏の研究は、やがてはっきりした形をとり始める。手元には、たえず添削を加えてきた草稿「好太王碑研究」はあるのだが、「水谷旧蔵精拓本」を獲得したいまになって、大幅な改定が必要になってきた。水谷氏は集中して改定作業に専念し、それは四六年からあと連年継続した。「碑字」はもちろん、その対象は「碑文墨本」や「碑辞」「碑文」に広げられ、さらに一

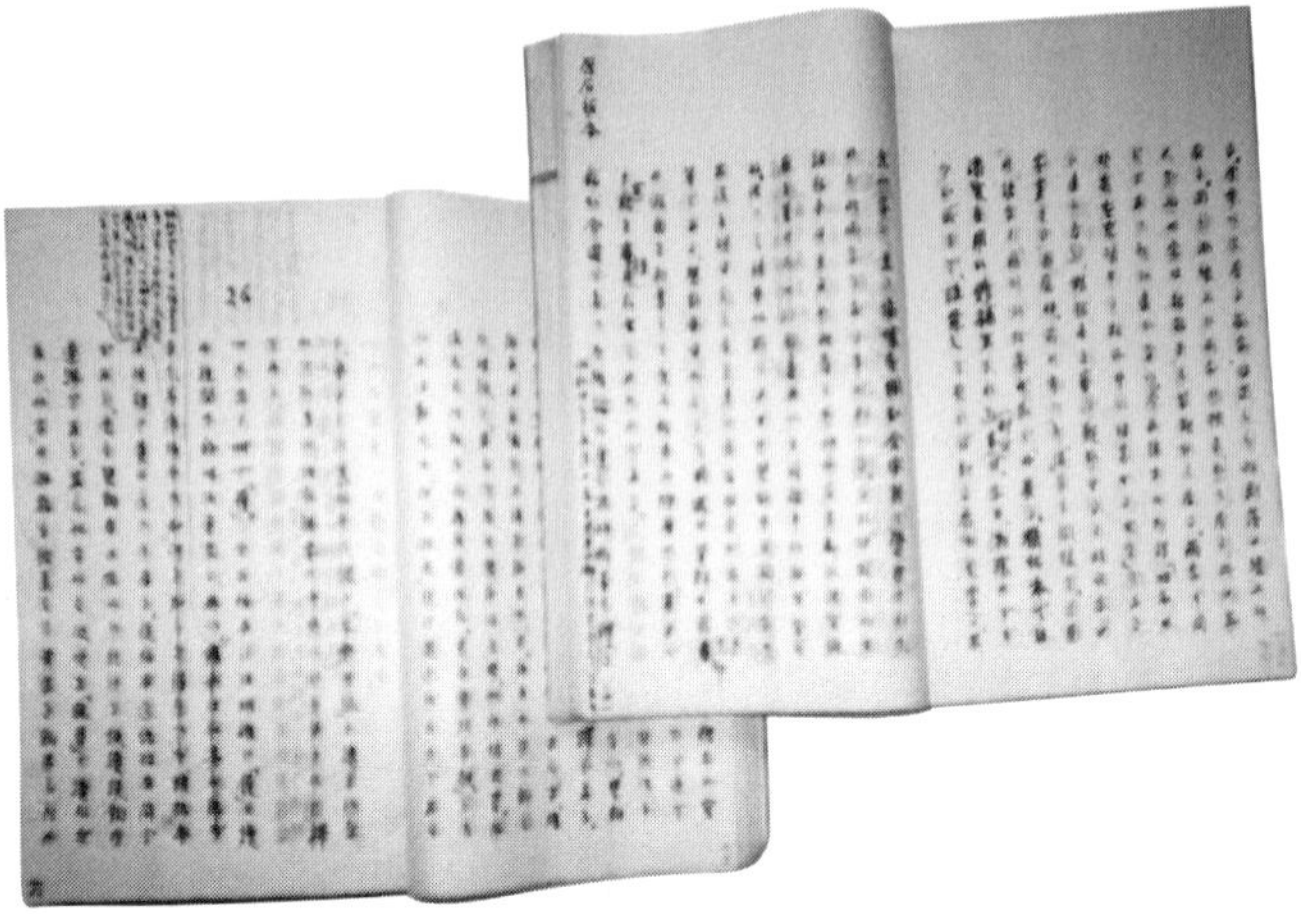

『好太王碑文研究』（稿本A）。右・第一冊「原石拓本」条、
左・第二冊「26〈履〉字」条

段と深められた。

　およそ二年半後の一九四八年（昭和二三）に、和紙・和綴じ、墨筆の稿本二冊が完成した。計四八七葉の本文に附録がつき、帙に入って現存する。一冊は『好太王碑文研究序説』と題し、それは第一章「緒論」、第二章「好太王碑墨本概説」で構成される。もう一冊は『好太王碑文研究』と題して、第一章「碑字研究」、第二章「碑辞研究」、第三章「碑文研究」からなり、末尾に「好太王碑釈文」（いわゆる「水谷釈文」）が折り込まれている。

　完成した当日、同年一一月の日記に、水谷氏はおもわず「写定終ッタ。久シカッタ。……、後仕事モ無イ。芒トシテ居ル」と洩らしていた。ほんとうに「久シカッタ」。この稿本は水谷氏が長い歳月をかさね、渾身の力をこめて集成した王碑研究の成果である。これを研究史に即していえば、当時の研究レベルにおいて最高であり、抜群の成果と評して間違いない。ただ、ここでは、以下の類似する名称の混乱をおそれて、これら二冊を「稿本A」と仮称する。

この「稿本A」にたいして、じつは、水谷氏のもう一種の稿本が現存する。原稿用紙・仮綴じ、ペン書きの『好太王碑考』ないしは『好太王碑文研究摂要』であり、各冊に二つの表題が並記された三冊本である。順に従って各々「第一冊」「第二冊」「第三冊」と書かれ、合わせて〈一二二枚〉に達する書冊である。また各冊にはそれ固有の表題が、第一冊には「好太王碑墨本考」、第二冊に「好太王碑字考／好太王碑辞考」、第三冊に「好太王碑文考」と書かれている。さきにのべたと同じ理由で、これを「稿本B」と仮称しよう。

見た目の「稿本B」は、分量・体裁等で「稿本A」とはだいぶ違っている。しかし、それら二種の「稿本」AとBは、その基本的な構成や内容で共通し、ともに水谷氏入魂の成果である。水谷氏は同旨の二種の稿本を残していたのである。

2　論文「好太王碑考」の発表／「稿本A」から「稿本B」へ

それでは、「稿本B」はどのように書かれ、完成したのだろうか。そこで、現物「稿本B」の書き込みに注目する。とくに目立つのは赤系統の書き入れだが、そのうち赤ペンは〈編集上の指示〉であり、赤エンピツは〈印刷上の指示〉である。つまり、それは編集され、印刷されて、発表論文として扱われた原稿とおもわれる。

そういえば、各冊共通の表題のうち、『好太王碑文研究摂要』は赤ペンで抹消され、『好太王碑考』は赤ペンで追記されている。そして、追記された表題は、水谷氏のよく知られた論文題名に一致する。こうなると、その正体は明らかであろう。「稿本B」は水谷氏の発表論文「好太王碑考」(『書品』百号、昭和三四年六月)の原稿そのものに違いない。照合してみると、早いはなしが、両者の構成・内容をはじめとして、細部の表現までもが同じである。

つぎは作成年次。それについては、「稿本B」の各冊末尾に付したメモがある。第一冊には「昭和廿四年十二月十六日稿」とあり、以下にも同年同月の「十九日稿」「廿三日稿」等とある。それらを日記と照合すると、ほとんど互いに符合する。水谷氏は一九四九年(昭和二四)一二月中、精力的に「稿本B」を執筆し、ごく短い期間のうちに完成した。

以上に関連して、同年同月九日条の日記に注目する。そこには、「東大考古学研究室駒井助教授ニ好太王碑研究ヲ呈ス。……、概要ヲ130枚位ニ書イテ、考古学雑誌ニ出シタラト云ハレル。厚意ヲ謝シテ帰宅ス」とある。駒井助教授に呈した「好太王碑研究」とは、前年末に書きあげた四八七葉の「稿本A」の写しであろう。だが、雑誌論文としてはいかにも長すぎる。減量の話がでたのはやむをえない。

以上の情況からみて、水谷氏の心中はつぎのように推測される。もしかして、かねて念願していた論文の発表が現実するかも知れない。そのためには、すでに手持ちの「稿本A」を「130枚位」に減量しなくてはならぬ。水谷氏は翌一〇日から減量にとりかかり、早くも年内に完成した。それが「稿本B」である、云々。ここに推測した「稿本A」と「稿本B」との関係は、たとえば減量を始めた時期や、減量結果の〈一三二枚〉で裏づけられる。それにしても、見事なまでに徹底した律儀さである。

だが、どうしたものか、「稿本B」は発表されずに、それから一〇年の歳月が流れさった。そして結局、一九五九年に書道専門誌の『書品』百号に掲載されるのである。発表のきっかけは、それより五年前、例の文雅堂の江田氏の仲介から始まって、東洋書道協会の西川寧《にしかわやすし》氏らの肝煎りで実現した。それが「稿本B」に新稿「好太王碑字の変相（要約）」を加え、「水谷蔵原石整拓本」の縮尺写真を入れて、新装なった水谷論文にほかならない。

水谷氏は当年七月一〇日の午前中、日記によると、かつて「水谷旧蔵精拓本」を獲た日を想いだし、「好太王碑研究ノ自分ノ足跡」をふりかえっていた。そのむかし、「文学上ノ研究」を決意し実行した。「生命ヲ延シテ研究ヲ完成シタイ」と祈願したこともあった。そしてその日、水谷論文を掲載した『書品』百号が届くはずなのである。届いた時点で、水谷氏の王碑研究「第4期」が始まるものと認めたい。

日記には、「正午何分カ前ニ郵便。〃書品100、好太王碑〃ヲモラッタ」としるしている。いま、ついに、水谷氏は研究の「完成シタ」果実を手中にした。その果実は水谷氏が一途に王碑と対話しつづけ、不屈の態度で研究を全うした証であり、時空を越えて王碑研究者に託すべき贈物である。

3　王碑偽造説と著書『好太王碑考』／「原石拓本」は実在する

いったん「稿本B」は完成したものの、なぜか、『考古学雑誌』上に発表されなかった。東洋史研究にかかわる一人として、わたしは残念におもっている。発表まで一〇年かかっただけでなく、発表の後も一五年ちかくにわたって、歴史学界は水谷論文を知らずにいたのである。

水谷論文が知られたきっかけは、一九七二年（昭和四七）発表の李進熙《りしんき》氏の論文「広開土王陵碑文の謎」（『思想』五七五）であった。知られるとおり、李氏はセンセーショナルな王碑〈すり替え〉偽造説をひっさげて登場し、その後も健筆をふるって、国際的規模で大きな反響をまきおこした。その所説の大略は、王碑拓本等の碑字は石灰で加工され、偽造されたが、それは日本軍部が意識的に行った蛮行であり、歴史を歪曲し真実を隠蔽したのだと非難した。

その論旨のポイントは、石灰を使って本来の碑字を加工し、すり替え偽造したという指摘である。石灰加工のことは水谷氏が長年心血をそそいで、綿密詳細に明らかにした事実である。

李説はそれをとりあげて、独特な自説の実証的な基盤にしたのである。驚いたのは当の水谷氏であって、水谷氏の心境は複雑かつ深刻だったに違いない。本来の碑字のすり替え偽造のことや、その意識的な偽造の実行者が日本軍部だったことなどは、水谷氏のあずかり知らぬことであり、またとうてい想像すらできないことであった。

水谷氏の李説への反応の一端は七五年（昭和五〇）九月付け、末松保和先生宛ての書簡にうかがわれる。その一つは、歴史学界へ向けた皮肉である。自分の論文が「書道の限られた目から認められたに過ぎません筈の処を、李進熙氏に発掘された訳でして、私としましては李氏に感謝せねばならぬのであります」とある。李氏との巡りあわせの意外さは、いささか冗談めかしてはみたものの、それ以上に、無知ですごした歴史学界への皮肉に通じるものである。

もう一つは、こんどは明らかな日本人学者への批判である。佐伯有清《さえきありきよ》著『研究史広開土王碑』（吉川弘文館、一九七四年）、朝鮮史研究会編『古代朝鮮と日本』（龍溪書舎、一九七五年）を名指しして、「第一線の日本学者諸氏が全く李氏に押され放し、意気全く挙がらず、私老人何とも不思議。……慨嘆に耐えません次第」とある。まことに手厳しい批判である。ことに後者の『古代朝鮮と日本』は、李進熙氏も参席していた座談会「広開土王陵碑と古代東アジア」を収めるが、じつは、わたしが司会をつとめていたのである。身には覚えがあり、思いあたるふしも少なくない。

さらなる反応は、李説への根本的な批判である。同じ書簡に、「李氏が「水谷拓本」を見損われ」た云々とある。この〈見損ない〉に対する批判には、はなはだ重い意味がある。李説はかつて水谷論文が論証した石灰加工の事実を評価し、その事実に限って自在に使ったが、しかし水谷論文の核心をなす「原石拓本（水谷拓本）」の実在に関しては、それを一貫して、徹底的に否定した。一切加工のない「原石拓本」が実在するのでは、〈すり替え〉偽造説は完結せず、すでに進行しつつあるように、むしろ破綻の危機に立たされる。ここに、李説最大の弱点がある。だが、「原石拓本」は厳然として実在する。それも、内外にわたって確認されて、すでに十指に余るほどである。

末松保和先生宛ての〈書簡〉といえば、先生が水谷論文を高く評価して、単行書として刊行するように慫慂《しょうよう》し、その間に水谷氏と交わされたものである。周知のとおり、こうして水谷氏の著書『好太王碑考』（開明書院、一九七七年）は、別冊の縮尺写真「水谷拓本（水谷蔵原石整拓本）」を収め、先生の「解説」を付して刊行された。本書の刊行は、おりから高まる王碑再検討の中で、水谷論文が受けた高い評価を証明するものにほかならない。

六、水谷悌二郎氏との対話／広開土王碑研究にかけた不屈の半世紀

1　いくつか残った問題点／「石上墨鈎」説と李雲従本

水谷氏があげた見るべき研究成果については、それぞれの段階でそのつど述べてきたが、水谷論文が大きな契機となって、王碑研究はさらに一段と進展した。しかし、水谷論文に教えを請い、論文や著書を介して水谷氏との対話を進めるにつれて、いくつか気になり出したことがある。水谷氏に直接たずねるすべがなくて残念であるが、いまたここに列挙して、できればお教えを請いたいとおもう。

その一つは、水谷氏が援用した「石上墨鈎《せきじょうぼくこう》」説である。かつて呉重憙《ごじゅうき》氏は「後跋」（鄭文焯《ていぶんしゃく》氏『高麗国永楽太王碑釈文纂攷』、一九〇〇年）で、有名な潘祖蔭《はんそいん》氏蔵の「墨水廓填本」の作成情況にふれるなかで、蔵本は「就石上墨鈎本」（石上に就きて墨鈎せる本）と描写した。水谷氏はそれに着目し敷衍して、中国人墨匠によって「苔蘚焼除以前の石上墨鈎に成るもの」だと解釈した。

だが、碑石が発見された直後では、現場でのそのような作業は無理であろう（拙稿「「広開土王碑」火難諸説の批判的検討」、『慶北史学』二三、二〇〇〇年）。漠然たる現地の噂話は聞いていたかも知れないが、現地での作成法の実際に通じていたとはおもえない。ところが、例の

〈すり替え〉偽造説は水谷氏の「石上墨鈎」解釈をとりこんで、そのうえで、「中国人墨匠」を「酒匂景信」にすり替える。つぎつぎと憶測に空想が重ねられる。そして、軍事探偵の酒匂氏が現場にそそり立つ巨碑に登り、碑字を読み、石灰を塗り、偽字を作り、碑文をすり替えたのだと論断した。

その二つは、水谷氏が推定した「李雲従《りうんじゅう》本、即ち石灰拓本」説である。はじめ「稿本A」では、水谷氏は李雲従氏の拓出本を高く評価していたが、その後、やや方向を転換して、李雲従本＝石灰拓本説を提示した。〈すり替え〉偽造説は、その「石灰拓本」説をもとりこんで、あくまで石灰拓本説に固執する。万一「原石拓本」が実在するならば、自論に都合が悪くなる。しかし、いまではだれもが知るように、李雲従は「原石拓本」の代表的な拓出者に間違いない（拙稿『広開土王碑原石拓本集成』、前掲）。李雲従本は北京《ペキン》瑠璃廠《るりしょう》の名拓工、李雲従が手ずから搨りあげた「原石拓本」にほかならない。

「李雲従本」即ち原石拓本は事実である。その事実を知って一番驚くのは、おそらく水谷氏自身に違いない。だが、もっと驚くことがある。水谷氏が「生命ヲ延シテ研究ヲ完成」するさいに、長らく拠り所にしてきた「水谷蔵原石整拓本」こそ、同氏が生前愛蔵し愛用してきた「水谷拓本」こそ、じつは、かの李雲従が拓出した原石拓本にほかならない。李雲従が一八八九年に現地におもむいて、手ずから拓出した原石拓本の一本なのである。この皮肉な歴史の反証に、水谷氏はまずは驚かれることであろう。しかし、すぐに、笑みをうかべて、心から喜ばれるに違いない。わたしは、心中、そう信じて疑わない。

2　もう二つの問題点／「碑字変相」説と編年論

その三つは、水谷氏が提唱した「碑字変相」説である。その所説は「稿本A」とはまた別に、一九五二年（昭和二七）に書きあげた論文「好太王碑字の変相」を元にして、それを要約して完成させた新稿である。すなわち、一九二〇年前後のころ、碑石は二度目の火災におそわれたと主張する。

碑石をおそった火災には、一九世紀末のころ、碑石発見の直後の事件が知られている。碑身に絡まる苔蘚・蔓草等を焼却し、ようやく碑字を読みこんで、はじめて墨本が作られたという、現地でよく知られた火災である。これを最初の事件とみたうえで、水谷氏は二度目の事件がおこったのだと指摘した。

しかし、私見によれば、頼りにした張延厚氏の「跋文」等は誤伝である。また、二度目の火災をしめすとされた文献も、碑面に残ったとされた焼痕も、それらが確かなものだという論拠は見当らない。それは石灰の剝落痕と見てよい程度のもの、そうと見るべきものである（拙稿「「広開土王碑」火難諸説の批判的検討」、前掲）。

その四つには、水谷氏自身が提起した王碑墨本の「編年論」である。水谷氏は長期にわたって基本資料を収集し、多数の各種墨本（写真をふくむ）を詳細に観察し、それらを綿密に対校して、先駆的な墨本「編年論」を提起した。それまで、この論題にとり組む者がいなかったのである。水谷氏がその最初の提起者であり、そのことも同氏の大きな功績の一つである。

問題はその「編年論」の内容である。水谷論文によると、例の九種の基本資料の新旧は、それらに付された番号順に従うものと判定した。別格扱いの(9)は、もちろん最古の墨本とみなして間違いない。その他についてては、やや難解な論旨をたどってみると、碑字加工に使った石灰は時間の経過につれて「漸〈増〉」するというのであり、基本資料は古くに作成された(4)～(8)群と、新しい(1)～(3)群とに二分されるという。それ以上の明言はみあたらない。しかし、全体の文意から察すると、古本から新本への推移は付された番号とは逆の順序、つまり(8)～(4)↓↓(3)～(1)の順序と見ていたようである。

しかし、この「編年論」は再検討を要するであろう。その詳細は別にして、王碑墨本の類型論を前提に、わたしが示した編年論、すなわち拙稿「広開土王碑墨本の基礎的研究」（『東方学』一〇七、二〇〇四年）に示した編年論は、水谷「編年論」とはかなり違う結果を示している。おおざっぱにいって、順序の新旧・後先が逆になる。

両者間の違いのポイントは、水谷氏が石灰痕の通時的変化に着目し、その「漸〈増〉」して完成してゆく過程をたどる手法、また、石灰碑字ごとの個別的な変化を重視する手法に関連する。わたしももちろん、石灰痕の変化を重視する。また碑字の個別的な変化にもこだわるが、しかし、全面にわたった石灰塗布より以後の石灰痕の「漸〈減〉」過程に着目する。

また、墨本ごとの全体的な着墨情況の変化に着目し、類型論の観点から「着墨パターン法」を考案して、明確で客観的な編年判定の基準を示すように工夫した。つまり、類型論との相互関連を重視した編年論である。これからは、水谷氏の問題提起をうけついで、類型論との相互関連を一層重視した編年論を提示することが望まれる。

3　体験的「水谷悌二郎」氏像／王碑と対話しつづけた半世紀

これまで、水谷氏が収集した基本資料等と、王碑研究の進展情況とのかかわりを目安にして、ほぼ半世紀にわたった研究時期を四期に区分しながら、水谷氏が描いた広開土王碑研究の軌跡をたどってきた。

その各段階で成しとげた研究の大きな成果とその意義については、そのつど指摘したとおりである。そこで、ここでは、水谷論文や水谷日記等をとおして、生前お目にかかったことのない水谷氏と時空をこえて、じっくり対話を交わしてきた。そのなかで、おりにふれて感じたわたしの個人的、体験的な感慨を簡単にしるしておこう。

まず一つには、なんといっても原石拓本の追求、「水谷拓本」の発掘である。その経過をふりかえってみれば、一九八九年に李雲従が王碑を拓出した。その一本を四二年に文雅堂の江田勇二氏が中国某地で入手し、日本に持ち帰った。幸いにも、それが文雅堂で四五年三月の東京大空襲をしのぎきった。同年五月、それを水谷氏が取得した。

いうならば、偶然と幸運の連鎖である。この連鎖がどこかで途切れたならば、いまの「水谷拓本」がなかったばかりか、水谷氏の論文も著書もない。その連鎖を現在に繋いだ主人公は李雲従手拓の「水谷拓本」、すなわち「水谷蔵原石整拓本」にほかならない。

つぎに二つには、初歩的・基本的な研究方法である。端的にいえば、王碑研究はただ「水谷拓本」を手にしただけで進むものではない。その真価をよく理解し、正しい研究方法を実践して、始めて「水谷論文」が形を現わし、現実のものになるのである。

だが、考えてみると、できるだけ多くの資料を収集し、それらを史料批判の篩《ふるい》にかけ、総合的に考察する……、そのような当たり前の手続きは、だれでも承知の初歩的・基本的な研究方法である。しかし、水谷氏より以前に、だれ一人として実践したものはいなかった。研究方法の手抜きはせず、いちずに実践することの大切さを、長期にわたった水谷氏の努力をつうじてあらためて知るのである。

そして三つには、不屈の探求心である。とくに王碑を研究するにさいしては、巨大な碑石や秘匿されがちな資料類を相手にする。しっかり研究を進めることは並大抵のものではない。そのうえ、他に寄りかからず野に在って、戦時下体制の焦土の東京も体験した。そこには、おのずと個人の資質が表出するであろう。水谷氏の場合で目だつのは、長期にわたって衰えを知らない、貪欲なまでの探求心である。

「水谷拓本」を獲得して「水谷論文」発表するまで一四年、『初拓好太王碑』を購入してから二三年、『旧拓好太王碑』を取得してから二二年の歳月が過ぎさった。また、『旧拓好太王碑』を取得してから著書『好太王碑考』を刊行するまで五〇年、没年までに五七年が経過した。王碑と対話しとおした半世紀である。水谷氏はその生涯を不屈の探求心でおし通した。

過ぎさってみれば、それは水谷氏独自の歴史のつみ重ねであった。昭和という厳しい時代の流れのなかで、自分に忠実に水谷流、悌二郎流のやり方で、おもいっきり、徹底して広開土王碑の研究に集中し、おのれの大きな軌跡を描いてみせた。その軌跡をいちずに歩んだ水谷氏の孤高の半世紀をいとおしみ、かつ敬意を表しながら、ここで本章を結びたい。

第八章　末松保和と広開土王碑
――「更生」前後の飽くなき執念――

本章に収めた二編は、『末松保和朝鮮史著作集』全六巻（吉川弘文館）を編集し、刊行するにあたって、その第三巻『高句麗と朝鮮古代史』に関連して一九九六年に書いたものである。本書に収めた各章は、新たに起こした原稿をふくめて、みな現在の情況をふまえて書いたものであり、かつて発表した旧稿も大幅に書きあらためて収録した。しかし、本章だけはほぼ旧稿の体裁を残し、主題になじまぬ一部の文章を削除しただけである（削除部分には×印の一行を挿入した）。

あえて旧態・旧文を残したのは、そうすることで、末松先生の広開土王碑に対する思いが、

末松保和先生
（昭和 31 年、東洋文庫にて）

肌身に感じて伝わるような気がしたからである。健康を害してから後の一九七九年、先生は七五歳にして秘かに建元し、「更生一年」と称していた。病魔とせめぎあい、ともに生きぬく覚悟で、自分にいい聞かせた内なる宣言である。

おもえば、二〇歳にして、黒板勝美《くろいたかつみ》教授の広開土王碑の訪碑談を聴いて以来、三四歳にして、現地に王碑を訪ねて以来、なんども繰り返された王碑との対話であった。七〇歳をすぎて、なお自らの情熱を駆りたてた対話の軌跡である。

建元前後から、先生の王碑に傾ける情熱は一段と燃えさかり、飽くなき執念にまで昇華した。病魔とおりあいながら、連年論文を執筆した。本章の副題に「「更生」前後の飽くなき執念」を添えたゆえんである。

一、末松保和先生と好太王碑

末松保和先生の朝鮮古代史研究は、日本古代史にも踏みこんだ一連の論考を除くとすれば、その主な柱は主著『新羅史の諸問題』（東洋文庫、昭和二九年）を中心とする新羅史研究（『末松保和朝鮮史著作集』第1・2巻）である。しかし、先生は新羅以外の諸国家・地域にもひろく関心をもち、注目すべき成果を世に問い続けた。本巻『高句麗と朝鮮古代史』（著作集第3巻）は、この表題に関連する諸論考を集成して、先生のもう一つの柱を組みあげてみたものである。

×　×　×　×　×　×

本巻第二部「高句麗好太王碑の研究」は四編から成り、分量では必ずしも他を圧するわけではないが、しかしこれが本巻の実際上の中心である。先生の研究の経歴からして、また研究に傾けた学問的な情熱からして、そして晩年の病床でみせた執念からしても、好太王碑の研究は先生の朝鮮古代史研究のなかで、無視できない核心部分をなしている。それに関しては、また後ほどふれることにしたい。

×　×　×　×　×　×

さてここで、さきに注目しておいた第二部「高句麗好太王碑の研究」にたち戻ってみよう。周知のとおり、好太王碑とは高句麗・広開土王碑のことであり、高句麗きっての名君の長寿《ちょうじゅ》王《おう》が父・広開土王の偉大な勲績を後世に伝えるため、四一四年に当時の王城であった国内城、現在の中国・吉林省集安鎮の東郊に建立した、およそ六メートル余りの巨大な石碑である。その巨碑は当事国の高句麗はもちろん、高句麗にかかわった百済・新羅・任那加羅・安羅など、古代朝鮮諸国や日本列島の倭（古代日本）をはじめ、四〜五世紀ころの諸国家や諸地域の動向について、千七百七十余字をもって記録している。

いうまでもなく、この巨大な好太王碑は倭の動向をも含め、当代における北東アジアの研究に不可欠で、はなはだ貴重な同時代史料として著名である。これが前世紀末、一八八〇年に発見されてから今日に至るまで、すでに研究史は百十年余りの歳月を積みかさねてきており、しかも好太王碑に関する研究は近来一段と進展し、かつ国際的な規模での論議をよぶなど、その重要性にたいする認識はいよいよ深まり、ますます広まっているといえよう。第二部の論考四編は、いずれも先生がみずから研究の最前線にかかわって収穫した果実であり、研究にかかわるなかで注いだ情熱と、燃やしつくした執念との確かな証でもある。

第一の論文「解説『高句麗好太王碑文』」は、表題どおり王碑と碑文の簡明適切な解説であり、分量が多いわけでもない。ただ、多少漠然とした意味あいにおいてではあるが、この解説が先生の研究歴を両分する位置を占めており、その点で注目されるものである。まず第一の注目点は、第一論文は先生がそれまでおこなってきた研究を念頭におき、日本帰国の後という新たな環境で、あらためて好太王碑に関する見解を総括したことである。

先生は早い時期から高句麗史に関心をよせていたが、今度はそのものズバリ、好太王碑をとりあげて、しかもその中心課題とされてきた「辛卯年」に焦点を絞った「好太王碑の辛卯年について」(『史学雑誌』第四六編第一号、昭和一〇年)を発表した。通説が西暦三九一年に当てる「辛卯年」は、これを一紀(六〇年)繰上げて、三三一年の可能性があるというのである。この一紀繰上説のアイデアは、本人が明かしているように、前年度史学会大会での黒板勝美教授の講演によるものであった。その後、先生はこの繰上説だけを断定・主張するものではなかったと述懐する一方、通説を「ゆるぎなきもの」と認めており、従って第一論文では通説にくみしていることはいうまでもない。

繰上説以前にも、先生が編修に当たった『朝鮮史』第一編第一巻(朝鮮総督府朝鮮史編修会、朝鮮史料、昭和七年)において、主として『朝鮮金石総覧』上(朝鮮総督府、大正六年)の釈文によりながら、ごくわずかな字数に限られるが、独自の釈字を示していた。先生の回想によれば、先生の好太王碑との最初の出会いは大学一年生のとき、黒板教授の訪碑談であったという。先生が学術的な意識を自覚して好太王碑と直接対峙したのは、おそらくこのときが初めてだったのではあるまいか。

さらに繰上説の後、先生は昭和一三年に現地中国の集安に好太王碑を訪れ、そのあと機会をみては王碑拓本を熟覧したという。太平洋戦争末期の京城帝国大学での講義でも、必ずや王碑にふれたことであろう。なぜならば、同大学で「講義とも演習ともつかぬかたちで、一学期間、任那の歴史の話をし」、帰国後に「その話を紙に写したもの」が『任那興亡史《みまなこうぼうし》』（大八洲出版株式会社、昭和二四年）となったのであるが、同書はとくに「好太王碑の辛卯年とそれ以前」の一節をもうけ、例の「辛卯年」を任那（加羅）史区分の基準年次とし、同書構成の基本としているからである。先生の好太王碑重視、高句麗重視の態度はその後もつづく。先生と好太王碑との因縁は、すでに浅からざるものがあった。

しかし、くだんの第一論文は当然踏むべき手続きに従い、それまでの実績にすんなりのっとったものともいえよう。換言すれば、研究史の上で格別目立つ内容だともおもわれない。ただ、そのなかで注目すべきは、好太王碑文の行数に新説を示したことであった。従来の全四四行説を疑問視し、第Ⅰ～Ⅱ面隅角上に新たな一行を推定したのである。先生は「近く、中国科学院か、あるいは朝鮮科学院に手紙を出して実地に精査してもらうつもりである」と予告していた（「歴史教育」第七巻第四号、昭和三四年）が、その結果については「先般、朝鮮科学院に手紙を出して実地に精査してもらったけれども、私のいう隅角上の一行は認められぬという返事を受けた」と紹介した（『日本上代史管見』自家版、昭和三八年）。じつは、私も別の理由で四五行説を提起したことがあった。いまだ原碑精査の機会に恵まれていないが、しかしいまはこの説にやや否定的である。先生には、それから後も自説をとり下げた形跡はない。
ただ、ここでの問題は行数それ自体でなく、先生が朝鮮の社会科学院の金錫亨《きんしゃくこう》氏に精査を依頼したことである。同氏は中国科学院へ照会し、先生はその返事をもらったのであった。先生に届いた返事には、中国・朝鮮の学者たちの心がこめられていたわけである。その内容が紹介された昭和三八年（一九六三年）、中国・朝鮮合同学術調査団が中国東北地方の歴史遺蹟等を調査し、多大の成果をあげたと伝えられる。そのさい、好太王碑もあらためて調査の対象になったことはいうまでもない。

ちなみに、金錫亨氏はかつて先生が奉職していた大学の学生であり、当時は共和国史学界をリードする指導的地位にあった歴史学者である。同氏には前近代朝鮮史における基本的な階級構成を論じた著書があるが、先生はそれを高く評価し、李達憲《りたつけん》氏との日本語訳『朝鮮封建時代農民の階級構成』（学習院大学東洋文化研究所、昭和三五年）を出版している。

やがて、共和国から金錫亨著『初期朝日関係研究』、朴時亨《ぼくじこう》著『広開土王陵碑』（ともに社会科学院出版社、一九六六年）が、またかなり後になってからではあるが、中国では王健群《おうけんぐん》著『好太王碑研究』（吉林人民出版社、一九八四年）が刊行されて、そのときの成果が公表された。その合同学術調査が実施されるにいたった経緯は知るよしもないが、ひそかにおもうに、前記の先生の依頼・照会と関係がなかったのであろうか。もし万が一、何らかの関連がないわけでなかったならば、その意味は小さくないとおもう。一九七〇年代からの好太王碑研究の新たな展開に、それらの著書がはたした役割の大きさを考えてみればよい。

いずれにせよ、これら一連の過程のなかでひとつ確かな事実は、第一論文の発表を契機にして、先生自身が好太王碑研究の重要性を再認識し、新たな情熱を傾けてとり組み始めたことであった。第一論文に関する第二の注目点は、じつはここにある。先に、第一論文が先生の研究歴を両分すると指摘したのは、それがそれ以前のものをうけ継ぎながら、それをそれ以後に増幅・発展したかたちで伝えて行くという、二重の意味あいにおいてであった。先生は論文発表の直後、さっそく碑面の精査を依頼したが、ややあって文部省科学研究費の総合研究「金石文を中心とした朝鮮史の基礎的研究」（東洋文庫、昭和四一年度）の代表研究者となり、主として好太王碑の研究にとりかかり、研究継続の基盤を整えていった。私事にわたって恐縮であるが、私がはじめて好太王碑の研究にかかわるようになったのは、このとき総合研究の研究分担を命ぜられてからである。

先生の好太王碑研究にたいする情熱は表面化せず、永らく潜行したままであった。しかしその間に、先生の情熱は、執念に昇華した。それは昭和五二年からはっきりした姿をとり、第二論文「水谷悌二郎著『好太王碑考』解説」（昭和五二年）以下、文字どおり連年にわたって第三論文「好太王碑と私」（昭和五三年）、「好太王碑文研究の落穂」（『日本歴史』三六八、昭和五四年）、The Development of Studies of the KING HAO T'AI Inscription: With special Referencce to the Reserch of MIZUTANI TEIJIRO;Memoirs of the Reserch Depertment of the Toyo Bunko, No. 38, 1980（昭和五五年）、第四論文「好太王碑文研究の流れ」（昭和五六年）が発表された。英文のものは第四論文とほとんど同じ内容であるが、それぞれその時点における書下ろし原稿である。驚くべき執念と集中力である。

以上の論文は先生満七三歳より以後に発表れた。高齢ということの他に、先生は六〇歳を過ぎてから内臓の疾患に悩まされた。総合研究にとり組んだ六二歳のとき、九州大学病院で胃潰瘍の手術をうけて病床に伏した。さらに六五歳にして、武蔵野市の西窪病院で再度の大手術をうけ、今度は翻然おもうところがあって、昭和五四年（西暦一九七九年）に建元し、当年を「更生一年」と自称した。しかし、更生年次を重ねるほどに、保谷市東伏見の自宅で静養するよりは、しだいに入院したままの方が多くなっていった。先生の好太王碑に関する最後の第四論文は「更生三年」、七七歳時の発表である。ただ執念というほかない。

振り返ってみるに、それまでの情熱がさらに飛躍して執念へと昇華するについては、先生のなかで何らかのきっかけが必要であった。そのきっかけをもたらしたのは、新しい研究との出会い、いわば対照的な二人の人物との出会いであった。その出会いでは非常に深い印象をうけたらしく、先生は「碑文研究の長老水谷悌二郎氏が李氏とともに、はじめて私の研究室に来訪

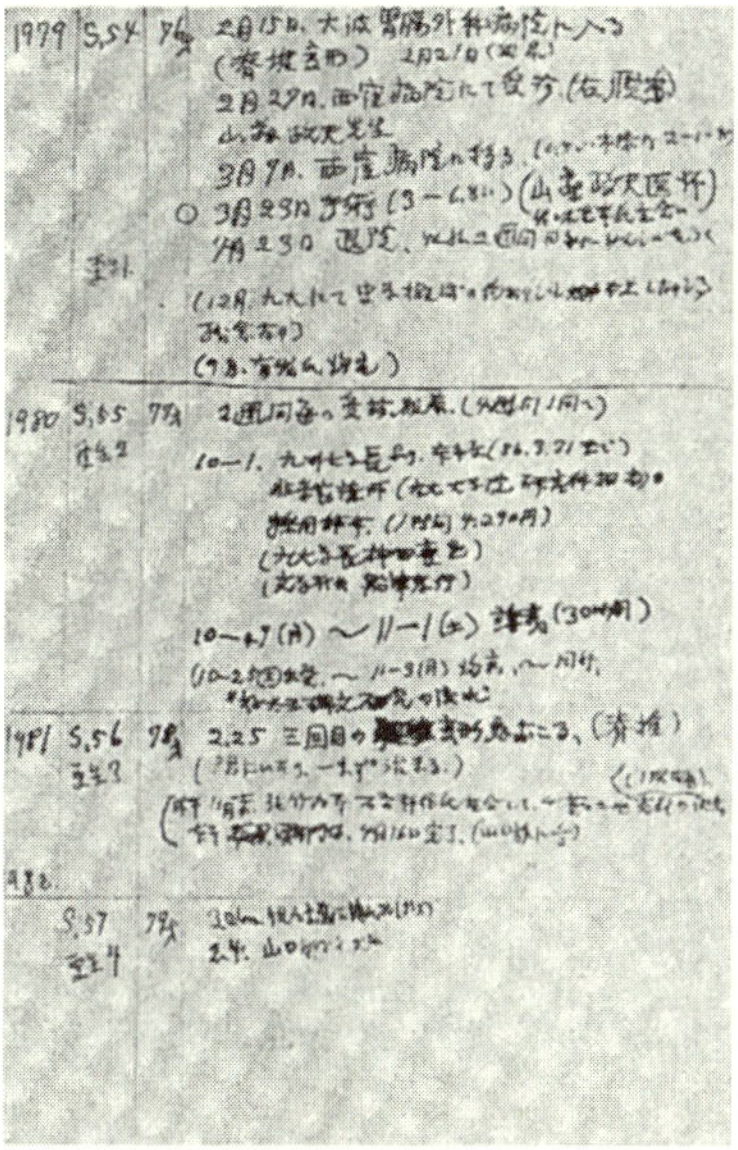

末松保和先生の「更生」紀年

されたのは同年九月二三日のことであった」（第三論文）と、日付けいりでしるしている。

文中にいう「同年」とは昭和四六年、「李氏」とは李進熙氏のことである。そのころ李氏は、日本軍部による好太王碑の石灰塗布作戦論、すり替え偽造説を構想中であったとおもわれるが、おりしも中塚明・佐伯有清らの諸氏と歩調をあわせるように、上記の朴時亨・金錫亨両氏の著書等に触発されながら、ともに新しい好太王碑研究をめざし、東アジア史研究に新風をふきこもうとしていた。そうした流れのなかでとくに注目されたのは、翌四七年から前記のショッキングな新説をたずさえ、精力的に自説を発表・主張しはじめていた李進熙氏であった。その主張はもちろん賛否両論に迎えられたが、国際的にも反響をよび、各方面に大きな影響をあたえたといってよかろう。

先生は新出の諸史料に多大の関心をよせたが、しかし李氏の主張には消極的・否定的であり、その評価は終始変わらなかった。その評価の説得力ある根拠等については、第二以下の諸論文に即して、それぞれ直接確認していただきたい。先生が注目したのは李氏とともに来訪した水谷悌二郎氏の好太王碑に関する研究と、その研究をささえた拓本であった。水谷氏は好太王碑について長年研究をかさね、しかもその研究はすでに出会いの一二年前、書道総合誌「書品」百号（東洋書道会、昭和三四年）に公表されていた。今となっては周知のことであるが、水谷氏による新研究の要点を二条にまとめるとすれば、各種資料に批判を加え、石灰など後人が加えた痕跡を知らぬ「原石拓本」（所謂「水谷拓本」）を発掘したこと、それに基づいて碑文原字を追究し、精度の高い「水谷釈文」を提示したことであろう。

だが、そのころ、先生はまだ水谷氏の新研究の内容を知らなかったようである。いや、その当時、それを知らぬまま幾歳月をやり過ごし、後悔しなかった古代史家が、はたして何人いたであろうか。それに奇しくも、一二年前とは先生が第一論文を発表した年である。さらに、水谷論文の主要部分が成稿したのは二二年前、昭和二四年のことであった。しかも、その研究にとりかかったのは、昭和初年にさかのぼるという。

先生は水谷論文の論点をすべて支持したわけではないが、その本質について「碑文研究の流れを一変せしめた、文字通り画期的な論文である」（第二論文）と評価し、その論文と原石拓本を自ら単行本『好太王碑考』（開明書院、昭和五二年）として編集し、これを広く世に知らしめる労をとった。そこには、在野の水谷氏が長年蓄積してきた研究業績への高い評価と、それを無視してきた先生自身の反省がこめられており、それらが一体となって、好太王碑研究への執念をみずから一段とかきたてたのではあるまいか。

しかし、ままならぬ健康問題が絡まっていたことであろうが、自分の研究が満足のゆく境地に達していたのかというと、そういう点で貪欲であった先生だけに、勿論そうとは考えていなかった。好太王碑関係で最後となった第四論文「好太王碑文研究の流れ」では、研究の現状について今なお「《外的批判》の域を脱し切っていない」と不満をのべ、「しかし真の《内的批判》がすでに開始されているという事実を認めうることを多幸とせねばならぬ」と結んでいる。これまで執念をもって追究し、獲得してきたものを自ら《外的批判》と規定したところに、学者としての先生の幾許かの無念さを感ずるとともに、後に続くものは今後に託された「多幸」のことを忘れてはならないであろう。

個人的な感慨にすぎないが、今にしておもえば、その他の研究分野でと同様に、私の好太王碑の研究においても、先生の学恩に由るところがじつに多大であった。先生の第四論文が発表されてから、ようやく七年後の「更生十年」にして拙編著『高句麗広開土王碑原石拓本集成』（東京大学出版会、昭和六三年）を、また八年後の「更生十一年」にして拙著『高句麗史と東アジア―「広開土王碑」研究序説―』（岩波書店、平成元年）を生前の先生に奉呈できたことは、私にとってせめてもの慰めであった。

なお、先生は一貫して広開土王碑の表記・呼称を「好太王碑」でおし通した。ここでは年来の自説を顧みないかたちで「好太王碑」表記によったが、それは末松先生の著作集を編むに際して、先生が好太王碑研究に注いだ情熱とそれに燃やした執念に、心から敬意を表するためである。

二、末松保和先生と広開土王

末松保和先生が亡くなられてから、すでに四年に近い。平成四年四月の一〇日、東京の満開の桜が散り始めた、ちょうどその頃のことであった。ほどなく関係者のご好意に励まされ、朝鮮史と日本古代史を中心にした研究成果をまとめて、『末松保和朝鮮史著作集』全六巻を刊行する希望がかなえられた。先生の薫陶をうけたものだけの喜びに止まらない。

周知のとおり、先生は総体的な古代日本朝鮮関係史を叙述し、当時ぬきんでた水準を示した『任那興亡史』の著者として知られ、また『新羅史の諸問題』を刊行し、新羅史を個性豊かな研究分野として確立して、専門的な高い評価を集められた。

われながら不思議な気もするが、私にはその新羅史について、先生から直接教示をいただいた記憶がない。もちろん、『新羅史の諸問題』は反復学習したし、その後、先生が復刻した同書（「青丘史草」第三）は手ずから頂戴した。そして幸いにも、しばしばお会いする機会に恵まれるようになってから、親しく交わしていただいた話題は万般におよび、数々の教示にもあずかった。その間、私から新羅史を持ちだしたことはあったが、ついぞ先生からはなかった。先生はその時々の新しい話題でいっぱいであった。

学習院大学定年退職の前後、先生の新しい話題の中心は高句麗「広開土王碑」であった。想いおこせば、昭和一八年、日本人学者として戦前最後の碑石探訪を実現し、これが先生にとっては最初にして、一回限りの訪碑行となった。のち解説「高句麗好太王碑文」を書き、また『任那興亡史』は王碑の「辛卯年」を重視したかたちの構成をとった。さらに、科学研究費「朝鮮金石文の総合的研究」の代表者となり、広開土王碑について検討した。私が始めて王碑研究が許されたのもまさにこのとき、研究分担者の一人としてであった。先生は広開土王碑に、深い関心を寄せ続けていたのである。しかし、先生があらためて広開土王碑に傾倒し、王碑研究に新たな情熱を燃やすのは、もう少し後のことであった。

この新たな情熱は定年退職のあとに、昭和五二年ころから燃えあがった。この年、先生は学界に水谷悌二郎氏の王碑研究を紹介するため、同氏の研究論文を著書『好太王碑考』に編集しなおし、原石拓本（加工されない原石のままを拓出した拓本）の縮尺写真を付録として、自ら「解説」をも付し、同書の刊行に腐心した。それから連年、論文「好太王碑と私」、随想「好太王碑文研究の落穂」、論文 The Development of Studies of the King HAO-T'AI 好太王 Inscription、論文「好太王碑文研究の流れ」などを陸続発表した。七三歳から七七歳にかけてである。しかもこの間、先生は還暦を過ぎて二度の大手術をうけ、その二度目は自ら「更生元年」と称して再度の更生を決意したが、実際にはついに再起することのなかった闘病生活にはいるのである。昭和五四年、七五歳であった。かくて、王碑研究は病床からする先生入魂の、生涯最後の研究テーマとなった。

たしか、そのころであった。先生を病室にお見舞すると、昨夜、夢に、広開土王をみたと洩らされた。突然のことで、一瞬、冗談かともおもったが、先生はいつもの真面目な顔つきをくずさず、その後もふだんの明晰さで、とくに変わった様子もない。先生が広開土王に会ったのは間違いない。広開土王の顔容は……、様子は……、振る舞いは……。今となっては、そのとき虚をつかれて、一言も口をきけなかったことが悔やまれる。

先生の情熱は、いつしか執念にまで昇華してしまったのだ、そうおもった。執念をここまで昇華させた特殊な契機としては、先生がひごろ持続していた学問的関心を基本ベースにしながら、一つには、李進熙氏が唱えた日本軍部の石灰塗布による碑文偽造説と、もう一つは、水谷悌二郎氏の長年にわたる碑文の原字研究とがあげられよう。碑文偽造説は発表の当時から大きな話題になり、内外に強い関心をまきおこし、二〇年を過ぎたいまにしてなお、その影響が残っているようにもみえる。いうまでもなく、先生は当初から碑文偽造説にくみせず、批判しつづけた。その後、原碑・原字の現物調査がすすみ、また原石拓本が多数確認されてゆくにつれて、先生の主張はいっそう動かぬものとなる。確認された原石拓本は、内外あわせて、すでに十指にあまるまでになった。

先生にとって、碑文偽造説は否定的・消極的な意味をもつにすぎなかったが、先生と水谷悌二郎氏との出会い、水谷氏の碑文原字研究との出会いは、はなはだ肯定的・積極的な意義があり、その後の広開土王碑研究の進展に大きな役割をはたした。水谷氏についていうべきことは多いが、いまはその詳細は省略するほかない。

ただ、水谷氏は長年にわたり、ひとり王碑研究に心血をそそいできた在野研究者であって、流布する拓本の石灰加工の痕跡を具体的に指摘しながら、原石拓本（水谷拓本）を発見し、それを公開し、精度の高い釈文を示すなど、王碑研究に多大の功績を残した。このことは必ず記憶さるべきである。先生は従来の「碑文研究の流れを一変せしめた」と評価した。早速、先生は水谷拓本を借用し、日夜親しく研鑽するほどに、水谷氏の研究の真価を確信した。水谷氏の論文「好太王碑考」を著書『好太王碑考』に作りかえ、ひろく学界に紹介したのは、止むにやまれぬ先生の信念に基づくものであった。その後の王碑研究の確かな足取りは、同書をふまえる形で進んできて、いまに至っているといえよう。

『朝鮮史著作集』に収められる先生の業績は多方面におよび、いずれにおいても先生の学問的な情熱が感得される。ただ、先生のただならぬ執念に触発され、私も広開土王碑に格別思入れをしたとしても、あるいは笑って許していただけるのではあるまいか。

第九章　わたしの「辛卯年」条解釈

一、広開土王碑に描かれた「倭」

1 「倭」関連の碑文と読み下し文

【「倭」関連の碑文】

広開土王碑の「倭」に関連する碑文は、碑文の釈文によって各々異なるが、本書の附録一「広開土王碑釈文」は、武田『高句麗史と東アジア』附録一をもとにして、その後の知見を加えて試みた釈文である。これによって、いわゆる「紀年記事」の四年＝四条にわたり、八文字の「倭」字が指摘できる。

周知のとおり、「倭」は紀元前後から、日本列島を根拠にした勢力であり、日本の古代史を主導した勢力であって、われわれ日本人が王碑によせる関心の中心に「倭」字がある。わけても王碑にみえる「倭」勢力は、四〜五世紀ごろの東アジア地域に登場し、活躍したのであって、じつに貴重な「倭」字である。

以下、「倭」に関連する碑文を列挙しよう。碑文中の記号のうち、＊は字画の一部が合致する字、[字]は推釈した字、□は未釈字を表わし、（中略）部分は釈文不能の碑字など、連続する五三字を省略した。

(1) 百残新羅、舊是屬民、由來朝貢。而**倭**、以辛卯年來、渡[海]破百殘、[東]□新*羅、以爲臣民。

(2) 九年己亥。百殘違誓、与**倭**和通。王、巡下平穰。而新羅遣使、白王云。**倭**人、滿其國境、潰破城池、以奴客爲民、歸王請命。太王恩慈*、稱*其忠誠*。[時]遣使、還告以□計。

(3) 十年庚子。教。遣歩騎五萬、往救新羅。従男居城、至新羅城。**倭**滿其中。官軍方至、**倭**賊退□。□背急追、至任那加羅従拔城、城即歸服。安羅人戍兵、□新羅城*□城。倭□□潰、城六*十*九*、盡拒*□□。安羅人戍兵、[滿]（中略）潰□□□、□安羅人戍兵。

(4) 十四年甲辰。而**倭**不軌、侵入帶方界、□□□□□石城□連船□□□。[王]躬*率□□、従*平穰□□□鋒、相遇王幢、要截盪刺。**倭**寇潰敗、斬殺無數。

【「倭」関連碑文の読み下し文】

以下に掲げる読み下し文、本書の附録二「広開土王碑読み下し文」は、武田『高句麗史と東アジア』（前掲）の附録二「広開土王碑文釈読」に、その後の知見を加えて読み下したものである。文中の記号の〔　〕は意をもって補足したもの、ほかは前掲のものと同じである。

(1)　百殘《ひゃくざん》・新羅《しんら》は、舊是《もと》れ屬民にして、由來《ゆらい》、朝貢《ちょうこう》せり。而《しか》るに**倭**は、辛卯の年を以て來り、[海]を渡りて百殘を破り、[東]のかた新*羅を□して、以て臣民と爲せり。

(2)　〔永楽〕九年己亥。百殘は誓ひに違《そむ》き、**倭**と和通せり。王、平穰《へいじょう》に巡下す。而《すなは》ち、新羅は使を遣はし、王に白《まお》して、「**倭**人は其の國境に滿ち、城池《じょうち》を潰破し、奴客を以て民と爲せり。王に歸《き》して、命を請はむ」と云ふ。太王、恩*慈もて其の忠*誠を*稱《たた》ふ。[時]に使を遣はし、還して告げしむるに、□計を以てす。

(3)　〔永楽〕十年庚子。教《きょう》して、歩騎五萬を遣はし、往きて新羅を救はしむ。男居城《だんきょじょう》従《よ》り、新羅城に至るまで、**倭**は其の中に滿つ。官軍、方《まさ》に至らんとするに、**倭**賊は退□す。□背して急追し、任那加羅《みまなから》の從拔城《じゅうばつじょう》に至るや、城は即はち歸服す。安羅人《あんらじん》の戍兵《じゅへい》は、新*羅城・□城を□す。**倭**は□□潰城*六*十*九盡*拒□□。安羅人の戍兵は、[滿]（…中略…）潰□□□□安羅人の戍兵。

(4)　〔永楽〕十四年甲辰。*而《すなは》ち、倭は不軌《ふき》にして、帶方《たいほう》の界に侵入し、□□□□□石城□

連船□□□せり。王、*躬《みずか》ら率《ひき》ゐ□□し、平穰従《*よ》り□□□鋒、相《たが》ひに王幢《おうとう》に遇ひ、要截《ようせつ》して盪刺《とうし》す。倭寇は潰敗《かいはい》し、斬殺せらるるもの無數。

2 「倭」関連碑文の解説

【四年＝四条の解説】

広開土王碑の「倭」の八字は、未釈字が多く残るいまの段階では、これが動かぬ断案だとはいえないが、今後は増えることがあっても、減ることはないであろう。

それらの「倭」字は第二段の「紀年記事」に属するが、全八年＝全八条からなる紀年記事は、みな各条冒頭に永楽太王（広開土王の尊号）の「永楽」年号を冠し、それぞれ太王の勲績を顕彰する。そのうち碑文四年＝四条、つまり(1)〜(4)に記された「倭」もまた、太王のあげた勲績に密接にかかわる姿で登場する。だが、「倭」の登場の仕方は他の百済や、新羅とは少しばかり違っていた。

初めて「倭」が登場する碑文(1)は、碑石発見から百年以上のあいだ、国際的規模で最も熱い議論をよび、有名になった碑文「辛卯年」（西暦三九一年）条である。有名になったわけは、さほど長くもない碑文の中に、高句麗と「倭」のほかに、百済（百残）と新羅の両国が再出し、かつて高句麗が両国を「属民」「朝貢」関係の下においたこと、わけても、「倭」がその只中に登場し、両国を「臣民」にしたことが読みとれたからである。

私見によれば、「辛卯年」条には、紀年記事全条のなかで格段の象徴的な意味合いがあるのであり、それゆえもう一段と重視すべきである。それは後でのべることにするが、ここではさしあたり、高句麗と対峙する「倭」の動向を確認するだけでよい。

永楽九年（三九九年）の「倭」勢力、碑文⑵にみえる「倭」「倭人」は、いったん高句麗に服した百済と「和通」し、これを「民」としたという。また兵を新羅の国境に展開し、城池（新羅城）を破壊する拳にでたので、新羅は高句麗に救援を求めたという。その背景には、「倭」勢力が百済と結好し、「任那加羅」（いま金海《きんかい》）を引きいれ、「安羅」（いま咸安《かんあん》）と共同作戦をとり、朝鮮半島の南東部一帯に進出していたものらしい。

永楽十年（四〇〇年）の「倭」勢力、碑文⑶にみえる「倭」「倭賊」等は、新羅の要請で出動した高句麗軍五万と交戦したあと、退却をよぎなくされた。高句麗軍はさらに進出して、「任那加羅」「安羅」にかなりの打撃をあたえたようである。碑文⑵⑶に相当する碑面は激しい風化・火損をうけ、連続して釈文不能の碑字をふくんでいるが、大勢は以上のように釈読して、大きな過ちはないであろう。ここにおいて、倭は高句麗の「倭賊」として登場し、高句麗とは直接に、全面的に敵対した。

永楽十四年（四〇四年）碑文⑷の「倭」「倭寇」は、こんどは半島西岸を北上し、「帯方の界」

（いま京畿道・黄海南道方面）に侵入して、高句麗軍と戦って手ひどい損害をこうむった。倭は「倭寇」となり、ここでも全面的に高句麗と対決した。

以上の碑文四条を通じて、碑文の「倭」は太王の勲績とかかわって登場するが、百済や新羅とは異なって、高句麗と終始対峙し、対立する強敵として登場したのである。

碑文でみると、高句麗は「倭」に強い関心をもっていた。当時、高句麗周辺の諸国のうち、紀年記事に即していえば、百済・新羅は七例ずつ記されていて、つぎが三例の安羅、二例の東夫余《ひがしふよ》、あとは一例の諸国がつづいている。

つまり、高句麗と関係をもった諸国のうち、最多八例の「倭」と、百済・新羅との三国が断然トップの多さである。これを年次別でいうと、「倭」は四年＝四条にわたって認められるが、百済・新羅は各々三条である（百済の推定一例をふくむ）。三国はほぼ同列に並んでいるが、倭の比重は一枚上であったとみてもよい。

【「辛卯年」条と〈前置文〉説】

この動向を象徴的に示すのが、例の碑文「辛卯年」条である。ただし、釈文未定の三字をふくんでいて、そのこともあって、碑石が発見されて百年来、釈読や解釈に議論が続出し、論争の対象にされてきた。最も主要な論点は、碑文初出の「倭」の動向である。

一方を代表する主張では、【読み下し文】(1)に示した〈倭主導型〉の釈読を真っ向から否定して、「〔高句麗は〕海を渡って〔倭を〕破り」云々（鄭寅普《ていいんふ》説）とし、あるいは一部修正して「〔高句麗は〕海を渡って百済を破り」云々（金錫亨《きんしゃくこう》説）とする。

いずれにしても、その核心は主語の〔高句麗は〕にあり、主語〔高句麗〕の補入にある。それが主語の補入を前提にする、いわゆる〈高句麗主導型〉の解釈であって、根拠のない、大胆な主張である。しかし、その苦心の前提それ自体に、強引な予断と支えきれない無理がある。「辛卯年」条は原文のままで十分釈読できるし、またそうしなくてはならない。補入などは、一切無用である。

釈文不定の碑文の処理の仕方も多様であるが、上掲(1)の私釈は近来、拙稿「いままた〈辛卯年〉条を考える」（「歴史と地理」五六一、二〇〇三年）で示した釈読である（本章三）。しかも、釈文や釈読はどうであれ、じつは、「辛卯年」条はそれが本来もつ修辞的機能からして、もと もと倭主導型の釈読によるべき性格のものである。

なぜなら、同条は紀年記事の特定年条に共通する〈前置文〉の一つであり、永楽六年条の〈前置文〉であり、それは高句麗が陥った目前の艱難・苦況を強調するという、〔前置文〕に共通する役割を担っているからである。その艱難・苦況が強調されればされるほど、それを唯一克服しえた永楽太王の勲績が大きくなり、それだけ輝きを増すことになる。それが「辛卯年」条では、高句麗が克服すべき艱難・苦況は、ほかならぬ「倭」がもたらした情況であった。ここでの読み方は、倭主導型によるほかない。

秘められた「辛卯年」条の真意は、これを倭主導型で釈読して、始めて了解されるものである。さらに辛卯年条は、倭が登場する碑文(1)〜(4)と、対百済戦と推定される永楽十七年条の碑文とを合わせた、五年＝五条を統合すべき〈大前置文〉でもあった。高句麗はあらかじめ、「辛卯年」条において対南方戦略を宣言し、その中で「倭」を戦術的に位置づけたのである（以上、前掲『高句麗史と東アジア』による）。

【碑文の史料的性格】

古代史料としての「広開土王碑」は、広開土王の治世三九一〜四一二年を通じて、『日本書紀』では神功紀《じんぐうき》・応神紀《おうじんき》に相当する。そこには「百済記」も援用されていて、倭と朝鮮諸国との関係では見るべき記事が少なくない。

また、かつて碑文の紀年は『三国史記』高句麗本紀と対応せずと曲解され、不審がられてきた。だが、同書の広開土王紀の紀年のズレを修正すれば、互いに矛盾しない形で解決できる。しかし、肝心の倭と高句麗との関係は、「百済記」には格別な記事は見当らず、『三国史記』高句麗紀には「倭」の字が一字も見いだせない。

注目されるのは、『三国史記』新羅の奈勿尼師今《なもつにしこん》紀、実聖尼師今《じっせいにしこん》紀にたびたび倭人・倭兵の侵入が伝えられ、実聖王二年（四〇二年）の倭国に人質をだし、通好したという記事である。同書の百済の辰斯王《しんしおう》紀、阿華《あか》（莘《しん》）王《おう》紀、腆支王《てんしおう》紀には、対倭関係がやや詳細に記されている。いちばん注目されるのは、碑文の永楽六年条に対応する辰斯王元年・阿華王二年の高句麗戦の記事、とりわけ阿華王六年、『日本書紀』応神紀八年（「百済記」）（ともに三九七年）の倭関係の記事であって、百済が倭国に人質をだして結好し、修好したという。その事実は碑文、永楽九年条の「百残、誓ひに違き、倭と和通せり」に時期も内容も、ピタリと符合する。三種の古代史料が美事に合致した、希有《けう》の事例である。

　王碑の史料的性格を概括すれば、その基本において、大筋で他の基本史料と矛盾せず、重要な史実は一部共有していることである。そのうえ王碑が伝える高句麗の南方関係、とくに対倭関係は、史実の確かさや詳しさは出色のものであり、その体系的観点からする独自の記述内容は、他の史料の到底及ばないところである。

　要するに、「広開土王碑」は四～五世紀の中間期、日本古代のいわゆる欠史時代においてよく東アジアの趨勢を反映し、国際的な観点から倭の成長期、日本国家形成過程の一面を記録した。日本古代史はもとより、古代東アジアの史的研究にかけがえのない、重要不可欠の同時代史料であって、それがもつ意義の大きさを銘記すべきである。

二、西嶋定生先生の宿題

【西嶋先生の宿題】

西嶋定生《にしじまさだお》先生は、周知のとおり日本史・東アジア史に精通し、先生年来の個別人身的支配論を拡大して、やがて東アジア冊封体制論《さくほうたいせいろん》を提唱されるにいたり、その関心はますます広がり深められた。その中で、高句麗広開土王碑を論じるようになったことはいうまでもない。

先生は一九七四年、すでに碑文の読法について一案を示し、並々ならぬ関心をしめされていたが、わたしも一九八五年にシンポジウム「四・五世紀東アジアと日本——好太王碑を中心に——」に招かれ、また同年同行した集安行では先生とルームメイトにもなり、高句麗遺蹟の現場・現物に接して、多くのものを学ぶことができた。

シンポジウムでは三上次男先生をはじめ、西嶋先生や佐伯有清《さえきありきよ》、上田正昭《うえだまさあき》、賈士金《かしきん》、方起《ほうき》東《とう》、王健群の諸先生、それに碑文すり替え偽造説でならした李進熙《りしんき》氏が講演し、わたしもこれに加わった。先生は「広開土王碑辛卯年条の読み方について」の演題で講演し（『シンポジウム好太王碑——四・五世紀東アジアと日本』、東方書店）、終わってすぐ昼食になった。先生の宿題は、そのときに出されたのである。

誰にというでもなく、先生は「確かな釈文が重要だナ」とつぶやかれた。広開土王碑の碑面は長年の風化作用等をこうむって読みにくく、消滅してしまった碑字もあって、それに絡んで各種の碑文偽造説が話題となっていたころである。

広開土王碑第Ⅰ面、「辛卯年」条は第８～９行
①　Ａ型・原石拓本（水谷悌二郎本）
②　Ｂ型・墨水廓塡本（酒匂景信本）
③　Ｃ型・石灰拓本

「確かな釈文」は最も基本的な、最小限の学術的要求であったが、辛卯年条に絞って議論されてきた先生には、その要求は格別強かったことであろう。そのころは、釈文の危うさだけが独り歩きして、全体的な「確かな釈文」の姿がはっきりした形でつかめていなかった。わたしは先生のつぶやきを耳にし

て、重い宿題が出された気がしたのであった。

宿題の一つは、具体的には「辛卯年」条の読み方である。そのころ、わたしは辛卯年条のいわゆる〈前置文〉説に熱中していて、当日のシンポジュウムでは〈前置文〉〈大前置文〉を中心に講演した。

【「辛卯年」条の読み方】

先生が提案された辛卯年条の読み方は、大枠としては〈大前置文〉説を大略認めたうえで、なお同条の「【以】辛卯年【来】」を「〔倭は〕辛卯年よりこのかた」と読むのである。倭は「辛卯年」に限らずに、それ以後にも継続して進出したと解釈したのである。

先生の「よりこのかた」説は、旧来の「〔倭は〕辛卯年を以て【来】り、□を【渡】り」云々という釈読、つまり「辛卯年」だけに限った進出という解釈を退けながら、旧釈の〈「来渡」連詞〉説への批判にかかわる内容でもあった。〈来渡連詞〉説とは中国の歴史学者、王仲殊《おうちゅうしゅ》先生の命名であるが、その当時はさしあたり、旧釈を補強したわたしの釈読法を指していた。

わたしはいくつか王碑の「以来」表記例をあげて、〈よりこのかた〉説にいささか抵抗を試みていたが、王仲殊先生は正面からこの課題に取り組んで、中国古典の「来渡」表記をあれこれ収集し、まもなくその成果を「考古」誌上に発表された〈「関于好太王碑文辛卯年条的釈読」、

「考古」一九九〇年一一期／「再論好太王碑文辛卯年条的釈読」、「考古」一九九一年二期）。あらためて〈来渡連詞〉説に加担されたのである。

のちに王先生が託された書簡と論文掲載誌は、ほかならぬ西嶋先生を通じて届けられた。それには西嶋先生の「〈来渡〉の新資料の提出で、卑見再検討ということになりました」というメモが付されていた。

また王先生の書簡には、「わたしは武田先生の主張する〈来渡〉連詞説に対して、久しく賛同の意を懐いてきました。去年の春、葛洪《かっこう》『抱朴子《ほうぼくし》』と陶弘景《とうこうけい》『真誥《しんこう》』の両書を通読し、ついに〈来渡江東〉、〈来渡江〉の多くの句例を見ることができて、〈来渡〉連詞説は完全に正確であることが実証されました。数十年来、碑文辛卯年条に関する釈読の論争は、此処に至って或いは一段落を告げることができるでしょう」と書かれていた。わたしにとっては、西嶋先生が課された厄介な宿題の一つは、王先生が提出無用にして下さったのである。

【確かな碑文の釈文】

もう一つの宿題は、もちろん、確かな碑字・碑文の釈文である。これまたじつに厄介な課題であったが、手がかりとして、すでに水谷悌二郎氏所蔵の拓本（水谷拓本）と、同氏によるレベルの高い碑文研究が知られていた。確かに水谷氏所蔵の拓本は良拓であり、碑石の発見直後そのままの「原石拓本」と信じられた。しかし、なお孤立資料の域を脱することができず、さらなる実証的な裏づけが求められた。

わたしは真正の拓本資料を求めてかけまわり、内外各所に秘蔵された「原石拓本」六本を確認して、そのうちの水谷拓本は一八八九年、李雲従《りうんじゅう》の拓出になった事実を立証した。それらを『広開土王碑原石拓本集成』（東京大学出版会、一九八八年）に収めて刊行し、まずは一本、西嶋先生にお届けした。先生からは、さっそく「今後の研究に多大の裨益のあることと存じ、お仕事御苦労でありました」というお言葉をいただいた。今度こそ、ほぼ自力で宿題を完成し、晴れて提出し終えた気分であった。

真正の「原石拓本」は王碑研究の学術的な基礎となり、碑字研究のうえで決定的な意味をもつ。ただ気がかりなのは、「辛卯年」条に残された未釈字である。「原石拓本」をもってしても、未釈字三字が残される。その釈読問題は、あるいは半永久的に続いていくのかも知れないが、近来、いくつかの新知見がえられたと思っている。

一つは碑字の推釈である。「渡」字の下の未釈字は、わずかな残画等からやはり「海」と読むのがよいこと、また「残」字の下の未釈字の残画が「東」に酷似することである。ここが「東」字であるならば、それにつづく未釈字は、先行する「破」字に対応するアグレッシブな動詞、たとえば「攻」「撃」「侵」「抄」等の類の動詞一字とするのが妥当である。ましてや、旧説がしたように「任那」等の名詞二字を宛てることは許されない。

もう一つは構文が繰り広げる整合性、対照性である。考えてみると、「辛卯年」条は高句麗の〈属民〉たる「百残・新羅」に始まって、それが倭の辛卯年〈来渡〉を境にして大きく反転し、末尾は再び倭の〈臣民たる〉「百残・新羅」が登場して締めくくる。すなわち「辛卯年」条の構文は、「百残・新羅」が首尾相い応じあう整合性、〈属民〉が〈臣民〉へと急転してゆく対照性、それらを撚り合せながら、国際関係の錯雑した構図を象徴的に、美事なまでに描くのである。

こうして、「辛卯年」条の釈読問題は、全八年＝八条からなる紀年記事に固有な〈大前置文〉として位置づけて、ひとまず、わたしなりに解釈した。新知見と称した内実が貧弱すぎるのは否めないが、生前の西嶋先生にお伝えできなかった主旨である。遅れに遅れてしまった宿題の補編にすぎないが、どうにか受領していただければ幸いである。

三、広開土王碑「辛卯年」条を考える

【いままた「辛卯年」条を考える】

このところ、「広開土王碑」の話題はだいぶ下火になってきた。碑文の偽造説が人目をひき、

あれほど世上でもて囃された前世紀の七・八〇年代からすると、弾けたバブル景気に義理立てしてか、すっかりさま変わりしてしまったようにみえる。

この三〇年来、精緻な釈文・釈読や、修辞法の解明など、王碑研究はおおきく進んだといってよい。なにより、石灰痕のない真正「原石拓本」が摘出され、それもすでに十指に余る情況である。ようやく王碑研究の学術的基盤がととのって、ここでの一服感は否めない。しかし、前途はなお予断を許さぬものがある。碑字は千六百年間の風化等で荒れ、じつに微妙な釈文作業はどこか芸術に通じ、あるいはほとんど無限に近づく感じがする。今後もまた地道で、結末不定の模索の道程がつづくのであろう。

さきごろ公にした拙文「西嶋定生先生の宿題」(『西嶋定生東アジア史論集』月報1、本章二参照)は、そうした模索の一つであり、そこでも「辛卯年」条を取りあげた。同条は国際的規模で、長い期間にわたり、最も熱い論議をよんで、じつに多様で新鮮な釈読と解釈が爆発的に提示されたが、なかには単なる憶測や期待感、ゆえなき論断なども目についた。さらにいえば、基本的な研究法を軽視するか、それをまったく無視した憶測が横行し、政治的で情緒的、かつイデオロギッシュな主張や論断等もふくまれた。しかし、結局残ったのは碑字・碑文に則し、根拠なきものは何も加えず、何も削らぬ釈読であり、日常の地道な考察である。

「辛卯年」条はわずか三二字にすぎないが、これまで未釈字とされた三字格(以下、ＡＢＣ

で示す）をふくんでいて、その難解さには定評がある。地道に考察してわれわれが手にしたのは、同条の「而るに」以下は高句麗主導ではなくて、〈倭主導〉型によって読んだ釈読であり、また碑文固有の修辞法にのっとって、〈大前置文〉説による解釈であった。以上の観点から、あらためて釈文と釈読の試案を記示せばつぎのとおりである。

【釈文試案】　百残・新羅、舊是属民、由来朝貢、而倭以辛卯年来、渡A破百残、BC新羅、以為臣民。

【釈読試案】　百残・新羅は、舊《もと》是れ属民にして、由来《ゆらい》朝貢せり。而《しか》るに、倭は辛卯《しんぼう》の年を以て来り、A海を渡りて百残を破り、B東のかた新羅をC□して、以て臣民と為せり。

さきの拙文では、従前の私釈から一歩ふみこんで、Aは新たに「海」、Bは「東」と推釈し、Cの未釈字□は先行する「破」字に対応して、「攻」「撃」「侵」「抄」などアグレッシヴな動詞一字でなくてはならないと考えた。

また、当条は「百残（百済）・新羅」で始まり、ふたたび両国が登場してきて締めくくられるが、その構文の首尾相応ずる整合性、美事なまでの対照性に注目した。とくにAとBの新らしい推釈は、あえて未釈字で通してきた経緯があるだけに、説明なしに済ましたことが悔やまれた。微調整を加えながら、いままた「辛卯年」条を考える所以である。

【「海」字を推釈する】

まずＡ〔Ⅰ9―*13*〕であるが、碑石が発見されて以来、これを「海」と読んで怪しまれなかった。最初期の墨水廓塡本をはじめ、長期にわたって作製された石灰拓本は、それをみな「海」字に作ってきた。その趨勢を大きく転換し、はじめて釈文できずと指摘したのは水谷悌二郎氏であった（「好太王碑考」、「書品」一〇〇、一九五九年）。

なるほど、石灰拓本はそのあたりに石灰を塗り、始めから字画を調整して、長期にわたって拓出してきたのである。それを水谷氏が見破って、はじめて未釈字と判定した。しかも、原石拓本を初めて見いだしたのはかれであり、それを活用しての成果の一つがこれである。それだけに、水谷氏の指摘は重みがある。

これに着目したのが李進熙氏である。李氏は〈意識的なすり替え〉偽造説を提唱するにあたって、とりわけ石灰仮面の「海」字を重視して、自説を立証する恰好の事例とみたようだ。だが、それ本来の碑字が何なのか、その本字を明示しようとしないのは不審である。指摘するまでもなかろうが、本字があっての〈すり替え〉であり、〈意識的なすり替え〉偽造のはずである。

ここで、あらためて原石拓本（水谷拓本、その他）を見てみよう。問題の字格付近に、右上がりの大きな亀裂部分がとおり、辺り一面には深い風化痕が刻まれている。目をこらせば、風化痕のなかに、本字の字画はほとんど消えてしまったが、さいわいにも一部の字画が残っているようである。だが、直ちに、或る特定の文字に釈文するのは無理である。

しかし、あえて字格右側のツクリ部分を熟視すると、大小何本かの横線がみえる。上から順に、まず比較的細くて短い線、つぎはやや太くて長い線、その下に小さい石脈がのびて、左からくる線に重なって、一番下に太くて短い線がある。どれが本字の残画か、そうでないかは判別できないが、複数の横線が認められることは記憶していてよい。

また、縦線は二本である。右側の線は第二の横線の右端で交わり、また左線は第三、第四の横線の間をつないで、いわば「工」字形を作っている。これも本字のどの画に当たるかどうかはわからないが、左右に縦線様の二本があることに注意したい。原石拓本からわかるのは、一応、いまはここまでである。

さて、問題の字格の一つ前は「渡」字である。また、一つ後の「破」字の釈文も間違いない。〈すり替え〉偽造説は両字を偽字に擬しているが、それは単純にして初歩的なミスである。それでは、「辛卯年」条の倭はなにを「渡」り、どこを「渡」ったのだろうか。後につづくのが「破」字なので、それは問題字格の一字で表わされるなにかであり、どこかである。

すぐ考えつくのは、「海」であろう。倭が「来り、……を渡」ったのは、朝鮮半島の高句麗と日本列島の倭とを隔てていた「海」である。おもえば、最初期の墨水廓塡本が「海」と読み、石灰拓本が「海」に作り、また多くの釈文者たち、研究者たちがそれを受容してきたのは、前後の情況にピタリと適合するからにほかならない。「来り、【海】を渡りて」云々とする解釈は、碑文の流れからして自然であり、それだけに説得力がある。いま先学の古くて常識的な推釈に、あらためて注目してみたい。

それならば、その「海」字をヒントにして、ふたたび問題の残画を見てみよう。複数の横線と二本の縦線との有りようは、積極的に「海」字の「毎」画を保障するものではない。しかし、「毎」画を許容する余地がないわけではなく、「毎」画を徹底して拒否する状態でもない。他方で、左側のヘン部分を熟視すると、そこも模糊たる状態であるが、サンズイ様の残画の一部が推釈できないわけではない。微かで浅く、小さなサンズイは、王碑に共通した彫り方である。

以上の観察結果でいえば、問題の字格を「海」字と断定することはできないが、「海」字と推釈すべき可能性は残っている。いましばらく、「(倭は)来り、【海】を渡りて」云々と釈読しておきたい。

【「東」字を推釈する】

つぎは、連続する二字のB・C〔I9―17~18〕であるが、これは大きく深くくぼみ、長く走る亀裂の谷間に埋もれて、未釈のままにとり残されてきた。各種の拓本もほとんど字形を打ちだしていない。そのうち、先にのべたように、Cは「攻」など、アグレッシヴな動詞の一字と推定される。

問題はBである。読売新聞社主催の好太王碑学者参観団の一員として現地集安を訪れた一九八五年、長春にたちよってシンポジウム「好太王碑・長春討論会」に参加した。その席上、ながらく現碑の調査に当たった王健群・林至徳《りんしとく》の両氏は、問題のB格に残画を目視したとして、それを板書して示された。わたしには、それが、たとえば「東」字、あるいは「東」「更」の字の左上部分に相当するもののように見てとれた。

それは重要な情報ではあったが、ただ確定的なものとはいえなかった。しかし、その後、王健群氏は拓本作製に専従していた初均徳《しょきんとく》氏ゆかりの「碑文抄本」を紹介したが、それにはなんと、あっさり「東」字が書きこまれていたのである（第六章二参照）。

これは無視できない。あらためて原石拓本について見てみると、「水谷拓本（水谷悌二郎氏旧蔵整拓本）」はわずかながら字格上部に墨を着けているが、字画様のものは認められない。それはその他の原石拓本でも同じである。ただ「中央研究院歴史語言研究所傅斯年《ふしねん》図書館蔵整拓本（甲）」だけはほぼ全格に着墨し、そこに文字様のものを浮き出しているようにみえる。その文字様のものは真ん中の縦線が弱々しく、上下につよく通っていない。それゆえ「東」字とは断定しかねるが、しかしその他の残画は横線、斜め線とも「東」字によく似た字体である。

わたしは「碑文抄本」と、王・林両氏の目視体験と、上掲の「傅斯年拓本（甲）」とを総合して、いましばらく「東」字と推釈する。「東」字ならば、新羅は東方に位置したことになるが、その起点は高句麗である。「辛卯年」条の文法上の主語は「倭」であるが、新羅は日本列島の倭からすれば「西」に当たり、まったくの逆方向になる。ここでは碑文の主人公、高句麗を総覧すべき広開土王をさしおいて、ほかに起点はないのである。つまり高句麗王からみて、南方に百済があり、新羅は東方に位置していた。

「東」字と推釈したところで、どうしても書き記しておきたい試釈がある。かつてみた三宅《みやけ》米吉《よねきち》氏の鋭い試釈である。かれは前々世紀の一八九八年に、すでにBに「更」字、Cに「討」字を充てていた（「高麗古碑考追加」、「考古学会雑誌」二の五）。「更」字の左上の部分は「東」字によく似た字画であり、また「討」字もアグレッシブな動詞に属していて、ともにわが意の近くにおり、わが理の傍にあるのである。三宅氏の「【更】に新羅を【討】ちて」云々という古釈を想っては、あらためてその感覚の鋭さ、洞察の見事さに感じいるばかりである。

いままた「辛卯年」条について考えて、いまのべた釈読にたどり着いた。しかし、碑文の釈文の微妙さは、ことに広開土王碑の場合は、人一倍承知しているつもりである。わけても「辛卯年」条の釈読や推釈には筆舌につくせぬ微妙さ、危うさは避けられない。課題に応じて、その時々にまた考え、地道に歩んでゆくだけである。

四、太王陵出土銅鈴の銘文に関する所見

1　銅鈴銘文とその解釈／銘文釈読(1)

集安の現地で「辛卯年」「好太王」の銘文をもつ遺物が出土したと聞いたとき、おもわずわが耳を疑った。つぎの瞬間、広開土王碑との深い関連を予想して、いささか興奮したことは事実である。近来にない朗報であった。

やがて発掘調査の詳細な内容等が伝えられた。吉林省文物考古研究所・集安市博物館編著になる『集安高句麗王陵――1990～2003年集安高句麗王陵調査報告』（傅佳欣《ふけいきん》主編、王《おう》洪峰《こうほう》副主編）、北京・文物出版社、二〇〇四年六月刊行の一冊である。その調査報告書によれば、吉林省集安市禹山墓区の太王陵において銅鈴一個（高さ5・5㎝、直径約3・7㎝、表面はやや錆つき、鈕《ちゅう》は欠落）が盗掘埋納坑から発見されたという。銅鈴ではなくて銅鐸である、という指摘があるが、ここでは銘文それ自体に従いたい。

刮目すべきは、その側面に鏨刻《さんこく》された銘文である。縦書き四行、毎行三字、全部で一二字である。そのうち一字は読めないが、示された釈文はつぎのとおり（報告書二七一～一七三頁）。

①
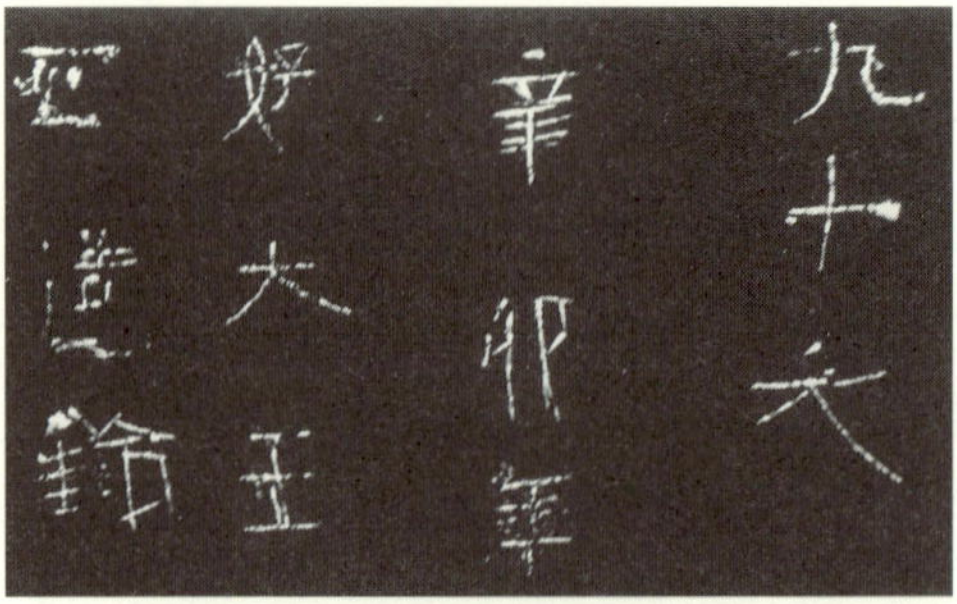

②

集安・太王陵出土銅鈴銘文
①　銅鈴銘文電子掃描模本
②　白色顔料を塗りこんだ銅鈴銘文

辛卯年／好太王／□造鈴／九十六（□は釈文不能字、／は改行、以下同じ）

周知のとおり、太王陵は同じ墓区内の将軍塚とともに、広開土王陵墓の有力候補にあげられる。銘文の「辛卯年」と「好太王」、それに陵墓候補の「太王陵」。それらは広開土王に関連し、広開土王碑に密着して、本章の主題「わたしの「辛卯年」条解釈」に直接かかわるキーワードである。銘文はまず広開土王を中心に解釈してみるべきだ、まず、そう考えるのが素直で自然な態度であろう。

報告書の示した解釈がそれである。すなわち、銅鈴銘文は「好太王が辛卯年（三九一年）に継いだ王位に吻合《ふんごう》する」と指摘し、また同じ太王陵から多数発見された文字磚の「願太王陵安如山固如岳」をあげて、ともに「太王陵即ち好太王の陵であることを証することができる」と結論した（三七〇頁）。したがって、「太王陵の墓主は即ち平安好太王」と確認されたという（三三四頁）。ちなみに、これまで論点として争われた陵墓と国王との関係、およびそれらの先後関係は、報告書において太王陵（広開土王墓）→将軍塚（長寿王墓）と特定された。

さて、蛇足のきらいもあるであろうが、報告書の銘文解釈の主旨に沿い、銘文に対応した形で釈読しておこう。行論の便宜上、これを銘文釈読(1)とする。

【銅鈴銘文の釈読(1)】　辛卯年〔に〕／好太王〔の即位を記念し〕／□造〔……?〕鈴〔……?〕／九十六〔……?〕

釈読(1)の「好太王」はもちろん広開土王であり、「辛卯年」は西暦三九一年、広開土王の即位年である。〔……?〕の記号は、残念ながら、わたしが報告書において、その釈意を読みとれなかった部分である。

釈読(1)を通覧すれば、いくつか思いあたる課題がある。一つめは釈文「大」字のこと、未釈字「□」のことである。二つめは、この銅鈴銘文とすでに知られた「壺杅塚《こうづか》出土壺杅」銘文との照合のことである。研究史に照らして、それは必要な手続きだとおもわれる。三つめは、キーワード「辛卯年」の解釈のことである。その年次は広開土王の即位の年であり、まず同王との密接な関連性を考えなくてはならない。しかし、同王に限定した一元的な解釈ですむのであろうか。そのような設問に連動して、四つめは、キーワード「好太王」の解釈のことである。それが広開土王だというのは自明の理なのだろうか。以上の課題について、次にわたしの所見をのべてみたい。

2　銅鈴銘文の釈文問題／私釈二字

最初の課題は、銅鈴銘文の釈文の問題である。その一つは、「好大王」の「大」字である。ただの「、」画が有るか無いかの違いにすぎないが、「太」字で統一された広開土王碑の用字と対比する観点から、銅鈴銘文の「太」字の可能性を探ってみたい。

広開土王碑の書法では、周知のとおり、墓主の広開土王は「太王」(「好太王」等をふくむ)と書かれるのが通例であり、それには例外がなく、「大王」の表記は見当らない。ところが、銘文釈文(1)ではそれを「大」字と読み、前後熟して「好大王」と釈読する。

「大王」の釈文は報告書に掲げられた図二〇七、そのうち3「銘文銅鈴」、4「銘文電子掃描模本」に支えられている。ともに「大」字をはっきり描写する。しかし、それらは模本である。銘文それ自体を客観的に写した資料ではなく、それは一次史料ではない。はなはだ有力な釈文とみてよいが、しかしそれは釈文試案の一つである。

もう一つの資料は図版八一の写真である。銅鈴の全体像を撮影し、そのなかで写真1「第2行」と写真5「正面」とは、やはり明白な字画の「大」字を写している。それらは模本本来の性格とは異なって、銅鈴とその銘文それ自体を撮影した写真である。

しかし、それらの写真を熟視するほどに、もともと鏨刻《さんこく》されたとおもわれる銘文の溝痕に沿って、「無害の白色顔料」（図版八一、5、注）を塗り込んだ写真であると見てとれる。判読しにくい銘文を明白に浮きださせ、視覚的な見栄えの効果をねらった写真であり、いわば善意の加工写真である。ちなみに、顔料の塗装の仕方はおおむね銘文の溝痕に合致する。ほとんど誤りないようにみられるが、しかし、銅鈴それ自体、本来の銘文それ自体を示しているものではない。これもまた、厳密にいえば一次史料とはみなしがたい。

加工写真の銘文をもって、それからただちに判読するのには疑問がある。そこで、あらためて、いわゆる写真の「大」字の周縁を熟覧する。左上から右下にかけて、細くて短い多数の点線状の斜線が走っている。そのなかの短い斜線の一つが、ちょうど「太」字の第四画、「丶」画の位置にかかっていて、銘文本来の「丶」画と重複するかとおもわれる。

つまり、提示された写真資料により、それを慎重に熟視すると、いまなお「太」字の可能性が残っているものとおもわれる。ただし、現物を熟視する機会に恵まれない以上、銅鈴に即した厳密で正確な判定がくだるまで、仮に「太」字と推釈しておくほかない。今後の精査を望みたい。

さて、もう一つは未釈の「□」である。以下、「所」字の可能性を探ってみる。報告書は「〈造〉字の前字の上部の横一画は清楚であり、その下は弁じ難い」（二七二頁）といい、図二〇七の3と4とに残画をしめす。3と4との残画は必ずしも同じようには見えないが、たしかに上部の長い横一画は明白であり、それが左に寄ったやや短い縦一画と交わってT字様をなす情況において共通する。

T字様の残画は、当該字画あたりは緑銹に覆われているが、たしかに図版八一の4「第3行〈□造鈴〉」写真でも確かめられる。また、T字様残画の左・右の部分は、釈文が難しかったためか、幸いにも顔料の塗り込みは免れたようである。その部分を熟視するに、残画「□」が認められる。それ以外の部分にも、なお微かな残画が見られないではない。

以上を総合して、それらの残画に馴染《なじ》む字体、とくに漢代隷書あるいは広開土王碑の字体を念頭において検索すると、有力な字体は「耳」偏《へん》か「耳」画をもつ文字群である。そのうち「聖」「聯」やその他の字体も気になるが、しかし字体・字義ともにもっとも無理が少ないとおもわれるのは「所」字である。漢代隷書の「所」字、とくに漢・呉の瓦甎拓本のそれに似ているが、当然ながら広開土王碑の「所」字も見逃せない。

同碑に見る「所」字とその用例、すなわち「所獲鎧鉀（獲る所の鎧鉀《がいこう》）」（Ⅲ5—*09*）、「所攻破城（攻破せし所の城）」〔Ⅲ8—04〕、「所略来韓穢（略来せし所の韓穢《かんわい》）」〔Ⅳ6—16〕はその字体、字義ともに、銅鈴銘文の残画に対比して注目される。両者を照合して、銅鈴銘文は「所造鈴」と推釈され、それを「造る所（ところ）の鈴」と釈読してよいとおもう。

3　有銘壺杅銘文との照合／四項目の共通性

第二の課題は、一九四六年に慶州《キョンジュ》・壺杅塚から出土した壺杅の銘文との照合である。両者は高句麗「好太王」を共通のキーワードとし、四～五世紀の高句麗で製作された遺物であり、たがいに製作時期や出土情況、さらに銘文の構成において酷似する。

出土地の集安と慶州との違いは、むしろ当時の高句麗を中心にした新羅との密接な国際関係を証明する。こう考えると、両銘文を照合しあうことは、銅鈴銘文の検討にさいして必須の方法論であり、かつまた有効な手続きである。

壺杅の銘文は、壺杅の外底面に陽鋳され、縦書き四行、毎行四字、全部で一六字、全字が判読可能である。その釈文は、つぎに集安・銅鈴銘文と対照して掲げよう。

韓国慶州・壺杅塚出土壺杅銘文

辛卯年銅鈴銘文

1	2	3	4
辛卯年	好因王	所造鈴	九十六

乙卯年壺杅銘文

1	2	3	4
乙卯年國	罡上廣開	土地好太	王壺杅十

両銘文（銅鈴銘文／壺杅銘文）で基本的な事実は、(a)年次（辛卯年／乙卯年）→(b)王号（好太王／國罡上廣開土地好太王）→(c)遺品（銅鈴／壺杅）→(d)数字（九十六／十）とつづき、同じ四つの項目が同じ順序で整然と記述され、まったく同一の構成をとっていることである。なにか共通の意図がこめられていて、それぞれ特定の儀礼にかかわった銘文同士に違いない。

広開土王を念頭においていえば、(a)「辛卯年」は三九一年、広開土王が即位した年次であり、「乙卯年」は四一五年、同王が薨去《こうきょ》して三年たった年次である。その三年は同王の喪中期間にあたるのであろう。(b)「好太王」は「國罡上廣開土地好太王」の略称である。

(c)出土した遺品の「銅鈴」と「壺杅」とは、なんらかの国家的儀礼にかかわった下賜品であろうとおもわれる。従来、壷杅銘文の末尾に記された(d)「十」は数字なのか、埋め草様の記号なのかなど、種々の議論があったのであるが、銅鈴銘文の「九十六」と照合すれば、それはやはり数字とみるのが穏当である。

それが当該遺品の順番（番号）を表わすのか、遺品製造にかんする記号（セット数・組数等）を示すのか、あるいはその他なのか、それについては不明である。ただし、銅鈴の数字「九十六」の多さからして、ここでは、仮に、下賜品の番号とみておくことにする。

4　「辛卯年」の解釈／銘文釈読(2)

第三の課題は「辛卯年」の解釈である。上記の両銘文の共通性を指摘したうえで、こんどは両者間の違いを重視する。

ここで重要な問題は、出土遺品がかかわった国家的儀礼の性格の違いである。銅鈴銘文の「辛卯年」は、すなわち広開土王の即位年次である。広開土王碑に記されたとおり、同王は永楽元年・辛卯（三九一年）に、父の故国壌王《ここくじょうおう》の後を継ぎ、一八歳にして高句麗王に即位した。とすれば、だれしも考えつくように、銅鈴は同王の即位に関連して製造されたものであり、同王の即位儀礼にともなう下賜品であったとおもわれる。

他方、同王は永楽二二年・壬子（四一二年）に三九歳で薨去した。その翌々年の甲寅に、子の長寿王《ちょうじゅおう》は山陵に遷して埋葬し、父王の喪があけた乙卯（四一五年）に、高句麗王都（集安）で葬送儀礼を行なった。壷杅は葬送儀礼のために製造されたものであり、儀礼に参集した新羅人（新羅王か有力者）に賜与された下賜品であり、かれの亡きあと、かれの墓（壷杅塚）に埋納された遺品であるに違いない。

すなわち、いま仮に「銅鈴」は広開土王の即位儀礼にともなう吉礼の下賜品であり、また「壷杅」は葬送儀礼にともなう凶礼の下賜品であったと解釈する。してみると、高句麗王都（集安）と新羅王都（慶州）とが結ばれた国際情勢を背景に、このたび、はからずも、広開土王の即位を祝った下賜品が発掘され、薨去を悼んだ下賜品とが互いに呼応するかたちで出そろったことになる。

以上、両銘文を照合した結果や広開土王碑を念頭において、銘文に即して試みた釈読はつぎのとおり。

【銅鈴銘文の釈読(2)】(a)辛卯年〔（西暦三九一年）に〕／(b)好太王〔つまり広開土王の即位を祝い〕／(c)造〔る〕所〔の〕鈴／(d)〔下賜品の〕九十六〔番目〕

【壷杅銘文の釈読】(a)乙卯年〔（西暦四一五年）に〕(b)國／罡上廣開／土地好太／王〔の薨去を悼み〕(c)〔造る所の〕壷杅／(d)〔下賜品の〕十〔番目〕

この釈読(2)の解釈は、もっぱら「辛卯年」即ち広開土王即位年とみなし、それを前提として試みたものである。しかし、それは自明の事実なのだろうか。つぎの課題と関連して考えてみよう。

5　「好太王」の解釈／銘文釈読(3)

第四の課題は、「好太王」（「太王」等をふくむ」）の解釈である。もっと突っこんでいえば、「好太王」と尊号（現今の君主を尊んで奉る称号）・諡号（君主の功績を讃えて死後におくる称号）との関係である。そして、それは上に記した《銘文釈読(2)》のような、一方的に設定された「辛卯年」の解釈、すなわち広開土王「辛卯年」即位説に対して批判的な見解に連動する。

まず第一におもうべきは、「辛卯年」は広開土王の即位年であると同時に、父王の故国壌王（第一八代国王、在位三八四～三九一年）の薨去年でもあったという事実である。銅鈴銘文の「辛卯年」が故国壌王の薨去年であるならば、それに連動して、「好太王」は故国壌王を指すことになり、故国壌王の諡号ということになる。

第二におもうべきは、これまでよく知られた「好太王」は尊号ではなくて、史料のうえでは諡号に限られるということである。それについて指摘すれば、肝心の銅鈴銘文「好太王」の表記それ自体が示唆するところは何もないが、明らかに壷杅銘文の「好太王」は諡号である。フルネームでいえば、それは「國罡上廣開土地〈好太王〉」なのであり、「広開土王碑」に書かれた「國罡上廣開土境平安〈好太王〉」「國罡上廣開土境〈好太王〉」や、「牟頭婁墓誌《むとうるぼし》」の「國罡上〈聖太王〉」等と同じく、それらはみな葬地の〈國罡上〉を冠した広開土王の諡号である。銅鈴銘文の「好太王」を諡号と解釈しても支障はない。

　第三におもうべきは、生前の広開土王は「好太王」と称さなかった明証がある。同王が称した尊号は「永楽太王」であった。「広開土王碑」に「二九登祚、号為永楽太王」〔第I面第5行〕とあり、それは「一八（二×九）歳で登祚し（王位に即《つ》き）、号して永楽太王と為（い）ふ」と釈読される。周知のとおり「永楽」は同王が定めた年号でもあって、後にかかげる「附、新たに出土した「永楽」銘瓦磚」でものべるように、同王の在位中は尊号の「永楽太王」とタイアップして使用された。

　ただし、「太王」だけの表記ならば、生前と薨後を通じて用いられたようである。薨後の「太王」表記は「広開土王碑」に多出するが、生前の「太王」表記は「中原《ちゅうげん》・高句麗碑」においても多出する。だが、いまのところ、生前の尊号「好太王」の使用例は未見である。そもそも「好太王」だけの呼称は没個性的であり、たんなる美称にすぎないものである。あえて内外学界において有力な「好太王」の呼称に従わず、『三国史記』の「広開土王」表記を採用し、それを通してきた理由というのがこれである。

　以上、銅鈴銘文の「好太王」即ち広開土王という前提は自明の理ではなく、それがただ一つの解釈であるとはおもわれない。故国壌王の可能性が残っていることを指摘したい。それに連動して、問題の「辛卯年」もまた、故国壌王の薨去年と解釈すべきである。

とすれば、次のような推定が可能になる。すなわち、有銘銅鈴それ自体もまた故国壌王の薨去にともなって製作されたものであり、同王の葬送儀礼にともなって配布された下賜品である、と。これに従って、みたび釈読を試みればつぎのとおり。

【銅鈴銘文の釈読(3)】(a)辛卯年〔(西暦三九一年)に〕／(b)好太王〔つまり故国壌王の薨去を悼み〕／(c)造〔る〕所〔の〕鈴／(d)〔下賜品の〕九十六〔番目〕

×　×　×　×　×

以上の論旨は史料上の大きな制約のもとでの行論であり、一つの可能性を示した結論であって、いまのところ、かならずしも万全とはいいがたい。あえていま現在の課題を提示して、一つの仮説を提唱するものである。この仮説に関連して、さらに有銘銅鈴と集安高句麗王陵墓との比定問題にまで及ぶならば、銅鈴の盗掘と再埋納やその他の事実関係にもかかわって、問題の焦点は一層拡大し、論点は一段と拡散するであろう。ここでひとまず擱筆《かくひつ》して、今後において精密な資料の調査が行なわれ、適切な銘文の解釈がなお一層進展することを期待したい。

附、新たに出土した「永楽」銘瓦磚

報告書『集安高句麗王陵』（前掲）は、広開土王に関する若干の新出史料を紹介している。ここで注目したいのは集安の麻線墓区屈指の大墓、千秋墓《せんしゅうぼ》から発掘された有銘磚である（残長13cm、曲面の広さ15・5cm、厚さ1・6cm）。磚は上下を欠いているが、残片の左右に各一行、各行に四字あり、「(右)…□浪趙将軍…／(左)…□未在永楽…」と読めるという（図一五六、図版七二、／記号は別行）。

報告書はさらに左行の「永楽」は広開土王の年号であるとみ、「未」字の上は「乙」か「丁」字を補って、「乙未」ならば永楽五年（三九五）、「丁未」ならば永楽一七年（四〇七）に当たるとする。示された年代観は千秋墓が築造された四世紀末ころに合致するという。また、右行の「浪」字の上に「楽」字を補って「楽浪趙将軍《らくろうちょうしょうぐん》」とよみ、もとの楽浪郡ゆかりの「趙」将軍であり、高句麗に帰順したか、捕虜になった漢姓の人物であると指摘する（一九三頁）。

広開土王が定めた「永楽」年号は、同王の勲績を記した「広開土王碑」にみえる。それを傍証し、確定したのは「徳興里壁画古墳墓誌銘」に墨書された「永楽十八年太歳在戊申」（四〇八年）の文字である。そして、このたび、千秋墓から出土した有銘磚がそれを確固たるもの、あらためて不動のものにした。その「永楽」年号は、当時の国際環境のなかで、同王の進取的な国際的感覚、主体的な国際的態度を反映していたとおもわれる。

つぎに、干支が「乙未」であるならば、王碑によると、二二歳の若き広開土王が始めて親征し、西方の遼河付近に遊牧する稗麗《ひれい》を撃破した年であり、同王初陣の記念すべき永楽五年「乙未」に相当する。それが「丁未」ならば、三七歳の同王が歩騎五万を発遣し、南方の百済方面で敵方を蕩尽《とうじん》した永楽一七年「丁未」に相当する。

いずれにしても、同王の「未（ひつじ）」の年は、高句麗が外敵を掃討し、赫々たる戦果をあげた年次であった。有銘磚に読まれる「楽浪趙将軍」なる人物は、その「未」年のある事件にかかわった「趙」姓某、つまり帰化系漢人の子孫とみなして間違いない。ここにおいて、当時をさかのぼること一世紀、史上に有名な三一三年の楽浪郡（平壌）滅亡を前後して、高句麗は多くの帰化系漢人を収容し、かれらを重用した数々の史実が想起されてくる。前記した「徳興里壁画古墳」の主人公、つまり前秦から亡命した「鎮」なる人物もまた、同時代を生きた帰化系漢人の一人である。

このたび千秋墓から出土した「永楽」銘瓦磚は、わずか一〇cm余り残った磚であり、箆書《へらが》きの八文字の銘文を残すにすぎないが、広開土王の治世やかれの勲績を追究するのに重要であり、広開土王碑を解釈し、研究するのに不可欠の史料といって過言ではない。

附録一　広開土王碑釈文

＊…字画の一部が合致する碑字　[字]…推定した碑字　□…釈文できない碑字

第Ⅰ面

1 惟昔始祖鄒牟王之創基也出自北夫餘天帝之子母河伯女郎剖卵降世生而*有聖□□□□□□命駕
2 巡幸南下路由夫餘奄利大水王臨津言曰我是皇天之子母河伯女郎鄒牟王爲我連葭浮龜應聲即爲
3 連葭浮龜然後造渡於沸流谷忽本西城山上而建都焉不樂世位天遣黄龍來下迎王王於忽本東罡履
4 龍首昇天顧命世子儒留王以道興治大朱留王紹承基業遝*至十七世孫國罡上廣開土境平安好太王
5 二九登祚号爲永樂太王恩澤洽*于皇天威武振被四海掃除□□庶寧其業國富民殷五穀豊熟昊天不
6 弔卅有九宴駕棄國以甲寅年九月廿九日乙酉遷就山陵於是*立碑銘記勳績以示後世焉其辞*曰
7 永樂五年歳在乙未王以稗麗不□□人躬率往討過富山貧山*至鹽水上破其三*部洛六七百營牛馬羣
8 羊不可稱數於是旋駕因過襄*平道東來[侯]城力城北豊五備*海*遊觀土境田猟而還百殘新羅舊是屬民
9 由來朝貢而倭以辛卯年来渡[海]破百殘[東]□新*羅以爲臣民以六年丙申王躬率□軍討伐殘*國軍□□
10 因攻取壹八城臼模盧城各模盧城幹弖利[城]□□城關弥城牟盧城弥沙城□[舍]蔦城阿旦城古利城□
11 利*城雜珍城奥利城句牟城古須耶羅城莫□□□□城□而耶羅[城]瑑城於*[利]城農*[賣][城]豆奴城沸□□

第Ⅱ面

1 利城弥鄒城也利城太山韓城掃加城敦拔城□□城*□婁賣城散那*城那旦城細城牟婁城于婁城蘇灰
2 城燕婁城析支利城巖門□城味*城□□□□□□□利城就鄒城□拔城古牟婁城閏奴城貫奴城彡穰*
3 城□□城*儒*□盧城仇天城□□□[城]□其國城殘不服*義敢出百*戰*王威赫怒渡阿利水遣*刾迫城□□
4 侵*穴*□便圍*城而殘主困逼獻*□男女生口一千人細布千匹跪*王自誓従今以後永爲奴客太王恩赦先*
5 迷之愆錄其後順之誠於是得*五十八城村七百將殘主弟幷大臣十人旋師還都八年戊戌教遣偏師觀
6 肅*愼土谷因便抄得莫□羅城加太羅谷男女三百餘人自此以来朝貢論事九年己亥百殘違誓与倭和
7 通王巡下平穰而新羅遣使白王云倭人滿其國境潰破城池以奴客爲民歸王請命太王恩*慈*稱其忠誠*
8 [特]遣使還告以□計十年庚子教遣歩騎五萬往救新羅従男居城至新羅城倭滿其中官軍方至倭賊退
9 □□背急追至任那加羅従拔城城即歸服安羅人戍兵□新羅*城□城倭□□潰城六*
10 十*九*盡拒*□□安羅人戍兵[滿]□□□□其□□□□□□言*

第Ⅲ面

1 □□□□□□□□□□□□□□□興*□□□□□□□□□□辟□□□□□□□□□□□□□潰
2 □□□□安羅人戍兵昔新羅寐錦未有身來論*事□[國][罡][上][廣]開土境好太王□□□□寐錦*□□僕勾
3 □□□□朝貢十四年甲辰而*倭不軌侵入帶方界□□□□□石城□連船□□□[王]躬*率□□從*平穰
4 □□□鋒相遇王幢要截盪刾倭寇潰敗斬殺無數十七年丁未敎遣步騎五萬□□□□□□□□□□師
5 □□合戰斬殺蕩盡所穫鎧鉀一萬餘領軍資器械不可稱數還破沙溝城婁城□住城□□□□□□那*
6 □城廿年庚戌東夫餘舊是鄒牟王屬民中叛不貢王躬率往討軍到餘城而餘城*國駭□□□□□□
7 □□王恩普覆於是旋還又其慕化隨官来者味仇婁鴨盧卑斯麻鴨盧椯社婁鴨盧肅斯舍鴨*盧*□□□
8 鴨*盧凡所攻破城六十四村一千四百守墓人烟戸賣句余民國烟二看烟三東海賈國烟三看烟五敦城
9 民四家盡爲看烟亐城一家爲看烟碑利城二家爲國烟平穰城民國烟一看烟十訾連二家爲看烟俳婁
10 人國烟一看烟卅三梁谷二家爲看烟梁*城二家爲看烟安夫連廿二家爲看烟□谷三家爲看烟新城三
11 家爲看烟南蘇城一家爲國烟新来韓穢沙水城國烟一看烟一牟婁城二家爲看烟[豆]比鴨岑韓五家爲
12 看烟句牟客頭二家爲看烟求[底]韓一家爲看烟舍蔦城韓穢國烟三看烟廿一古[須]耶羅城一家爲看烟
13 [炅]古城國烟一看烟三客賢韓一家爲看烟阿旦城雜珍城合十家爲看烟巴奴城韓九家爲看烟臼模盧
14 城四家爲看烟各模盧城二家爲看烟牟水城三家爲看烟幹弖利城國烟一看烟三弥[鄒]城國烟一看烟

第Ⅳ面

1 七也利城三家爲看烟豆奴城國烟一看烟二奥利城國烟二看烟八須鄒城國烟二看烟五百

2 殘南居韓國烟一看烟五太山韓城六家爲看烟農賣城國烟一看烟七閏奴城國烟二看烟廿二古牟婁

3 城國烟二看烟八瑑城國烟一看烟八味城六家爲看烟就咨城五家爲看烟彡穰城廿四家爲看烟散那

4 城一家爲國烟那旦城一家爲看烟句牟城一家爲看烟於利城八家爲看烟比利城三家爲看烟細城三

5 家爲看烟國罡上廣開土境好太王存時敎言祖王先王但敎取遠近舊民守墓洒掃吾慮舊民轉當羸劣

6 若吾萬年之後安守墓者但取吾躬巡所略来韓穢令備洒掃言敎如此是以如敎令取韓穢二百廿家慮

7 其不知法則復取舊民一百十家合新舊守墓戸國烟卅看烟三百都合三百卅家自上祖先王以来墓上

8 不安石碑致使守墓人烟戸差錯唯國罡上廣開土境好太王盡爲祖先王墓上立碑銘其烟戸不令差錯

9 又制守墓人自今以後不得更相轉賣雖有富足之者亦不得擅買其有違令賣者刑之買人制令守墓之

附録二　広開土王碑読み下し文

読み下し文は碑文の三段構成に従って、【第一段】等の見出しをつけ、とくに第二段については各年条ごとに改行した。また《以下第Ⅰ面》等を挿入して、碑石各面の冒頭部分を明示した。なお、釈文に付した記号は次のとおり。
＊…字画の一部が合致する碑字　字…推釈した碑字　□…釈文できない碑字

【第一段／序論】《以下第Ⅰ面》惟《こ》れ、昔、始祖《しそ》鄒牟王《すうぼうおう》の創基せるなり。北夫餘《きたふよ》自《よ》り出《い》ず。天帝の子、母は河伯《かはく》の女郎なり。卵を剖《さ》きて世に降り、生れながらにして聖□有り。□□□□□駕を命じ、巡幸して南下し、路は夫餘の奄利大水《えんりだいすい》に由《よ》る。王、津に臨みて、言ひて曰《い》はく、「我は是《こ》れ皇天の子、母は河伯《かはく》の女郎、鄒牟王なり。我が爲《ため》に葭《あし》を連ね、龜を浮ばしめよ」と。聲に應じ、即ち爲に葭を連ね、龜を浮かべ、然《しか》る後に造渡《ぞうと》せしむ。沸流谷《ふつりゅうこく》の忽本《こつほん》の西に於て、山上に城《しろきづ》きて都を建つ。世位を樂まず。天、黄龍を遣はし、来り下りて王を迎へしむ。王、忽本の東罡《とうこう》に於いて、龍首を履《ふ》みて天に昇る。世子《せいし》の儒留王《じゅりゅうおう》に顧命《こめい》し、道を以て興治せしむ。大朱留王《だいしゅりゅうおう》、基業を紹承し、十七世孫の國罡上廣開土境平安好太王《こくこうじょうこうかいどきょうへいあんこうたいおう》に至るに＊遝《およ》ぶ。二九《にく》にて登祚し、号して永樂太王《えいらくたいおう》と爲《い》ふ。恩澤は皇天に＊洽《あまね》く、威武は振ひて四海を被《おほ》ふ。□□を掃除し、庶《もろもろ》は其の業に寧《やす》んず。國は富み民は殷《ゆたか》にして、五穀豊熟す。昊天弔《こうてんあわれ》まず、卌有九にして晏駕《あんが》し、國を棄つ。甲寅《きのえのとら》の年、九月廿九日乙酉《きのとのとりのひ》を以て、遷して山陵に就く。是に＊於いて碑を

立て、勲績を銘記し、以て後世に示す。其の辞*に曰く、

【第二段／本論・紀年記事】永樂五年、歳《もくせい》は乙未《きのとのひつじ》に在り。王、稗麗《ひれい》の□人を□せざりしを以て、躬《みずか》ら率ゐて往討す。富山《ふさん》・貧山*を過ぎ、鹽水《えんすい》の上《ほとり》に至り、其の三*部落、六・七百営《えい》を破る。牛馬・羣羊は、稱《あ》げて數ふべからず。是に於て駕を旋《かへ》し、因りて襄*平を過ぎ、東来・候城・力城・北豊・五備*海*を道《へ》、土境を遊觀し、田獵《でんりょう》して還る。

百殘《ひゃくざん》・新羅《しんら》は、舊《もと》是れ屬民にして、由来朝貢《ゆらいちょうこう》せり。而《しか》るに、倭《わ》は辛卯年《かのとのうのとし》《しんぼうねん》を以て来《きた》り、海を渡りて百殘を破り、東のかた新羅*を□して、以て臣民と爲せり。以て、六年丙申《ひのえのさる》、王、躬ら□軍を率ゐ、殘國《ざんこく》を討伐*す。軍□□因りて壹八《いちはち》城・臼模盧《きゅうもろ》城・各模盧《かくもろ》城・幹弖利《かんてり》城・□□城・閼弥《かんみ》城・牟盧《ぼうろ》城・弥沙《みさ》城・□舎蔦《しゃちょう》城・阿旦《あたん》城・古利《こり》城・□利*城・雜珍《ざっちん》城・奥利《おうり》城・句牟《くぼう》城・古須耶羅《こすやら》城・莫□□□城・□而耶羅《じゃら》城・瑑《たく》城・於利《*より》城・農賣《*のうばい》城・豆奴《とうど》城・沸□□**《以下第II面》**利城・弥鄒《みすう》城・也利《やり》城・太山韓《たいさんかん》城・掃加《そうか》城・敦拔《とんばつ》城・□□城*・□婁賣《ろうばい》城・散那《さん*な》城・那旦《なたん》城・細《さい》城・牟婁《ぼうろう》城・于婁《うろう》城・蘇灰《そかい》城・燕婁《えんろう》城・析支利《せきしり》城・巖門《がんもん》□城・味《*み》城・□□□□□□利城・就鄒《しゅうすう》城・□拔城・古牟婁《こぼうろう》城・閏奴《じゅんど》城・貫奴《かんど》城・彡穰《さん*じょう》城・□□城*・儒*□盧城・仇天《きゅうてん》城・□□□城を攻取し、其の國城を□す。殘《ざん》は義に服*さず、敢て出でて百戰**す。王、威《たけ》く赫怒し、阿利《あり》水《すい》を渡り、城を刺《うかが》ひ迫り、□□して穴*□を侵*し、便《すなは》ち城を圍*ま遣《*し》む。而《しこう》して殘主《ざんしゅ》は困逼し、男女生口一千人・細布千匹を獻*□し、王に跪《*ひざまづ》きて、自ら「今従《よ》り以後、永く奴客《どきゃく》と爲《な》らん」

と誓ふ。太王、恩もて先*迷の愆《あやまち》を赦し、其の後順の誠を録す。是に於いて、五十八城・村七百を得、*残主の弟并びに大臣十人を将《ひき》ゐ、師を旋《かへ》して都に還る。

八年 戊戌《つちのえのいぬ》。教《きょう》して偏師《へんし》を遣はし、*粛慎《しゅくしん》の土谷を観せしむ。因りて便ち、莫《ばく》□羅《ら》城《じょう》・加《か》太羅谷《たらこく》の男女三百餘人を抄得す。此れ自《よ》り以来、朝貢し論事《ろんじ》す。

九年 己亥《つちのとのゐ》。百残は誓ひに違《そむ》き、倭と和通せり。王、平穣《へいじょう》に巡下す。而《しこう》して新羅は使を遣はし、王に白《まを》して、「倭人は其の國境に満ち、城池を潰破し、奴客を以て民と為《な》せり。王に帰《き》して命を請はむ」と云ふ。太王、恩*慈もて其の忠*誠を*稱《たた》ふ。時に使を遣はし、還りて告げしむるに、□計を以てす。

十年 庚子《かのえのね》。教して歩騎五萬を遣はし、往《ゆ》きて新羅を救はしむ。男居城従《よ》り新羅城に至るまで、倭は其の中に満つ。官軍、方《まさ》に至らんとするに、倭賊は退□す。□背して急追し、任那加《みまなか》羅《ら》の従抜城《じゅうばつじょう》に至るや、城は即ち帰服す。安羅人《あんらじん》の戍兵《じゅへい》は、新*羅城・□城を□す。倭は□□潰城六*十*九*盡拒□□。安羅人の戍兵は、満□□□其□□□□□*言**《以下第Ⅲ面》**□□□□□□□□□□*興□□□□□□辞□□□□□□潰□□□□□安羅人の戍兵。昔、新羅の寐錦《みきむ》の未だ身《したし》く来りて論*事せしこと有らざりき。□國罡上廣開土境好太王、□□□寐錦□□*僕句□□□□朝貢す。

十四年 甲辰《きのえのたつ》。而《*すなは》ち倭は不軌《ふき》にして、帯方《たいほう》の界に侵入し、□□□□□石城□連船□□□せり。

王、躬*ら率ゐ□□し、平穰従《よ》*り□□□鋒、相《たが》ひに王幢《おうとう》に遇ひ、要截《ようせつ》して盪刺《とうし》す。倭寇は潰敗し、斬殺せらるるもの無數。

十七年丁未《ひのとのひつじ》。教して歩騎五萬を遣はし、□□□□□□□□□師、□□合戰し、斬殺して蕩盡《とうじん》す。穫る所の鎧鉀《がいこう》は一萬餘領、軍資・器械は稱げて數ふべからず。還るに、沙溝《さこう》城・婁《ろう》城・□住城・□□□□□那*□城を破る。

廿年庚戌《かのえのいぬ》。東夫餘は舊《もと》是れ鄒牟王の屬民にして、中ごろ叛《そむ》きて貢《みつ》がざりき。王、躬ら率ゐて往討す。軍、餘城《よじょう》に到る。而して餘城*の國、駭《おどろ》き□□□□□□□□□、王の恩は普《あまね》く覆ふ。是に於いて旋還す。又た、其の慕化して官に随ひ来《きた》れる者は、味仇婁鴨盧《みきゅうろうおうろ》・卑斯麻《ひしま》鴨盧・椯《た》社婁《しゃろう》鴨盧・肅斯舎《しゅくししゃ》**鴨盧・□□□*鴨盧なり。

凡《およ》そ攻め破りし所の城は六十四、村一千四百。

【第三段／本論・守墓人記事】守墓人の烟戸《えんこ》。賣句余《ばいくよ》の民《たみ》は、國烟《こくえん》二、看烟《かんえん》三。東海《とうかい》の賈《こ》は、國烟三、看烟五。敦《とん》城の民の四家は、盡《ことごと》く看烟と爲す。于《う》城の一家は、看烟と爲す。碑利《ひり》城の二家は、國烟と爲す。平穰城の民は、國烟一、看烟十。呰連《しれん》の二家は、看烟と爲す。俳婁《はいろう》の人は、國烟一、看烟卌三。梁谷の二家は、看烟と爲す。梁*城の二家は、看烟と爲す。安夫連《あんふれん》の廿二家は、看烟と爲す。□谷の三家は、看烟と爲す。新城《しんじょう》の三家は、看烟と爲す。南蘇《なんそ》城の一家は、國烟と爲す。新らたに来れる韓《かん》と穢《わい》。沙水《さすい》城は、國烟一、看烟一。牟婁城の二家は、看烟と爲す。豆《とう》比《ひ》鴨岑《おうしん》の韓の五家は、看烟と爲す。句牟客頭《くぼうきゃくとう》の二家は、看烟と爲す。求底《きゅうてい》の韓の一家は、看烟と爲す。舍蔦城の韓と穢は、國烟三、看烟廿一。古須耶羅城の一家は、看烟と爲す。炅古《けいこ》城は、國烟一、看烟三。客賢《きゃくけん》の韓の一家は、看烟と爲す。阿旦城と雜珍城は、十家を合せて看烟と爲す。巴奴《はど》城の韓の九家は、看烟と爲す。臼模盧城の四家は、看烟と爲す。各模盧城の二家は、看烟と爲す。牟水《ぼうすい》城の三家は、看烟と爲す。幹弖利城は、國烟一、看烟三。弥鄒城は、國烟一、看烟**《以下第Ⅳ面》**七。也利城の三家は、看烟と爲す。豆奴城は、國烟一、看烟二。奥利城は、國烟二、看烟八。須鄒《すすう》城は、國烟二、看烟五。百殘の南に居る韓は、國烟一、看烟五。太山韓城の六家は、看烟と爲す。農賣城は、國烟一、看烟七。閏奴城は、國烟二、看烟廿二。古牟婁城は、國烟二、看烟八。瑑城は、國烟一、看烟八。味城の六家は、看烟と爲す。就咨《しゅうし》城の五家は、看烟と爲す。彡穰城の廿四家は、看烟と爲す。散那城の一家は、國烟と爲す。那旦城の一家は、看烟と爲す。句牟城の一家は、看烟と爲す。於利城の八家は、看烟と爲す。比利《ひり》城の三家は、看烟と爲す。細城の三家は、看烟と爲す。

國罡上廣開土境好太王の存せられし時、教《きょう》して「祖王・先王は、但《た》だ教して、『遠・近の舊民を取り、守墓して洒掃《しゃそう》せしむ』とまおせしのみ。吾れ、舊民の轉《うつ》りて當《まさ》に羸劣《るいれつ》せんことを慮《おもんぱか》る。若《も》し、吾れ、萬年の後に守墓者を安んぜんには、但《た》だ吾れ躬ら巡りて略来せし所の韓と穢を取り、洒掃に備へ令《し》むるのみ」と言ひたまう。教に言ふこと此《かく》の如し。是《ここ》を以て、教の如く、韓と穢の二百廿家を取ら令《し》む。其の法則を知らざるを慮り、復た舊民一百十家を取る。新・舊の守墓戸を合せて、國烟は卅、看烟は三百、都合三百卅家。上祖・先王自《よ》り以来、墓の上《ほとり》に石碑を安んぜず、守墓人の烟戸を使《し》て差錯せしむるに致れり。唯《た》だ國罡上廣開土境好太王のみ、盡《ことごと》く祖・先王の爲に墓の上に碑を立て、其の烟戸を銘《しる》して、差錯せ令めざりき。又た制《せい》したまう、「守墓人は、今自り以後、更相《たがひ》に轉賣するを得ず。富足の者有りと雖も、亦た擅《ほしいまま》に買ふを得ず。其れ、令《れい》に違《そむ》きて賣る者有らば、之を刑《けい》す。買ふ人は、制令《せいれい》もて守墓せしむ」と。

附録三　広開土王碑訳文

訳文がよった釈文は、附録一「広開土王碑釈文」を基本とする。ただし〈字画の一部が合致する碑字〉〈推釈した碑字〉は区別せず、それらをすべて採用した。訳文表記の体裁は、附録二「広開土王碑読み下し文」に従うが、また碑文の構成等を考慮して適宜改行した。

【第一段／序論】《以下第Ⅰ面》〔わが高句麗は、〕惟《こ》れ、はるか昔むかしに、始祖《しそ》の鄒牟王《すうぼうおう》が基礎を創った国である。もともと北夫余《きたふよ》の出身であった。〔王は〕天帝の子であり、母は河の神の女《むすめ》であって、〔常のひととは異なって〕卵を割って誕生し、天からこの世に降臨して、生れながらに聖なる□をもっていた。□□□□□駕を命じ、巡り出でまし南下して、進む路は夫余の奄利大水《えんりだいすい》に従った。王は大水の渡し場に臨むや、〔大水の神に向かって〕こういった、「我こそは、皇天（天帝）の子であるぞ、河の神の女を母にもつ鄒牟王であるぞ。我れの為《ため》に、水面に葦《あし》を集めて連ね、亀どもを浮上させ〔、葦と亀とで浮き橋を造らせ〕よ」。呼びかけに応じて、すぐさま葦を集めて連ね、亀どもを浮上させ、そうした後で浮き橋を造り、〔王を向こう岸まで〕渡らせた。〔王は〕沸流谷《ふつりゅうこく》の忽本《こつほん》の西方の山の上に城を築いて、〔高句麗の〕都を創建した。〔しかし、時が経ち、やがて王は〕この世の王位を楽しまなくなった。〔そこで〕天は黄竜を〔この世に〕下らせ、王を〔天に〕迎えさせた。王は忽本の東方の岡から竜に乗り、竜の首を履《ふ》みながら天上めざして昇っていった。

〔王は〕王位を継ぐ世子《せいし》の儒留王《じゅりゅうおう》に命令し、行なうべき道理に従って、政治（まつりごと）を盛んに行なわせた。〔また〕大朱留王《だいしゅりゅうおう》が基業を受け継いで、〔さらに、王統は代々継承されて、鄒牟王の〕十七世孫に当たる国岡上広開土境平安好太王《こくこうじょうこうかいどきょうへいあんこうたいおう》に至ったのである。太王は二九《にく》（二×九）の十八歳で王位に登り、奉られた尊号は永楽太王《えいらくたいおう》という。〔太王の〕恩澤は天までゆきわたり、その威武はおおいに振い、この世を広く覆っていた。□□は一つ残らず掃きよめ、人々は各自の生業に満足して安らいだ。国は富み、民は殷《ゆた》かであり、年ごとに五穀が豊熟する盛世であった。

〔ところが、〕天はあわれむことなく、〔太王は〕三十九歳で亡くなり、国を棄てられた。甲寅《きのえのとら》の年（西暦四一四年）、九月廿九日乙酉《きのとのとり》の日に山陵に埋葬した。ここにおいて石碑を立て、〔太王の〕勲績を銘記して、それを後世の人々に示すことにする。その文辞は次のとおりである。


【第二段／本論・紀年記事】永楽五年、木星が乙未《きのとのひつじ》の方向に位置したとし（西暦三九五年）。太王は、稗麗《ひれい》が□人を□しなかったので、自《みずか》ら官軍を率い、親征して討伐した。富山《ふさん》や負山を過ぎ、塩水《えんすい》流域に到達して、その三つの部落、六・七百の営《えい》（聚落）をうち破った。捕獲した牛馬や群れなす羊は、あまりに多すぎて数えきれなかった。そこで、太王は駕を旋《かへ》し、それにつれて襄平《じょうへい》を過ぎ、東来《とうらい》・候城《こうじょう》・力城《りきじょう》・北豊《ほくほう》や五つの備《び》（要害）の海を経て、〔高句麗の〕領土を遊観し、狩猟しながら都（集安の国内城）に帰還した。

百残《ひゃくざん》（百済、ひゃくさい）と新羅《しんら》とは、元来〔高句麗王の〕属民であって、もとより朝貢《ちょうこう》していたのであった。ところが、倭《わ》は辛卯年《かのとのうのとし》《しんぼうねん》（西暦三九一年）に、海を渡って来て百残を破り、東方では新羅を□し、臣民にしてしまった。それによって、〔永楽〕六年、丙申《ひのえのさる》のとし（西暦三九六年）に、太王は自ら□軍を率い、親征して百残の国を討伐した。軍□□するにつれて、壱八《いちはち》城・臼模《きゅうも》盧城・各模盧《かくもろ》城・幹弓利《かんてり》城・□□城・関弥《かんみ》城・牟盧《ぼうろ》城・弥沙《みさ》城・□舎蔦《しゃちょう》城・阿《あ》旦《たん》城・古利《こり》城・□利城・雑珍《ざつちん》城・奥利《おうり》城・句牟《くぼう》城・古須耶羅《こすやら》城・莫□□□□城・□而耶羅《じゃら》城・瑑《たく》城・於利《より》城・農売《のうばい》城・豆奴《とうど》城・沸□□《以下第Ⅱ面》利城・弥鄒《みすう》城・也利《やり》城・太山韓《たいさんかん》城・掃《そう》加《か》城・敦抜《とんばつ》城・□□城・□婁賣《ろうばい》城・散那《さんな》城・那旦《なたん》城・細《さい》城・牟婁《ぼうろう》城・于婁《うろう》城・蘇灰《そかい》城・燕婁《えんろう》城・析支利《せきしり》城・巖門《がんもん》□城・味《み》城・□□□□□□利城・就鄒《しゅうすう》城・□抜城・古牟婁《こぼうろう》城・閏奴《じゅんど》城・貫《かん》奴《ど》城・彡穰《さんじょう》城・□□城・儒□盧城・仇天《きゅうてん》城・□□□城を攻め取って、その国城（いまのソウル）を□した。百残は大義に服さないで、あえて出てきて百たび戦った。太王は猛々しく激しく怒り、阿利水《ありすい》（いまの漢江）を渡り、国城にうかがい迫って□□し、穴□を侵すや、すぐさま国城を包囲させた。このようにして、百残の主（君主）は困りはてて切迫し、男女の生口《せいこう》一千人、細布千匹を献□し、太王にひざまづき、自らすすんで「今より後は、すえながく〔太王の〕奴《ど》客《きゃく》となりましょう。」と誓約した。太王は寛大な恩をもって、百残主が先に犯した迷妄の誤りを許し、その今後に誓った忠順の誠意を著録した。こうして、〔太王は百残の〕五十八城・村七百を獲得し、また百残主の弟と大臣十人を連行し、軍を返して都に凱旋した。

〔永楽〕八年、戊戌《つちのえのいぬ》のとし（西暦三九八年）。〔太王が〕教《きょう》（みことのり）をくだし、官軍を遣《つか》わして、山ぶかい谷間の粛慎《しゅくしん》の領土を窺わせた。それによって、たちまち莫《ばく》□羅城《らじょう》・加《か》太羅谷《たいらこく》の男女三百余人を掠めとった。これより以来、〔粛慎は太王に隷属して〕朝貢し、〔政治の〕事について奏上し、論定するようになった。

〔永楽〕九年、己亥《つちのとのい》のとし（西暦三九九年）。百残は先にたてた誓約にそむいて、倭と和通した。太王は平穰《へいじょう》（いまのピョンヤン）に巡り下った。そして新羅は、使者をたてて、太王に申しあげるには、「倭人は新羅の国境に満ちみちて、城池を巡らした要衝を潰《つぶ》し破り、他方では、隣国の奴客（百済）を民としてしまいました。〔わが新羅は〕太王に帰服し、〔太王の〕命令を請いたいとおもいます。」という。太王は恩慈をもって、新羅の忠誠を称えた。〔太王は〕とくに使者を遣わし、〔新羅に〕還えして□計を告げさせた。

〔永楽〕十年、庚子《かのえのね》のとし（西暦四〇〇年）。〔太王が〕教をくだし、歩・騎五万を遣わして、進んで新羅を救援させた。男居城《だんきょじょう》から新羅城（いまの慶州）に至るまで、倭はあたり一帯に満ちみちていた。官軍がまさに到着しようとしたとき、倭賊は退□した。さらに□背して急追し、任那加羅《みまなから》の従抜城《じゅうばつじょう》（いまの金海）に至るや、従抜城はたちまち帰服した。安羅《あんら》（いまの咸安）人の戍兵《じゅへい》（守備兵）は、新羅城・□城を□した。倭は□□潰城六十九尽拒□□。安羅人の戍兵は、満□□□其□□□□□□言**《以下第Ⅲ面》**□□□□□□□□□□□□興□□□□□□□□□辞□□□□□□□□□□潰□□□、安羅人の戍兵を□した。昔から、新羅の寐錦《みきむ》（君主）は、まだ自分自身が〔高句麗に〕来て、〔政治の〕事について奏上し、論定したことはなかった。〔しかし、今年の新羅救援戦をきっかけにして、はじめて〕□国岡上広開土境好太王□□□寐錦□□僕句□□□□朝貢した。

〔永楽〕十四年、甲辰《きのえのたつ》のとし（西暦四〇四年）。すなわち、倭は謀反をおこして、帯方《たいほう》の界に侵入し、□□□□□石城□連船□□□した。太王は、自ら官軍を率い、親征して□□し、平穣より□□□鋒して、たがいに王幢《おうとう》にめぐり遇うや、待ち伏せして切りつけ、洗い流すように刺し殺した。倭寇は潰《つい》え敗れ、斬殺されたものは無数にのぼった。

〔永楽〕十七年、丁未《ひのとのひつじ》のとし（西暦四〇七年）。教をくだし、歩・騎五万を遣わして、□□□□□□□□師□□合戦し、斬り殺して滅びつきた。鹵獲《ろかく》した鎧鉀《がいこう》は一万余領に達し、軍資・器械に至っては、数えきれないほどの多さであった。軍を還えすときに、沙溝《さこう》城・婁《ろう》城・□住城・□□□□□那□城〔の五城〕を破った。

〔永楽〕二十年、庚戌《かのえのいぬ》のとし（西暦四一〇年）。東夫余《ひがしふよ》はもと鄒牟王の属民であったが、中ごろ謀反をおこし、貢物を出さなくなった。〔そこで〕太王は、自ら官軍を率い、親征して討伐した。官軍が東夫余城に到達するや、東夫余の国城は駭《おどろ》き□□□□□□□□、太王の恩は広くすみずみまで覆いつくした。〔太王は〕そうしたところで旋還した。又た、東夫余の慕化して官軍に随って来たのは、味仇婁鴨盧《みきゅうろうおうろ》（聚落）・卑斯麻《ひしま》鴨盧・椯社婁《たしゃろう》鴨盧・粛斯舎《しゅくししゃ》鴨盧・□□□鴨盧〔の五つの鴨盧〕であった。

〔以上を総計して、太王が治世二十二年間に〕攻め破った城は、全部で六十四、村は概略一千四百に達した。

【第三段／本論・守墓人記事】守墓人の烟戸《えんこ》〔の徴発に関する規定〕。〔まず、太王の治世より以前からの旧民。〕売句余《ばいくよ》の民《たみ》は、国烟《こくえん》二、看烟《かんえん》三。東海《とうかい》（日本海沿海地域）の商人は、国烟三、看烟五。敦《とん》城の民の四家は、みな看烟とする。于《う》城の一家は、看烟とする。碑利《ひり》城の二家は、国烟とする。平穰城の民は、国烟一、看烟十。訾連《しれん》の二家は、看烟とする。俳婁《はいろう》の人は、国烟一、看烟四十三。梁谷の二家は、看烟とする。梁城の二家は、看烟とする。安夫連《あんふれん》の廿二家は、看烟とする。□谷の三家は、看烟とする。新城《しんじょう》の三家は、看烟とする。南蘇《なんそ》城の一家は、国烟とする。

〔つぎに、太王の治世中に〕新らたに来服した韓《かん》と穢《わい》〔の新民〕。沙水《さすい》城は、国烟一、看烟一。牟婁城の二家は、看烟とする。豆《とう》比《ひ》鴨岑《おうしん》の韓の五家は、看烟とする。句牟客頭《くぼうきゃくとう》の二家は、看烟とする。求底《きゅうてい》の韓の一家は、看烟とする。舎蔦城の韓と穢とは、国烟三、看烟二十一。古須耶羅城の一家は、看烟とする。炅古《けいこ》城は、国烟一、看烟三。客賢《きゃくけん》の韓の一家は、看烟とする。阿旦城と雑珍城は、十家を合せて看烟とする。巴奴《はど》城の韓の九家は、看烟とする。臼模盧城の四家は、看烟とする。各模盧城の二家は、看烟とする。牟水《ぼうすい》城の三家は、看烟とする。幹弖利城は、国烟一、看烟三。弥鄒城は、国烟一、看烟**《以下第Ⅳ面》**七。也利城の三家は、看烟とする。豆奴城は、国烟一、看烟二。奥利城は、国烟二、看烟八。須《す》鄒《すう》城は、国烟二、看烟五。百残の南に居る韓は、国烟一、看烟五。太山韓城の六家は、看烟とする。農売城は、国烟一、看烟七。閏奴城は、国烟二、看烟廿二。古牟婁城は、国烟二、看烟八。瑑城は、国烟一、看烟八。味城の六家は、看烟とする。就咨《しゅうし》城の五家は、看烟とする。彡穣城の二十四家は、看烟とする。散那城の一家は、国烟とする。那旦城の一家は、看烟とする。句牟城の一家は、看烟とする。於利城の八家は、看烟とする。比利《ひり》城の三家は、看烟とする。細城の三家は、看烟とする。

国岡上広開土境好太王が存命されていた時、教《きょう》をくだして、「祖王・先王は、ただ教をくだして、『遠・近の旧民を徴発し、墓を守り洒掃《しゃそう》させる。』と申されただけであった。太王たる吾れは、旧民の状況が移りかわり、まさに疲れ劣って弱くなることについて、よくよく考えなければならない。もし、吾れが万年の後にも守墓者を安らぐようにしむけるには、ただ吾れ自ら巡って略来した韓と穢とを徴発し、洒掃するのに備えさせるだけである。」と言われたのであった。教で言われたことは、このような主旨であった。そこで、その教の主旨に従って、韓と穢とから二百二十家を徴発した。〔しかし、新民のかれらが〕墓を守り洒掃する法則を知らないことを考えて、さらに旧民一百十家を徴発した。新・旧の守墓戸を合せて、国烟は三十、看烟は三百であり、全部合わせて三百三十家になる。

〔ふりかえってみれば、〕上祖・先王より以来、墓のほとりにきちんと石碑を立てないで、守墓人の烟戸が入り乱れるままにしたのである。ただ国罡上広開土境好太王だけが、上祖・先王の為に、すべての墓のほとりに石碑を立て、守墓人の烟戸を銘記して、かれらが入り乱れるようにはされなかった。又た、〔太王は〕制《せい》（みことのり）をくだして、「守墓人は、今より以後、たがひに転売することを禁止する。たとえ富足の者が居るとしても、亦《ま》た擅《ほしいまま》に買いとることを禁止する。其れ、もしこの令《れい》に違反して、万一売る者があるならば、売った者は刑罰に処する。買う人は、制令に照らして、買った本人に守墓させる。」と定められた。

図版一覧

＊ゴチック体の数字は、ページ数を表す。

武田 幸男（たけだ ゆきお）
1934年、山形県生まれ。
1959年、東京大学文学部（東洋史学科）卒業。東京大学博士(文学)。東京大学名誉教授。朝鮮史·古代東アジア史専攻。
主な編著書、編著『広開土王碑原石拓本集成』（東京大学出版会、1988年）、著書『高句麗史と東アジア』（岩波書店、1989年）、共著『隋唐帝国と古代朝鮮』世界の歴史6（中央公論社、1997年）、編著『朝鮮史』（山川出版社、2000年）、訳注『高麗史日本伝』2冊（岩波文庫、2005年）等。

白帝社アジア史選書
HAKUTEISHA's
Asian History Series
010

広開土王碑との対話

2007年10月25日　初版発行

著　者　武田幸男
発行者　佐藤康夫
発行所　白 帝 社
〒171-0014　東京都豊島区池袋2-65-1
Tel　03-3986-3271　Fax　03-3986-3272
http://www.hakuteisha.co.jp
印刷　倉敷印刷　　製本　若林製本所

ISBN978-4-89174-883-8

発刊にあたって

二十一世紀はアジアの世紀である。日本とアジアの国々の距離はいよいよ近づき、人々の交流はますます緊密さを増していくだろう。わたしたちは今、アジアの一員であることをきちんと自覚し、対等平等の立場からアジアの将来を考え、日本の位置を見定める時期に立っている。

日本は二十世紀の前半、アジアの国々に侵略し、数え切れない生命を奪い、国土を踏みにじり、かの地の人々に激しい憤りと悲しみと絶望を与えた。それから半世紀以上を経過して、かれらの心に沁みついた不信の念は完全に払拭できたであろうか。正直なところ、まだ過去の残像に引きずられ、未来志向の安定した関係を打ち立てるに至っていない。

こうした現状の背後には、欧米と比べてアジアを低く見る観念や、アジアの現実を共感共有できない視野の狭さが伺われる。だがアジアは、世界のどこにも引けを取らない豊かな歴史、多彩な文化をもって今日に及んでいる。しかも世界が宗教を正義として血を流しあうなかで、仏教を信仰するアジア地域からは仏教による抗争を生んでいない。これはわたしたちの誇るべき財産である。

白帝社アジア史選書は、そのようなアジア諸国と正面から向き合い、歴史の面からその魅力と本質に迫り、アジアを知る新たな手がかりと可能性を提示することを目指すものである。わたしたちのいうアジアとは、東アジアに軸足を置きつつ、他のアジア全域に及ぶ。当然日本も大切な領域となる。この選書が少しでも多くの読者の目に止まり、良質なアジア史理解の形成に貢献できることを切望している。

二〇〇三年十月

白帝社アジア史選書
HAKUTEISHA's
Asian History Series

白帝社アジア史選書

HAKUTEISHA's Asian History Series

001

皇帝政治と中国

梅原　郁

1800円

二〇〇〇年以上続いた皇帝政治は、この国に停滞をもたらし、諸悪の根源ともいわれる。しかし、広大多様な中国を一つに纏める求心力として、それは厳然と機能していた。皇帝政治という視座から中国史の本質に迫り、再生産されてきた「カラクリ」をわかりやすい筆致で解き明かす。

002

知の座標
—中国目録学

井波　陵一

1600円

中国は膨大な書物を残してきた文字の国である。筆者は、その過去から現在、未来にわたり集積される知の世界をConstellation「星座」とみたて、その座標軸になるのが、目録学であるという。図書館学を目指す人、中国文化論に関心ある人に是非とも薦めたい一書である。

003

王莽
—儒家の理想に憑かれた男

東　晋次

1800円

前漢を奪うようにして新の皇帝となった王莽。しかし、彼は、果たして根っからの悪逆非道な簒奪者だったのか。本書は「聖」をキイワードに、儒家理念の権化のごとく生きた男の生涯を克明にたどることによって、その実像を浮かび上がらせる。本邦初の本格的王莽伝。

004

亀の碑と正統
—領域国家の正統主張と複数の東アジア冊封体制観

平勢　隆郎

1600円

正統主張するための形が台座の亀に託された—東アジアは漢字文化を共用するが、その中は一様ではない。これまであまり知られていなかった特別な碑石「亀趺」を検討し、それが東アジア全体に関わり、中国や韓国や日本という国家、地域に関わることを具体的に検証する。

＊価格は税別

白帝社アジア史選書

HAKUTEISHA's Asian History Series

005

隋唐時代の仏教と社会
—弾圧の狭間にて

藤善　眞澄

1600円

世俗にとらわれず、あらゆる執着からの脱却を願う仏教と、現世にこだわり政治優先の中国社会との間には様々な確執が生じた。多大の犠牲を払い苦難を乗越えて中国の宗教となりおおせた隋唐の仏教を、再三にわたる弾圧の嵐に焦点を合わせながら抵抗と妥協、変容への軌跡を辿る。

006

古代江南の考古学
—倭の五王時代の江南世界

羅　宗真　著
中村　圭爾
室山留美子　編訳

1800円

華北と異なる江南の地に織成された社会と文化。それを象徴する都建康（南京）のすがたと、この地に生み出された青瓷や、絵画、書跡。江南文化研究の第一人者羅宗真氏の編訳である本書には、倭の五王の使者たちも目にしたはずの、古代江南社会の原風景があますところなく再現されている。

007

戦国秦漢時代の都市と国家
—考古学と文献史学からのアプローチ

江村　治樹

1800円

中国史において、戦国時代は、その後の王朝国家の原型になった秦漢帝国が形成される時代として注目される。この時代は同時に都市の発達が顕著に見られる時代でもある。本書は、この都市の視点から秦漢帝国の形成とあり方を、文献史料だけでなく考古資料をも用いて新たに捉え直す。

008

魏晋南北朝壁画墓の世界
—絵に描かれた群雄割拠と民族移動の時代

蘇　哲

1800円

魏晋の薄葬思想が壁画墓の衰退に対する影響、鮮卑慕容氏前燕の鹵簿制度、北魏孝文帝と馮太后一族の関係、東魏-北斉墓に表れる身分制と民族意識、西域から異質文化の流入など、描き出されている画像資料に基づき、文献資料だけからは窺い知ることのできない諸問題を克明に辿り、その特質を解説。

＊価格は税別

白帝社アジア史選書

HAKUTEISHA's Asian History Series

――続刊――

009

モンゴル年代記

森川　哲雄

1800円

一六世紀後半以降、モンゴルでは多くの年代記が編纂されるようになった。これらの年代記にはモンゴルの歴史とともに、多くの伝説、教訓話が記されており、それらは遊牧社会の文化を知る上で貴重な史料となっている。本書ではこれらの年代記について様々な角度から紹介する。

010

広開土王碑との対話

武田　幸男

1800円

中国東北辺で蔓苔を絡め、風化した姿で現れた『広開土王碑』ほど、長く国際的な論題になり、ホットな論争を呼び続ける碑石は稀であろう。本書は、もの言わぬ碑文と真摯に対話した酒匂景信・水谷悌二郎ら、王志修・栄禧・初天富らの内外の人物像を通じて、碑文の語る真意を探る。

都市・上海

春名　徹

東アジアの伝統的な港市から西欧文化が直接流入する開港場へ。わたしたちのアジアの矛盾そのものを体現する都市・上海へ！一切の虚飾、一切の幻想の言説の中にわけ入り、ひたすら上海の真実を歴史的に追いもとめることにより、アジアの近代の質を問う。

中国古典とその注釈

古勝　隆一

『詩経』や『書経』といった中国古典。長い歴史の中でとぎれることなく読み継がれて、古典となったものである。それら難解な書物は、解釈や説明、注釈を通してはじめて人々に受け入れられた。古典の「原本」を復元するという幻想を覆し、その解釈と受容の様相に眼を向けて中国古典を論ずる。

＊書名は都合により変更になることがあります。ご了承ください。